国家社会科学基金教育学一般课题（课题批准号：BIA150113）

朱宁波　曹茂甲 / 著

高校青年教师
专业发展的动力机制及路径

南方传媒
全国优秀出版社
全国百佳图书出版单位
·广州·
广东教育出版社

图书在版编目（CIP）数据

高校青年教师专业发展的动力机制及路径 / 朱宁波，曹茂甲
著. — 广州：广东教育出版社，2023.4
ISBN 978-7-5548-5146-3

Ⅰ . ①高… Ⅱ . ①朱… ②曹… Ⅲ . ①高等学校—青年教
师—师资培养—研究—中国 Ⅳ . ①G645.12

中国版本图书馆CIP数据核字（2022）第163669号

高校青年教师专业发展的动力机制及路径
GAOXIAO QINGNIAN JIAOSHI ZHUANYE FAZHAN DE DONGLI JIZHI JI LUJING

出 版 人：朱文清
责任编辑：江丽茹
责任技编：许伟斌
装帧设计：喻悠然
责任校对：邓丽藤
出版发行：广东教育出版社
　　　　　（广州市环市东路472号12-15楼　邮政编码：510075）
销售热线：020-87615809
网　　址：http://www.gjs.cn
E-mail：gjs-quality@nfcb.com.cn
经　　销：广东新华发行集团股份有限公司
印　　刷：广东虎彩云印刷有限公司
　　　　　（东莞市虎门镇黄村社区厚虎路20号C幢一楼）
规　　格：787 mm×1092 mm　1/16
印　　张：14
字　　数：280千字
版　　次：2023年4月第1版
　　　　　2023年4月第1次印刷
定　　价：68.00元

如发现因印装质量问题影响阅读，请与本社联系调换（电话：020-87613102）

前　言

　　高等学校的青年教师队伍是国家高层次人才队伍的重要组成部分，也是实施科教兴国战略和人才强国战略的生力军，他们的整体发展水平对构建国家发展创新体系有着至关重要的影响。2010年党中央、国务院颁布的《国家中长期教育改革和发展规划纲要（2010—2020年）》中提出以中青年教师和创新团队为重点，建设高素质高校教师队伍。2012年教育部等六部委发布的《关于加强高等学校青年教师队伍建设的意见》中明确指出，高等学校青年教师是高校教师队伍的重要力量，关系着高校发展的未来、人才培养的未来和教育事业的未来。2018年中共中央、国务院颁布的《关于全面深化新时代教师队伍建设改革的意见》再次强调要着力提高教师专业能力，推进高等教育内涵式发展，并指出重点面向新入职教师和青年教师，为高等学校培养人才、培育生力军。我们可以看到党和国家一直高度重视高校青年教师的专业成长，并寄予厚望。在2021年第十三届全国人大第四次会议通过的《关于国民经济和社会发展第十四个五年规划和2035年远景目标纲要》中，明确提出建设高质量教育体系，为新时代教育改革发展指明了方向，开启了教育现代化新的征程。高质量教育体系建设迫切需要充分发挥高等学校青年教师的作用。

　　从理论思考角度，我们认为促进高校青年教师的专业发展是一项复杂的系统性工程，同时也包括青年教师自身因素、高校场域的群体互动因素，也涉及学校管理的方方面面。而专业发展动力机制是影响高校青年教师专业自主发展的环境要求和心理状态的结合点，在内部层面涉及高校青年教师的需求、目标、动机、行为等因素，在外部层面涉及社会环境、管理体制、人文环境等因素，是青年教师自身需求与外部环境导向的有机整合。目前对于高校青年教师专业发展动力机制问题的关注较少，研究内容更多地隐含在教师管理中的行为激励或者心理学视角下的发展需求等方面，在动力机制研究层面上还没有形成系统的、完善的理论体系，存在较大的理论探索空间。就研究视角来说，涉及哲学的矛盾运动管理、社会学的人际交往理论、心理学的动机理论、教育学的终身教育理论，将这些理论融合到一起，不但是对教师专业发展理论在动力机制研究方面的补充和完善，同时也是对个体动机理论、自主学习理论、教师专业化理论的进一步深化和丰富。

通过对现实状况进行初步调查情况分析，发现当前我国高校青年教师专业发展动力情况并不理想。表现在以下几个方面：首先，青年教师虽然有职业成长的强烈动机，但是这种动机更多地体现在关注外部发展方面，如完成自己的工作任务、评定职称、满足学校的管理要求等，缺乏从自身发展需要出发，扎扎实实地提升教学水平和学术研究水平的能力，其研究领域的选择并不是以自身的专业特点和专业兴趣为基本依据，而更多的是将申报课题的难易程度和获批的可能性作为主要考虑因素。其次，青年教师的晋级考核主要以科研成果为衡量标准，导致很多青年教师将大量的精力和时间倾注在学术研究方面，而对作为高校教师应承担的教书育人工作重视不够。此外，部分高校对于青年教师的引导存在偏差，忽视专业能力的培养，过多注重外部激励，对于青年教师的内生动力激发不足，这将会影响甚至制约高校青年教师专业发展动力的提升。因此，探索一条既能激发青年教师专业发展潜能，又能引导其坚持正确发展方向的变革路径是当前亟须解决的现实问题。

本研究从高校青年教师的实际情况出发，开展实证调查，在充分了解我国高校青年教师专业发展动力现状基础上，把握青年教师在专业发展过程中的现实需求及制约因素。分析青年教师专业发展动力机制存在的主要问题，并深入探索问题背后的原因。从组织制度、文化环境、资源条件等方面提出优化我国高校青年教师专业发展动力机制的策略和建议。本研究不仅期待能为各相关部门对高校青年教师培养工作提供参照，也更期待能为广大高校青年教师专业发展规划提供依据。

全书内容分为三个部分，共七章。第一部分内容为本书的第一章和第二章，主要对高校青年教师专业发展以及其动力机制进行系统阐释，从多学科视角厘清高校青年教师专业发展内涵及群体特征，并对国内外高校青年教师专业发展情况进行梳理，在此基础上对高校青年教师专业发展动力机制的内涵、结构特征、功能及运作规律进行归纳总结。第二部分内容为本书第三章，主要运用扎根理论的研究方法，对我国高校教师专业发展动力机制的结构框架进行理论建构，通过理论和实践双重验证之后得到包含高校青年教师专业发展环境驱动机制、效能驱动机制、情感驱动机制、价值驱动机制四个层次的动力机制模型并阐释该动力机制的运作过程。第三部分内容为本书的第四章、第五章、第六章和第七章，分别对高校青年教师专业发展环境驱动机制、效能驱动机制、情感驱动机制、价值驱动机制的形成机理、现实情况与主要问题进行阐述，并分别提出有针对性的优化措施。

本书是本人在承担的国家社会科学基金"十二五"规划 2015 年度教育学一般课题 (课题批准号：BIA150113) 的研究成果，与曹茂甲博士共同完成。辽宁省高等学校师资培训中心孙晓女参与本书第一部分、第三部分中部分章节的编写，扬州大学崔慧丽博士、天水师范学院严运锦博士参与本书的文献资料搜集、调查数据的处理及分析工作。最后，由朱宁波、曹茂甲统稿。在此对他们辛勤的付出表示衷心的感谢。在研究过程中，我们虽然付出了很多努力，但是由于理论水平和学术能力有限，研究会有很多不完善的地方，欢迎各位专家和学者多多指教！

需要特别说明的是，本书的撰写借鉴了许多专家和学者的研究成果。在此谨向这些专家和学者致以深深的谢意！

感谢广东教育出版社和责任编辑对本书出版的大力支持和付出。

朱宁波

2021 年 12 月 28 日于大连

目　录

绪　　论

作为未来人才培养、科学探究的主要承担者，高校青年教师的专业发展水平直接关系到我国科教兴国和人才强国战略的执行，对人力资源供给侧改革具有重要意义。随着高校之间的竞争日趋激烈，组建高水平教师团队成为提升高校核心竞争力的前提和基础，提高青年教师专业发展主动性、提升青年教师专业素养已经成为各高校实现内涵式发展的重要途径。对于高校教师而言，职业生涯初期的专业发展对整个职业生涯具有非常重要的意义和价值，形成良好的发展驱动力是青年教师把握发展关键期的关键。帮助他们找到未来发展的目标，激发他们强烈的专业发展热情，可以帮助他们更快正确地把握自身专业发展方向，适应自己的职业角色，为自己未来专业发展打下良好的基础。

高校青年教师专业发展动力机制构建的根本目的是把高校青年教师对于专业发展的动力最大限度地激发出来，并进行系统组织，使之转化为助推青年教师提升工作效果所需的教学、科研和社会服务能力，利用各种资源并通过努力优化自身专业结构、形成良好专业态度的持久而稳定的力量。因此，要使高校青年教师获得源源不断的专业发展动力，必须对当前我国高校青年教师专业发展动力机制有深刻认识，并在原有基础上予以完善。这既是推进我国高校教师专业化的有效途径，也是实现高校内涵式发展的必由之路。

就目前来看，高校青年教师的专业发展出现问题有相当一部分原因是动力机制问题。最突出的表现是作为专业发展主体部分青年教师过于重视短期利益和对外在评判标准的考虑，单纯追求外在的发展，忽略个人真实的发展需求，由此造成专业发展方向的迷失。要想改变这样的状况必须从动力机制入手，对影响高校青年教师专业发展的政策制度、组织环境、发展资源进行有效调控，为高校青年教师专业发展开辟新的路径。具体来说需要实现以下目的：

一、避免专业发展与人的发展双重异化

当前我国高校青年教师专业发展的异化主要表现在两个方面，一是形式与内容的不一致性。用于评价教师的标准主要来自外显成绩，且一切专业活动以评价标准为转移，专业知识、专业技能、专业素养等演变为完成评价指标的工具。由此造成显化出来的专业发展往往只是一种表象，高校教师个人专业探索、育人的价值被严重异化，重科研轻教学倾向滋生并占据主导地位。二是专业发展自身的异化。当前部分青年教师专业发展背离了探索世界、创造知识、服务社会的本质，对专业以外利益的追求远远超过专业发展本身。由此导致高校青年教师专业发展功利化，这也是诱发高校青年教师生存危机的主要因素之一。

从根本意义上来讲，高校青年教师专业发展指向的是人的内在素质与外在需求的和谐统一，通过影响、塑造、提升、发展和完善等方式，使青年教师超越物质欲望的满足，获得精神层面的提升，从而找到人生的幸福和意义。因此，构建高校青年教师专业发展动力机制的首要目的和任务就是要防止、抵制、避免专业发展与人的发展双重异化。

二、实现个体职业化与专业化的协调统一

青年教师个体职业化是指教师个体职业活动状态的变化，是一个以外部环境引导为依托，逐步掌握工作能力、工作技巧，使工作状态标准化、规范化、制度化的过程。专业化则是指高校青年教师在一定时间跨度内，自身能力逐渐符合专业标准，并获得相应专业地位的过程。职业化主要受个体自身因素、所在组织提供的外部发展条件因素、社会环境所给予的支持和制约因素等的影响；而专业化则更多地受智力、认知等自身因素的影响，完全隶属于个体的自我发展。

在教师职业生涯初期，职业化与专业化的过程是相辅相成、相互促进的。个体的职业发展为专业发展提供了前提，只有在遵守一定职业要求和职业规范的基础上，个体的专业发展才能得以推进。另外，职业发展还为专业发展提供必要的物质基础和精神基础，任何一个专业只有在职业领域内才能实现正常发展。反之，专业发展为职业发展提供了必要的条件和保障，个体只有具备一定的专业基础才能够真正地融入职业领域之中。可以说，专业发展在具体实践层面上就是职业发展的内在条件。总而言之，职业发展与专业发展是一种双向互动、有机结合的关系，二者既不能分开又不能彼此混淆。

三、促进专业发展与学校文化发展的互动共进

教师是教育生态系统中最为重要和活跃的生态因子，其专业发展需求依托一定的外部生态环境。校园文化环境则是高校青年教师进行专业发展最直接的外部环境。高校的校园文化潜移默化且深远持久地影响着这所高校中教师的专业发展，而教师在专业发展过程中所渗透出来的积极氛围和人文气息又促进了校园文化的建设与改进。对于高校青年教师而言，身处一个积极进取的校园文化环境中，总是能够有意或无意地获取有益于专业发展的直接动力。一种民主、开放的校园文化氛围更能够使青年教师积极主动地融入学校整体发展的氛围中，这种外部文化环境所带来的归属感，能使青年教师更加安心地提升自己的专业能力。

首先，在和谐的文化氛围中，青年教师在探寻专业发展道路的历程中受到的外部干扰较少，能够最大限度地集中时间与精力投身于自身的专业发展实践中。此外，处于良性竞争的环境中，青年教师会自觉地寻求各种方式和办法来提升自身素质，不断突破自己、超越自己、成就自己，从而实现专业的持续发展。最后，从青年教师所处的校园大环境来看，这些积极因素结合在一起构成了一种积极向上的文化，是青年教师得以持续、深入、健康发展的保证，从而在高校管理当中实现青年教师专业发展与校园文化发展的互动共进。

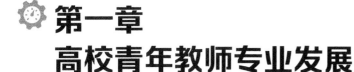

第一章
高校青年教师专业发展

第一节　当前高校青年教师专业发展的一般特征

随着社会经济发展需求的提升以及高校之间的竞争日趋激烈，打造高水平教师队伍成为提升高校核心竞争力的前提和基础。作为未来人才培养、科学探究的主要承担者，高校青年教师的专业发展水平直接关系到我国科教兴国和人才强国战略的执行，对人力资源供给侧改革具有重要意义。一方面，高校青年教师在自身发展过程中必须适应社会的发展，努力成为社会发展所需要的卓越人才；另一方面，高校青年教师在履行教书育人职责的过程中，也需要敏锐地感知社会的需求，培养出社会发展所急需的创新型人才。

一、高校青年教师专业发展内涵

（一）高校青年教师

1. 高校教师

《中华人民共和国教师法》（2009 年修正）第一章第三条规定："教师是履行教育教学职责的专业人员，承担教书育人，培养社会主义事业建设者和接班人、提高民族素质的使命。"《中华人民共和国高等教育法》（2018 年修正）第四十七条规定："高等学校实行教师职务制度。高等学校教师职务根据学校所承担的教学、科学研究等任务的需要设置，教师职务设助教、讲师、副教授、教授。"高校教师作为一种专门的社会职业和社会角色，既是某一领域的专家，又是教育教学工作的主要承担者，是在大学内专门从事教学与科研工作的专职人员。因此，高校教师除了在高校中负责教书育人任务以外，还承担科研、社会服务的任务。

高校教师拥有多重身份。第一，作为一名学者，他们需要不断钻研学问、创新知识；第二，作为教师他们要承担起教书育人的职责，将最前沿的知识成果传授给学生，同时培养学生良好的道德品质；第三，作为一个领域的专家，他们要能够将最新知识成果转化为生产力，引领社会变革。

2. 高校青年教师

目前，对于高校青年教师专业发展阶段的探讨主要包含于高校教师专业发展阶段的研究之中，但至今仍然没有定论。莱文森将人的一生分为4个阶段：儿童期和青春期（0～20岁）、成年早期（20～40岁）、成年中期（40～60岁）、成年晚期（60岁以后）。他认为整个人生就是由一系列相互交替的稳定期和过渡期所组成的[①]。受此影响，研究者在后续的研究中将人生阶段划分的方法应用于高校教师的系统研究方面，其中包含了关于高校青年教师的阶段特点分析，如鲍德温及布莱克本将青年教师时期主要划定为入职不足3年的助理教授阶段和入职超过3年的助理教授、副教授阶段[②]；爱博尔认为高校在设计教师专业发展项目时应考虑不同发展阶段教师群体的需求，他把高校教师按职业生涯周期分为3类：新教师、成熟期教师、即将退休的教师。他还强调对于新教师而言，需要给他们提供关于学生情况、薪酬体系、资源支持体系和其他院系情况4个方面的信息，以鼓励他们进行跨学科学术合作[③]。

国内学者在参照国外关于高校青年教师阶段划分理论的基础之上，结合我国高校教师的专业发展特点，对我国高校青年教师的专业发展阶段进行描述。如李颖将我国青年教师专业发展初级阶段定位为职业生涯初期，该阶段的主要任务是社会化

---

① LEVINIEL D J, C N DARROW, E B KLEIN, et al. The season of a man's life[M]. NewYork：Ballantine Books, 1978.

② BALDWIN R G, BLACKBURN R T. The academic career as a developmental process：implications for higher education[J]. The Journal of Higher Education, 1981, 52（6）：598–614.

③ EBLE K E. Professors as teachers[M]. San Francisco：Jossey-Bass. 1973.

和确定职业锚①。李春阁、张艳芳依据教师专业发展阶段理论把高校教师的专业发展分为 6 个阶段,他们将入职 5 年之内划分为青年教师阶段,这一阶段的主要任务为学会如何工作,如何与他人共事,如何扮演自己的角色以及如何融入群体中②。

总的来看,国内外关于高校青年教师的描述普遍采用"新、初步、适应、准备"等词语。虽然研究视角和划分依据存在差异,但无论依据哪种划分标准,既要考虑到一般意义上对于"青年"的年龄界限,又要考虑到高校的特殊情况。首先,青年并不是单纯生理学上的划分,更多指代职业生涯阶段,一般在 3~5 年内都被认为是职业的初级阶段。由于当前我国大学教师入职年龄一般在 28~35 岁,所以基本上 40 岁以下的教师都可以称为"青年教师"。其次,从科研基金项目中对青年教师所作的年龄限制来看,基本都在 40 周岁左右,另外从已有的文献当中,大部分研究者也将高校青年教师的年龄阶段界定在 40 岁以下。

本研究综合考虑生理学上关于青年阶段的限定,国家科研基金、人才项目申报的年龄范围,以及现有研究中对高校青年教师的年龄限定,将高校青年教师界定在 40 周岁及以下,在高校从事教学和科研工作的专门技术人员,不包括行政人员和教辅人员。

（二）高校教师专业发展

目前,对于高校教师专业发展有广义和狭义之分,广义的专业发展主要是指教师的全面发展,包括学术水平、教学能力、道德素质等方面的发展,狭义的专业发展专指教学发展。

从全面发展角度来看,门格斯认为高校教师专业发展指的是通过各个领域如组织、个人、社会等促进高校教师能力提高的实践与理论③。克劳等人认为,高校教师专业发展是教师的全面发展——作为人,作为专业人员,作为学术界成员的发展④。

---

① 李颖. 高校教师职业生涯发展及其管理激励创新研究[D]. 苏州大学, 2004.

② 李春阁, 张艳芳. 高校教师激励策略研究: 以职业发展阶段理论为视角[J]. 教育理论与实践, 2010, 30（30）: 49-51.

③ MENGES R J, MATHIS B C. Key resources on teaching, learning, curriculum, and faculty development: a guide to the higher education literature[M]. San Francisco: Jossey-Bass Publishers, 1988: 254.

④ CROW M L, MILTON O, MOOMAW W E. Faculty development centers in southern university[M]. Atlanta: Southern Regional Education Board, 1976: 7.

密里斯认为在较宽泛意义上，高校教师发展包括教学、研究、职业生涯发展与个人健康[①]。潘懋元先生指出，高校教师发展内涵包括 3 个组成部分：学科专业水平——基本理论、专业知识、实践能力；教师职业知识与技能——教育理论、教学能力；师德———一般学者的人文素质、教师的职业道德[②]。李志峰提出高校教师专业发展是教师专业水平不断提高以满足学校和社会发展需要的过程，其核心在于教师在从事学术工作过程中的能力发展，主要包括在高校教师专业活动中的育人能力、教学能力、科研能力、社会服务能力等几个方面的发展[③]。王坤庆认为教师专业发展包含了4 个方面，主要是道德素养、知识结构、教育情怀和精神境界[④]。赵红霞认为大学教师专业发展应该包括教育教学能力、学术能力（包括学习和研究能力）、社会活动参与能力和专业道德修养[⑤]。

侧重于教学发展角度的学者在高校教师专业发展内容的研究中主要关注的是如何改善课堂教学，提高高校教育教学的质量，他们在对高校教师专业发展内容进行框定的过程中常常以教学能力、教学方法为主线展开，将设计和开发课程、评估学生的学习、探索合适的学习方式和应用教学辅助技术等作为高校教师专业发展的重要领域。

从目前来看，对于高校青年教师专业发展的认知更倾向于广义的教师专业发展。根据以上各位学者的观点，高校教师专业发展的内涵包含以下几个方面的内容：第一，高校教师专业发展是以促进高校教师教学能力提升、科研水平提升、职业道德修养提升为最终目的；第二，高校教师专业发展是一项综合的、系统的活动过程，包括学校管理部门组织的专业培训、访学深造、教学研讨等活动，也包括教师自主进行的网络学习、教学反思、学术交流等活动；第三，高校教师专业发展贯穿了教师职业生涯的始终，是一个终身发展的过程。因此，本研究认为高校教师专

---

① MINIS B J. Faculty development in the 1990s: what it is and why we can't wait[J]. Journal of Counseling and Development, 1994, 72（5）: 454–464.

② 潘懋元. 大学教师发展论纲：理念、内涵、方式、组织、动力[J]. 高等教育研究, 2017, 38（1）: 62–65.

③ 李志峰, 高慧. 高校教师发展：本体论反思与实践逻辑[J]. 大学教育科学, 2013（4）: 66–71.

④ 王坤庆. 浅谈大学教师专业发展[J]. 中国高等教育, 2011（20）: 51–52.

⑤ 赵红霞. 大学危机管理[M]. 北京：中国轻工业出版社, 2010: 131.

业发展就是在高校教师的职业生涯过程中，为了提升教学、科研和社会服务能力，不断通过培训、考察、进修、自学等手段，优化高校教师专业结构、形成良好专业态度、提升专业能力的过程。

二、高校青年教师的群体特征

（一）高校青年教师的职业特征

由于高校青年教师专业发展的主要内容涉及高校青年教师职业岗位所需要的知识、工作任务、工作时间和场所、工作产出等方面，所以想要系统研究高校青年教师的专业发展动力必须首先了解高校教师的职业特征。

国外对高校教师职业特征的研究多是在学术职业的框架下开展的，主要涉及高校教师的职业性质、活动方式、人际关系、薪资福利等内容。在高校教师的职业特征方面，加斯东认为高校教师的职业特征主要表现为 3 个层面：个体层面上崇尚研究的相对自主和自由，集体层面上遵循内部自我管理和同行评议，价值层面上认可普遍主义的规范[①]。马丁·芬克斯坦等人认为，学术职业是拥有专业知识背景的、易受新知识生产影响的、随着劳动力市场波动的、遵循共同学术规则和学术伦理的自主性职业[②]，这个概念特指高校教师群体，他们承担着教学、科研和社会服务等职责，是致力于知识创造、整合、传承和应用的"学术人"。

我国对于高校教师职业特征的研究主要关注高校教师的工作内容、性质、方式、方法和价值等方面。文跃然、欧阳杰等人认为高校教师是一种智力密集型职业，与其他职业相比，具有 5 个特征：一是前期投入大；二是职业风险小，工作自由度高；三是劳动成果难以测量；四是社会地位比较高，工作动机非货币化；五是从事精神产品生产，工作具有很强的创新性[③]。杨燕绥、沈群红等人认为，高校教师

---

① GASTON J. The reward system in british and american science[M]. NewYork：A Wiley Interscience Publication. 1978：2.

② MARTIN J F, ROBERT K S, JACK H S. The new academic generation: a profession in transformation[M]. Baltimore：Johns Hopkins University Press, 1998：4.

③ 文跃然, 欧阳杰. 高校教师职业特点及其收入分配改革研究[J]. 中国高教研究，2004（S1）：12-20.

的职业特征可以从劳动的复杂创新特征、知识活动特征和人力资本收益 3 个方面进行归纳 ①。庞海芍认为高校教师具有较高的社会地位，在生活需求基本得到满足后，更为看重和追求的是如何实现自我价值 ②。周春燕认为，高校教师每天都做着复杂创新的脑力劳动，其职业具有社会性，此外，这份工作需要用较长的时间来进行知识积累，其劳动成果具有迟效性 ③。王崇锋、徐强则认为高校教师职业具有公益性、自主独立性、创新性、劳动复杂性等特征 ④。

总的来看，国内外学者对于高校教师职业特征的认识趋于一致，在高校教师工作过程、工作内容、工作方式、工作成果等方面达成高度共识。高校教师职业除了具备一般职业特征外，也存在着自身的特殊性，即工作过程的复杂性和创新性、工作内容的多样性和差异性、工作方式的自主性和独立性、工作成果的累积性和延迟性。这些职业特征从侧面对高校青年教师的专业发展提出了高要求、高标准、高期待，进而对构建高校青年教师的专业发展动力机制提出了要求。首先，由于高校教师职业所需知识的不可编码性和不可传授性，使得教师的工作过程不可避免地带有复杂性和创新性。高校教师的直接工作对象是充满活力、具有很强自我辨识能力、对知识具有强烈渴求欲望的大学生，无论是对执教多年的老教师，还是对刚刚走上工作岗位的新教师而言，这份职业都具有很大的挑战性和复杂性，同时想要更好地从事这份职业就要求教师充分发挥创新性。此外，高校教师的科研工作更是一种高知识、高智慧的活动，如缺乏创新性则无法适应。

其次，由于高校教育任务的特殊性与综合性，使得高校教师的工作内容具有多样性和差异性。随着高校职能的日渐丰富，高校教师的工作不仅限于"传道授业解惑"，更是纳入了科研、学术交流、社会服务、文化传承等内容，从而使得高校

---

① 杨燕绥，沈群红，刘婉华，等. 构建适合高校教师职业劳动特点的薪酬制度研究[J]. 中国高教研究，2004（S1）：20-27.

② 庞海芍. 高校教师职业特点及激励机制研究[J]. 北京理工大学学报（社会科学版），2006（3）：108-111.

③ 周春燕. 基于教师职业特点的高校教师绩效评价研究[J]. 未来与发展，2008，29（12）：46-49.

④ 王崇锋，徐强，刘连博，等. 有千金尚须一"诺"：组织承诺视角下的高校教师激励[J]. 中国人力资源开发，2014（19）：74-78，83.

教师的工作内容趋于多样化和复杂化。再次，高校教师工作方式具有一定的自主性和独立性。与其他职业相比，高校教师除了要完成必要的授课任务外，在工作方式方面很少受到工作时间与场所的限制，可以根据自己的时间、兴趣、优势、目标等来自主安排学生培养、科研学术和社会服务等工作。最后，高校教师的工作成果具有一定的积累性和延迟性。由于高校教师的工作主要是一种创造性的脑力劳动，这就决定了高校教师的工作成果需要有较长时间的积累，并且其工作成果的体现具有较强的延迟性，只有当学生走上工作岗位或者科研成果转化为生产力后才能得以显现，此外，这种成果所具有的作用和效力还需要漫长的时间去检验。

（二）高校青年教师生存状况

高校青年教师不仅具有教师的一般特征和青年的普遍特征，而且还具有自身独特的群体特征，这种群体特征与其生存状况有着紧密的联系。不同的生存状况会直接影响青年教师的内在需求和行为方式，是专业发展动力的重要来源，所以研究高校青年教师专业发展动力必须对高校青年教师生存状况有比较详细具体的分析。

哈默梅什、戈麦斯·梅加等人对高校教师的收入以及科研情况进行对比后发现，高校教师的科研成果与个人收入存在显著相关，也就是说科研水平是影响高校教师收入水平的主要因素[1][2]。另外，罗伯特、绍曼等学者还对高校教师的婚姻状况、性别差异、资历高低以及学术机构和学科领域的特征进行了系统分析，并认为这些特征与高校青年教师的收入水平以及生存状况都存在较高的关联性[3][4]。

国内对于高校青年教师的生存状况的研究主要关注工作压力、职业满意度、薪资状况等方面的内容。例如，在工作压力方面，廉思在其主编的《工蜂：大学青年教师生存实录》中对 5 000 名大学青年教师进行了调查，发现超过 70% 的受访青年

① HAMERMESH D S, JOHNSON G E, WCISBORD B A. Scholarship, citations and salaries: economic rewards in economics[J]. South Economic Journal, 1982, 49（2）: 472-481.

② GOMEZ-MEJIA L R, BALKIN D B. Determinants of faculty pay: an agency theory perspective[J]. Academy of Management Journal, 1992, 35（5）: 921-955.

③ ROBERT H L. Dollars and scholars: an inquiry into the impact of faculty income upon the function and future of the academy[M]. New Jersey: University of Southern California Press. 1982: 128-141.

④ YU X, SHAUMAN K A. Women in science: career processes and outcomes（M）. Boston: Harvard University Press, 2003: 89-113.

教师认为自己的压力非常大或比较大。他在书中写道：高校青年教师实际工作中成为一线工作的主力，但所得无法与资历、职称、行政职务高者相比，科研、教学和经济压力被他们视为"三座大山"[①]。陈水平、郑洁认为，高校青年教师在贡献自己力量的同时，面临巨大的工作压力而引发心理健康问题，这是不争的事实[②]。林艳萍、张剑伟认为当代高校青年教师面临的压力可以归纳为 5 个方面，分别是科研、职称、生活、教学、人际关系[③]。杨晓智通过对北京市高校青年教师进行调查了解到，高校青年教师的压力主要表现为两个方面：一个是经济压力较大、工作与个人生活存在一定程度的冲突；另一个是授课任务繁重、专业技能和授课技巧有待提升以及职业生涯缺乏指导和规划等[④]。

在职业处境方面，张俊超在其博士论文《大学场域的游离部落》中通过对国内某所研究型大学中的数名青年教师进行深度访谈和实地观察后，了解到高校青年教师在高校这一场域内处于一种边缘化地位，他们的生存和发展都受到了种种限制[⑤]。马秀敏在其硕士论文《高校青年教师职业幸福感的调查研究》中对 121 名高校青年教师的职业幸福感进行了调查研究后发现，有近一半的高校青年教师职业幸福感缺失，其中一部分高校青年教师根本体验不到职业幸福感[⑥]。吴长法、程雯认为在当前教学实践中，传统的教师专业主义逐渐显现出较大局限性，导致高校青年教师有专业发展困惑及职业满意度下降[⑦]。曹雨平发现高校青年教师自身角色转换能力弱、教学压力增大、公平感降低、管理制度僵化等问题造成了高校青年教师较高的离职率[⑧]。

---

① 廉思. 工蜂：大学青年教师生存实录[M]. 北京：中信出版社，2012：248.

② 陈水平，郑洁. 青年教师职业压力应对的新视角[J]. 教育评论，2012（2）：54–56.

③ 林艳萍，张剑伟. 老子思想与青年心理压力释放研究：以广东部分高校青年教师为例[J]. 江汉论坛，2018（12）：131–139.

④ 杨晓智. 高校青年教师压力来源及对策：基于北京市高校调查的研究[J]. 黑龙江高教研究，2013，31（10）：95–97.

⑤ 张俊超. 大学场域的游离部落[D]. 武汉：华中科技大学，2008.

⑥ 马秀敏. 高校青年教师职业幸福感的调查研究[D]. 大连：辽宁师范大学，2010.

⑦ 吴长法，程雯. 高校青年教师专业发展满意度研究[J]. 国家教育行政学院学报，2015（6）：24–28.

⑧ 曹雨平. 高校青年教师离职问题思考[J]. 当代青年研究，2006（4）：61–63.

在职业心态方面，王彧之、赵林果认为高校青年教师激励机制存在忽略青年教师的参与、运行过程形式化、激励标准单一、激励时效性与稳定性不足等问题，造成部分高校青年教师的不满，制约一些青年教师积极性的发挥[①]。王刚、张玉静、陈建成认为高校青年教师的薪酬存在对内公平性不够、对外缺乏竞争性、对个体激励性不足，绩效考核指标设计不科学，教师薪酬结构失衡，保障功能不足，高校青年教师的薪酬起点低，上升空间不大等问题[②]。陈斌岚、李跃军认为地方高校青年教师职业高原现象存在的主要根源有职业角色冲突与压力、社会比较与期望的不协调、高校组织与管理的不平衡以及青年教师个性及价值取向问题等[③]。周国华认为当前我国高校青年教师专业发展遭遇到的困境主要包括准入体系科学性不足、缺乏对教师专业素养的关注、轻视教育教学技能的培养、评价机制"功利化"和"短视化"倾向未能扭转等[④]。季卫兵认为，由于价值内核与价值外延融通不够、价值目标与价值选择衔接不力、价值认知与价值实践转化不畅，部分高校青年教师产生了价值焦虑，自我认同感弱化[⑤]。

从已有的研究成果可以发现，目前我国高校青年教师的外部生存环境对其心理状态有着较大的负面影响，主要表现在生活压力大、工作满意度低、个体权益得不到很好的保障等方面，造成这些问题的主要原因是外部要求固化性与自身专业发展自主性的矛盾、工作内容的固定性与职业性质创造性的矛盾、任务要求的紧迫性与成果显现延迟性之间的矛盾。在这些问题的影响下，高校青年教师专业发展自主性、发展效能、职业幸福、职业理想等都受到了一定的冲击，在身心疲惫的状态下，专业发展动力受到了一定的影响。

---

① 王彧之，赵林果.高校青年教师工资激励机制创新分析[J].黑龙江高教研究，2017（11）：101-103.

② 王刚，张玉静，陈建成.高等学校青年教师薪酬管理的问题与增长机制[J].科技与管理，2008（5）：111-114.

③ 陈斌岚，李跃军.地方高校青年教师职业高原现象及应对措施[J].黑龙江高教研究，2016（1）：56-58.

④ 周国华.高校青年教师专业发展的问题与对策研究[J].江苏高教，2015（6）：85-87.

⑤ 季卫兵.论高校青年教师自我认同的价值维度[J].教育评论，2016（7）：88-91.

第二节　国外高校教师专业发展状况分析

在世界高等教育发展历史中，随着社会经济发展与全球化进程的加快，很多欧美国家逐渐实现了高等教育的大众化和普及化。随着学校职能的转变和发展规模的扩张，各国重新审视本国高等教育状况，把教师专业发展作为高等教育改革与发展的首要目标和重点任务，制定了一系列措施与规划，力求通过不断完善高校教师专业发展体系实现高等教育的效益提升。

一、美国高校教师专业发展的特点

（一）多元学术背景下的全面发展

随着社会变革以及高等教育自身发展的影响，高校所承担的教学、科研、社会服务三大职能在不断加强的同时，也在不断地趋于融合。在这一过程中，美国高校教师专业发展经历了"学者时代""教学者时代""按需发展时代""全面发展时代"4个阶段。从现代意义上来说，社会需求的整合性导致了高校教师专业发展的全面性，这一现象的直接体现就是多元学术观念下的教师全面发展。从美国高校教师专业发展内容来看，高校教师的专业发展已经是一个包含个体健康、生活质量、职业规范等多方面需求的整合，体现尊重教师的个性需求，促进教师作为专业人员和"主体的人"的全面发展，包括教师在职业和非职业各个方面的进步，如教师工作效率的提升、生活质量的提高。

（二）学术自治下的分权与自主

美国高校教师专业发展组织变革过程也是专业发展主导权不断下移的过程，从联邦政府主导，到州政府主导，再到学校、学院主导，基层单位的独立性和自主权在不断提升，目前各高校作为独立的办学实体对于高校教师专业发展方面已经具有了学术自治下的自主特性。美国各高校的教师专业发展机构与院系之间建立了有效的联系机制，通过与各院系协商组织高校教师专业发展项目和活动。此外，一些学校直接在院系单位中单独设置专业发展中心。这样分权与自主的形式能够让高校教师专业发展与其所在基层单位的组织氛围、专业文化、制度环境有机结合，有效促进了广大高校教师的工作适应和专业发展相协调。

（三）需求导向的专业发展服务体系

长期以来，美国高校教师专业发展体系是作为教师服务者的角色出现的，为高校教师专业发展创造条件、提供支持。无论是政府、社会组织团体还是高校内部组织的培训项目、培训活动都具有很强的服务色彩。这些培训项目和培训活动以满足高校教师不同需求为目的，注重为教师专业发展提供适宜的环境，对所有教师开放，采取自愿参加的方式，倡导构建一种类似伙伴式的平等关系，双方的沟通实际上是信息的双向传递和有效反馈。与此同时，各专业发展机构通过问卷调查、评估等方式调查教师需求，确定教师发展项目和活动形式，以此为基础设计、开展和实施高校教师发展实践。可以说，在美国高校教师专业发展过程中，发展是目的，服务是手段，正是通过这两种活动过程的统一，促使美国高校教师专业发展体系日臻完善。

二、日本高校教师专业发展的特点

（一）自上而下推进

日本高校教师专业发展体系经历了从自由化到制度化再到义务化的发展过程，在这个过程中政府的力量始终处于主导地位。在制度层面，日本政府出台了一系列政策推进高校教师专业发展体系改革。在执行层面，日本政府在制定相关标准体系的前提下开展了一系列的培养培训活动，并且引导各民间组织和学会参与其中，让高校教师关注教师专业发展需求的同时，提供实现其专业发展的必要条件。

（二）重视教学能力提升

随着 20 世纪 80 年代社会经济的快速发展，日本的高校教师专业发展重心逐渐转向教学能力的提升。高校的主要职责是满足社会的发展和学生学习的需求，教师教学能力的提升才是教师专业发展的核心，高校教师不仅是研究的专家，也应该是教学的专家，高校教师必须更加关注课堂教学，教师教学能力的提升是教师发展的核心，主要包括课堂教学、实践教学以及自我能力的提升。

（三）多方联合，资源共享

日本高校教师专业发展改革过程中始终坚持政府主导、多元联合、资源共享的理念。日本高校教师不仅从地域上互相交流，共同提高，而且在学科纵深发展方面，日本设立相应的教师发展据点，进行分学科的、有针对性的教师发展特色服务和项目支援。除了政府支持高校教师进行继续教育外，社会机构、民间团体以及各个据点之下的高校团体，都成立了相关组织，共同促进高校教师继续教育活动的开展，将日本高校教师专业发展体系连成一个网络，在资源共享的基础上实现多方联合。

三、英国高校教师专业发展的特点

由于历史、地理、政治、经济以及文化传统等方面的特殊性，英国高校教师专业发展模式在其发展演变的过程中，形成了诸多独特的特点，特别是在组织保障、专业标准、项目设计方面都呈现出自身鲜明的特色。

（一）内外协同的组织保障

英国高校不断发展过程中，教师专业发展体系的不断成熟与英国政府各部门、高校内部组织结构的协同保障是分不开的。从发布《罗宾斯报告》开始，英国政府从资金投入、制度要求、机构改革、发展监控等方面对高校教师专业发展体系不断地进行优化和完善，高等教育从大众化到普及化的过程中，始终保障教学质量。在保障各高校自治的条件下，英国政府通过有效的管理和调控促进了高校教师专业的可持续性发展。在国家政策的推动下，各高校教师专业发展中心积极联络高校内外的专业发展部门与教师，整合高校人力资源战略与教育发展战略，同时对高校教师专业发展情况进行评估和汇报。教师利用相关机构所提供的机会，采用上级部门评审以及学生评价等多种形式了解自己的发展需求，从而实现教师的个人成长和专业发展。

（二）实践导向的专业标准

英国高校教师专业发展体系主要建立在完整的专业评价体系的基础上。专业发展标准对于促进高校教师自身的专业发展、做好高校教师专业发展机构的建设工作、设计高校教师专业发展项目等都起到了积极的推动和指导作用。在专业标准内容上，为高校教师提供全面、持续性的专业标准，大篇幅地对高校教师的实践性知识进行规定和描述，重视教师实践过程的评价。这些专业标准主要是对高校教师专业发展实践过程提出相应的要求，为高校教师专业发展提供良好的发展路径和发展方向。

（三）形式多样的发展项目

英国高校教师专业发展项目以教师发展需求为导向，在形式上既包括讲座、研讨会等，也包括发展咨询、工作坊等。这些项目与高校教师的现实发展密切联系，包括教学实践、学生评价、学生沟通等内容，还包括提供信息资源、召开学术会议和教学研讨会等方式。针对不同教师的发展需求，英国高校教师专业发展机构分别为新教师、学术研究人员、教学型教师提供相应的培训机会。不同教师各取所需地参与培训，为处于职业生涯中期的高校教师的专业发展提供可供选择的项目。此外，还为高校中的小组及个人提供专业发展的项目，以促进个人专业发展的方式实现个人潜能挖掘的目标，从而为学校中的研究与卓越教学作出应有的贡献。除了教学技能、学术发展的培训之外，英国高校的发展中心也提供学历教育内容以及职业发展规划指导。

第三节　我国高校青年教师专业发展现况

一、高校青年教师专业发展相关政策

从国际范围来看，教师专业发展是教师教育改革的主要发展趋向，世界各国，尤其是发达国家，对其进行了广泛的研究。就国内来看，教师专业发展在理论研究和具体实践方面也取得了较大进展。我国通过出台相关法律法规、政策文件等手段，从高校青年教师的生活保障、培养培训、人事制度改革、奖励激励政策等方面建构良好的外部环境和条件。

（一）高校青年教师生活保障制度

进入 21 世纪之后，我国高校教师有了专门的待遇标准。1999 年，《中华人民共和国高等教育法》出台，把高校教师作为一个独立群体进行权益保障，其中明确指出："国家保护高等学校教师及其他教育工作者的合法权益，采取措施改善高等学校教师及其他教育工作者的工作条件和生活条件。"与此同时，《关于加强新时代高校教师队伍建设改革的指导意见》也提出推进高校薪酬制度改革，完善高校内部收入分配激励机制。切实保障高校教师待遇。

2012 年，教育部等六部委发布的《关于加强高等学校青年教师队伍建设的意见》首次将高校青年教师作为一个单独的群体进行规划，在涉及青年教师生活待遇问题上，文件指出："关心青年教师生活，各地应采取有效措施帮助青年教师解决住房、子女入托入学等困难，让青年教师安居乐业。"这标志着高校青年教师已经成为一个独立的群体，受到了重视，也为这部分教师的专业发展提供了有力保障。

基于以上文件内容，我们可以看到，随着社会政治经济的发展，我国高校青年教师群体正在一步步地分化出来，国家也在不断加大对这部分群体的投入。通过提升个人的生活品质和社会地位，能够提升高校青年教师对自己的职业的认同感，从而更加努力地提升自己的专业水平和工作效率。此外，这一系列关于高校教师的外部政策保障，也提升了高校教师这一职业的吸引力，进而激发了高校教师专业发展动力。

（二）关于我国高校教师的培养培训政策

20 世纪 90 年代以后，我国高校教师培养政策主要是从法律法规和重要教育改革战略的角度对高校教师培训进行规范，提供宏观指导，并把教师培养和高校的发展结合起来，将教师培训纳入优化教师队伍结构、提高教师素质的整体系统中。

进入 21 世纪，对于高校教师的培训政策更加趋于细致化，出现了如海外进修、访问学者等专项的培训计划，培训对象也更加关注青年教师。同时在已有培训形式的基础上，实施了以同等学力申请硕士学位教师进修班和高级研讨班的培训工作，使高校教师培训向更高的层次发展。同时，通过各种基金机制，集中有限资源，培养优秀的拔尖人才。2010 年，中共中央和国务院在审议通过《国家中长期教育改革和发展规划纲要（2010—2020 年）》中明确提出"提高教师业务水平。完善培养培训体系，做好培养培训规划，优化队伍结构，提高教师专业水平和教学能力。通过研修培训、学术交流、项目资助等方式，培养教育教学骨干'双师型'教师、学术带头人和校长，造就一批教学名师和学科领军人才"。

2010 年之后，高校教师培训工作的关注点更多地聚焦在青年教师身上。2012年，教育部等六部委发布的《关于加强高等学校青年教师队伍建设的意见》提出"推动高等学校设立教师教学发展中心，开展教师培训、产学交流、教学研究、教学咨询、评估管理以及职业发展咨询等，帮助青年教师专业成长。各地各校要加强青年教师的教育教学能力培训，建立健全新教师岗前培训制度和每 5 年一周期的全员培训制度。鼓励青年教师到企事业单位挂职锻炼，到国内外高水平大学、科研院所访学以及在职研修等，促进青年教师在教学科研、社会实践中锻炼成长"。2016年，教育部发布的《关于深化高校教师考核评价制度改革的指导意见》要求落实每 5 年一周期的全员培训制度，并强调"加强教师教学基本功训练和信息技术能力培训。鼓励青年教师到企事业单位挂职锻炼，到国内外高水平大学、科研院所访学以及在职研修等。职业院校专业课教师每 5 年到企业顶岗实践不少于 6 个月"。2018年，教育部在《关于加快建设高水平本科教育全面提高人才培养能力的意见》中提出"提升教学能力。加强高校教师教学发展中心建设，全面开展教师教学能力提升培训。深入实施中西部高校新入职教师国培项目和青年骨干教师访问学者项目"。2019 年，教育部发布《关于深化本科教育教学改革全面提高人才培养质量的意见》提出"完善教师培训与激励体系。加强高校教师发展中心建设，重点面向新入职教师和青年教师，以提升教学能力为目的，开展岗前和在岗专业科目培训。推进高校中青年教师专业发展，建立高校中青年教师国内外访学、挂职锻炼、社会实践制度"。

总的来看，改革开放以来，我国高校教师培训政策从形成培训网络到建构发展体系，再到择优发展，最后聚焦到青年教师的发展，这一过程是高校青年教师专业培训体系不断完善的过程，培训内容逐步丰富，培训体系逐渐完善，高校青年教师专业发展得到了前所未有的重视，逐步形成了一个不断优化的顶层结构体系。

（三）高校青年教师人事分配制度变革

在过去，受计划经济制度影响，我国高校教师的人事分配制度基本上属于统招统分的状态。20 世纪 90 年代以后，由于市场经济体制的深化改革，高校教师的人事分配制度开始出现转变。

世纪之交，由于高等教育的大规模扩张以及国企、事业单位改革，高校教师的人事制度也开始了重大变革，逐渐改变了以往平均主义的倾向，开始形成良性的竞争机制。随着人事制度改革的进一步深化，人事制度与工资奖金分配制度相结合。2000 年，《关于深化高等学校人事制度改革的实施意见》提出"积极推进高等学校分配制度改革。在国家政策指导下，进一步加大搞活学校内部分配的力度，扩大学校分配自主权，建立重实绩、重贡献、向高层次人才和重点岗位倾斜的分配激励机制。高等学校主管部门根据国家工资管理的有关规定，通过实行工资总额动态包干管理等办法，搞活高等学校内部分配"。2008 年，国家开始实施"海外高层次人才引进计划"，通过特设岗位聘任高层次人才进入高校教师行列，实质上是在进行高校教师岗位聘用制度的引领和示范。这些制度的施行，有效推动了我国高校教师资格制度的实施，进一步确立了高校教师聘任的准入资格和招聘程序，为新进人员公开招聘制度的完善打下了基础。

2010 年之后，为进一步提升高等教育质量，国家出台了一系列政策完善高校教师招聘制度、深化考核评价制度改革。2012 年，教育部发布的《关于全面提高高等教育质量的若干意见》提出"严格实施高校教师资格制度，全面实行新进人员公开招聘制度。完善教师分类管理和分类评价办法，明确不同类型教师的岗位职责和任职条件，制定聘用、考核、晋升、奖惩办法"。2018 年，《中共中央国务院关于全面深化新时代教师队伍建设改革的意见》提出"积极探索实行高等学校人员总量管理。严把高等学校教师选聘入口关，实行思想政治素质和业务能力双重考察。严格教师职业准入，将新入职教师岗前培训和教育实习作为认定教育教学能力、取得高等学校教师资格的必备条件"。

通过高校人事分配制度的改革，我国高校青年教师的专业发展环境逐渐得到优化，通过制定聘用机制、考核机制、选拔机制等方式实现教师队伍水平的整体提升，在打破"铁饭碗"的平均主义工作状态的同时，让高校青年教师获得了晋升通道，客观上对高校青年教师专业发展起到积极的推动作用。

（四）对优秀青年教师的奖励资助制度的变革

对高校教师的奖励最初是与科学技术奖励相伴而行的。21 世纪之后，我国高校教师的奖励资助制度主要是针对高等教育发展的指导和引领。2002 年 5 月，教育部颁布了《中国高校人文社会科学研究优秀成果奖励暂行办法》，表彰在高校人文社会科学研究中作出突出贡献的研究人员，鼓励高校研究人员积极探索，勇于创新，推动人文社会科学事业的发展。2003 年，教育部设置高等学校"教学名师"奖，此后每年评选大约 100 名"教学名师"，以期为全面提高我国高等教育教学质量作出新成绩。2009 年，教育部出台了《高等学校科学研究优秀成果奖奖励办法》，鼓励高校教师开展学术研究。2012 年，《关于全面提高高等教育质量的若干意见》提出"改革教师遴选、考核与评价制度，实行聘用制，探索年薪制，激励教师把主要精力用于教书育人"。

这些奖励资助政策主要是鼓励高校教师在相应的科研、教学、社会服务工作过程中取得优异成绩。此外，从奖励对象来看，也有专门倾向青年教师和学者，这不但为他们的专业发展提供了相应的目标激励，同时确确实实地起到了较强的激励作用。

二、高校青年教师专业发展岗前培训现状及存在问题

目前，我国高校重引进、轻培养的现象依然十分明显，为了招聘海内外优秀人才，全国各地高校出台各项人才引进优惠政策，如落户、购房补贴、家属就业安置等，然而在人才引进来之后，对于新聘青年教师的职业发展和职后培养却不够重视。这些新聘青年教师大多具有博士学位，他们在校期间已经接受过系统的学科专业理论知识学习和严格的科研能力训练，在进入工作岗位之后，能够很快地胜任科研工作。但这些新聘青年教师部分来自非师范专业，缺乏教育教学所必备的条件性知识和能力，所以容易出现难以很好地胜任学科教学工作的问题。岗前培训为青年教师提升教学能力和实现角色转变提供了重要契机，但岗前培训的现状如何、对提升青年教师教学能力的影响如何，这些问题需作更深入的探讨。基于此，通过收集我国高校青年教师岗前培训政策文本，对青年教师岗前培训的现状进行深入分析，

以期为解决岗前培训问题及提升青年教师教学能力提供现实依据。

（一）数据来源和文本分析过程

1．数据来源

我们选取普通本科高校为研究对象。教育部统计的全国高校名单显示，截至2017年5月31日，全国共有2 914所高校，其中普通本科院校1 243所。本研究以普通本科高校（以下简称"高校"）作为抽样对象，抽样比例为1∶10，随机抽取了125所普通本科院校为研究样本。根据中国校友会2018年大学分类排名中各类高校的数量（表1-1），依据各类高校数量比例，确定每种类型的高校的抽样数量，按照高校排名的比例进行分层随机抽取样本，以保证所抽取的样本具有代表性。本研究选取的样本从高校类型、办学性质、主管部门、办学层次上来看，具有较强的代表性。按照抽取的样本进行数据收集，以收集的各高校关于青年教师岗前培训的政策文本作为本研究的数据来源。

表1-1　2018年大学排名中各类高校总数量及抽样数量

单位：所

类型	总数量	抽样数量
理工类	384	38
综合类	324	32
财经类	104	10
医药类	110	11
民族类	14	2
农林类	48	5
体育类	14	2
师范类	141	14
艺术类	47	5
语言类	21	2
政法类	36	4
总　计	1 243	125

注：各类型高校总数量中包含合作院校、独立学院、民办院校等。

2. 文本分析过程

质性文本分析致力于在文本中发现意义，分析文本传达的内容，侧重于对文本的理解和诠释[①]。本研究先采用质性文本分析的方法，借助 MAXQDA 软件对收集到的数据资料进行分析，分析过程包括以下几个步骤：初步分析文本—建构主题类目—使用主类目进行首次编码—编辑分类到主类目的所有文本片段—根据数据归纳式界定子类目—使用类目系统进行二次编码—基于类目分析—呈现结果（以关联性、视觉图和表格形式呈现）[②]。然后严格按照上述文本分析的步骤，通过对文本进行阅读和深入理解，建构了 6 个主类目，即培训目的、培训内容、培训组织方式、培训教学方式、培训实施过程和培训考核。在此基础上根据建构的主类目对文本进行首次编码，编辑分类到主类目的所有文本片段，随后深入分析这些文本片段，并运用 NLPIR 汉语分词系统对这些文本片段进行处理，对数据处理结果进行归纳，并界定了 27 个子类目，使用类目系统对文本进行二次编码，最后共形成 2 187 个编码片段。为了保障编码的有效性，采用二次编码的方法对编码数据进行信度检验，并确保两轮编码结果的一致性在 70% 以上。6 个主类目和 27 个子类目分布结构、编码频次以及编码片段举例见表 1-2，由此可以了解目前我国高校青年教师岗前培训的基本情况。

表 1-2　文本类目分布结构、编码频次以及编码片段举例

主类目	频次	子类目	频次	编码片段举例
培训目的	245	提高教学能力	89	提高教学质量、提高教学能力和水平
		履行角色职责	56	适应新环境、完成角色转变、履行教师岗位职责
		了解校情规章	37	办学理念、特色、校园文化、教学制度与教学规范
		加强职业道德	58	学术道德、职业道德和敬业精神、廉洁意识
		获得教师资格	5	教师资格制度、顺利取得高校教师资格

---

① 伍多·库卡茨. 质性文本分析：方法、实践与软件使用指南[M]. 朱志勇，范晓慧，译. 重庆：重庆大学出版社，2017：30–33.

② 同上书：133–134.

（续表）

主类目	频次	子类目	频次	编码片段举例
培训内容	790	通识知识	184	高等教育学、高等教育心理学
		师德师风	112	教师职业道德修养、思想政治素质
		教学能力	301	教育技术、教学理念、教学基本规范、教学技能和方法
		校史校情	161	学校历史与文化、学校管理政策与规章制度
		管理能力	32	职业发展规划、公文写作、管理制度
培训组织方式	206	省统一培训	75	脱产集中培训、集中面授、集中理论培训
		校本培训	32	参加校内组织的培训、校本研修
		线上培训	47	网络授课、网络线上学习
		线下自学	52	自我训练、自主学习、课程自修
培训教学方式	278	讲座报告	80	主题演讲、教学名师报告会、名师讲座
		示范观摩	55	公开课教学观摩、名师课堂示范教学、优青教师示范课
		教学实践	56	备课、讲课、评课、专家点评与同侪互评
		研讨交流	48	青年教师座谈会、对话交流、小组研讨、沙龙
		微格教学	13	微格教学训练、在数字化高清录播教室教学、模拟教学
		导师和助教制	14	指定指导教师、"传、帮、带"、担任课程助教
		工作坊	12	教学技能工作坊、实训工作坊
培训实施过程	537	培训对象	201	入职新教工、新进专任教师
		培训师资	51	学校领导、校内外专家、教学科研骨干
		培训时间	156	8~9月、4~6月；总学时在110~210之间，多数为136学时
		培训管理	129	文明礼貌、按时上下课、纪律、考勤制度
培训考核	131	统一考试	71	结业考试、试行机考、开卷考试、闭卷考试
		平时考核	60	出勤率、"5个1"作业、课堂表现、作业成果、教学试讲、撰写课程论文

（二）高校青年教师岗前培训的实际状况分析

1. 培训目的取向以提高教学能力为主，加强职业道德和履行角色职责并重

高校青年教师岗前培训目的是对培训行动目标和培训效果的预期设想，反映高校岗前培训政策的价值取向。从收集到的 125 份高校研究样本来看，共有 87 所高校明确表述岗前培训目的或目标，另有 38 所高校未明确表述，也就是说，69.60% 的高校有岗前培训目的或目标。经过文本分析发现，这些岗前培训目的集中于以下几点：让青年教师了解先进的教育思想和教育理念，熟悉教学基本规律和基本规范，掌握教学基本技能；具有良好的思想政治素养，廉洁从教，敬业乐教，加强师德师风建设；转变教师角色，适应高校教学工作岗位的要求，履行岗位职责；了解高校的办学理念、办学历史、文化特色、规章制度，增强教师的归属感和认同感；贯彻落实国家相关政策，达到教师资格认定的基本要求。其中，将提高教学能力、加强职业道德和履行角色职责作为主要目的占比情况由图 1–1 可见，提高教学能力占比达 36.33%，加强职业道德和履行角色职责占比分别为 23.67% 和 22.86%。这种以提高教学能力为主，加强职业道德和履行角色职责并重的培训目的，从政策价值取向上保障了青年教师胜任学科教学工作。

2. 培训内容选择以通识知识为主，以培养教学能力为核心

我国高校青年教师岗前培训的内容主要包括通识知识、教学能力、师德师风、校史校情、管理能力等方面，利用 MAXQDA 软件对"培训内容"下的 5 个子类目代码进行简单的代码结构分析发现：125 所高校涉及通识知识培训，102 所高校涉及教学能力培训，74 所高校涉及校史校情培训，63 所高校涉及师德师风培训，19 所高校涉及管理能力培训。由此可见，所有的高校青年教师在岗前培训中都要学习包括高等教育学在内的通识知识，这符合国家颁布的高校教师岗前培训政策的基本要求。同时，也可以看出教学能力是岗前培训的核心内容，"培训内容"这一主类目下的编码频次即可说明这一点，即高校较为重视青年教师教学能力培训，编码频次高达 301，其他依次为通识知识、校史校情、师德师风、管理能力的培训。对培训内容中的编码片段进行统计，各培训内容占比情况见图 1–2。高校青年教师岗前培训的内容以教学能力培训为核心，这也基本符合岗前培训的目的。利用 NLPIR 汉

语分析系统对"培训内容"中的子类目中的文本片段进行处理发现,"教学能力"培训主要侧重于教育技术、教学理念、教学基本规范、教学技能和方法等几个方面。以通识知识为主和以教学能力为核心的培训内容,为青年教师胜任学科教学工作提供了现实可能,但重视通识知识培训可能会忽略青年教师的多元需求。

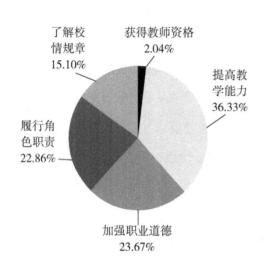

图 1-1　岗前培训目的编码频次结构　　　图 1-2　岗前培训内容编码频次结构

3. 培训组织方式以集中培训为主,教学方式以讲座报告为主

高校青年教师岗前培训方式包括组织方式和教学方式两个方面。文本分析发现,共有 107 所高校有明确表述岗前培训的方式。对这些培训方式的文本进行编码发现,培训的组织方式主要是以各省、自治区、直辖市高等学校师资培训中心(以下简称"省高师培训中心")统一组织的集中培训,占比较高,为 36.41%,同时辅之以高校分散组织的线下自学、线上培训和校本培训,分别占比 25.24%、22.82% 和 15.53%(如图 1-3 所示)。也就是说,青年教师不仅要参加省高师培训中心统一组织的脱产集中培训,学习通识理论,还要参加校内组织的校本研修,进行校史校情和教学技能学习,同时还要通过网络授课和自主学习等途径自行修读课程。

文本分析还发现,岗前培训的教学方式是以讲座报告为主,辅之以教学实践、示范观摩、研讨交流、导师和助教制、微格教学及工作坊等形式。对教学方式编码文本片段进一步概括分析发现：讲座报告包括主题演讲、教学名师报告会、名师讲座等，编码频次为80，占比28.78%；教学实践包括备课、讲课、评课、专家点评和同侪互评等，编码频次为56，占比20.14%；示范观摩包括公开课教学观摩、名师课堂示范教学、优青教师示范课等，编码频次为55，占比19.78%；研讨交流包括青年教师座谈会、对话交流、小组研讨和沙龙等，编码频次为48，占比17.27%；导师和助教制包括指定指导教师、"传、帮、带"等，编码频次为14，占比5.03%；微格教学包括微格教学训练、在数字化高清录播教室教学等，编码频次为13，占比4.68%；工作坊包括教学技能工作坊和实训工作坊等，编码频次为12，占比4.32%（如图1-4所示）。由上述分析可知，高校青年教师可以通过教学实践、微格教学、工作坊等方式得到教学演练的机会，这有助于高校青年教师教学技能的提升，但如图1-4所示，这3种方式共占比例仅为29.14%，这也意味着并不是所有的高校青年教师都有机会通过上述方式提升自己的教学能力。

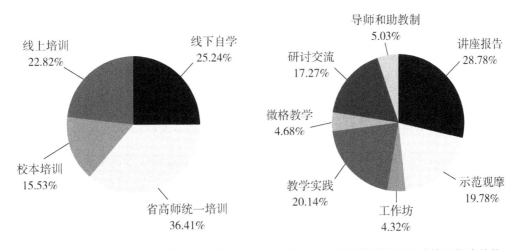

图1-3　岗前培训组织方式编码频次结构　　图1-4　岗前培训教学方式编码频次结构

4. 培训实施过程中师资多元、学时不等，并以考勤为主要管理手段

岗前培训实施过程包括培训对象、培训师资、培训时间、培训管理等几个方面的内容，利用NLPIR汉语分词系统对各子类目中的编码文本内容进行处理，根据处理结果一一阐述。从培训对象来看，主要是新补充到高校的从事教育教学工作的教师。从培训师资来看，主要包括高校部门领导、教学专家和中青年骨干教师，高校

部门领导负责校史校情和学校规章制度的专题讲授；教学专家和中青年骨干教师主要负责通识知识、师德师风、教学技能等专题讲座。从培训时间来看，多是在每学年第一学期或第二学期开展岗前短期集中培训，如8~9月或4~6月，培训具体时间不固定，多选择在周末进行；每期集中培训时长不同，有的长至15~20天，有的则短至3~5天；每期培训总学时在110~210学时之间，最低不得少于110学时，多数在136学时左右。从培训管理来看，只有60所高校有明确的岗前培训管理规定或要求，主要涉及文明礼貌、按时上下课、纪律或考勤制度等方面的内容，并将考勤作为主要手段来保证培训过程的有序进行。由上述分析可知，岗前培训师资多元，可以为培训内容多样化提供可能；但培训时间相对较短，青年教师在较短的时间内，难以达到提升教学能力的预期目标；培训管理手段主要以考勤为主，缺乏对成人自主学习的基本规律和新入职教师工作实际的考虑。

5. 培训考核采用统一考试和平时考核相结合的方式，并以统一考试为主要手段

考试和考核是检验学习成果的重要手段。对高校青年教师进行考核是检验岗前培训效果的重要方式，不仅可以调动青年教师参与岗前培训的积极性，也能促使青年教师不断完善自我，实现专业成长。岗前培训的考核方式以统一考试和平时考核相结合的方式进行，并以统一考试为主。统一考试是由省高师培训中心组织的结业考试，分为开卷和闭卷，采取笔试或机考等形式，统一考试编码频次为71，占比达54.20%；平时考核主要是对青年教师的课堂或课后表现情况进行考核，考核编码频次为60，占比达45.80%（如图1-5所示）。平时考核的主要形式为考勤、课堂讨论、提交课程作业（如课程实施大纲、教案、教学PPT、培训总结等），但有少部

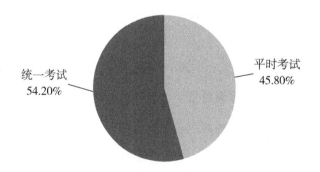

统一考试
54.20%

平时考试
45.80%

图1-5 岗前培训考核方式编码频次结构

分高校会另外增加教学试讲和撰写课程论文。高校在综合评定青年教师的岗前培训成绩时，统一考试成绩占70%，平时考核成绩占30%，要求二者同时达到各自权重的60%，才能被认定为合格。由上述分析可知，统一考试占比较大，这种考试方式虽然能较快地测试青年教师的学习效果，但不能有效地考核他们的教学能力；而教学试讲这种能够考核教师教学能力的方式还未得到足够的重视。

（三）高校青年教师岗前培训存在的主要问题剖析

1. 忽视青年教师的主体地位和多元需求

教师应成为自身专业发展的主人[①]。高校青年教师岗前培训的主要目的是实现自身专业发展，教师只有亲身经历才能实现角色的转变、职业道德素养的提升和教学能力的提高。通过前文分析发现，多数学校岗前培训的总体目标不够明确具体，特别是缺乏对青年教师个性化需求的关注，容易使培训内容泛化，缺乏针对性。大多数高校在培训中侧重开设通识课程，意味着所有参加岗前培训的青年教师要统一学习通识知识，然而这些教师多是来自不同学校、不同学科、不同专业的博士或硕士毕业生，他们在学科教学中所面临的问题也不同，对培训的需求自然也各不相同，忽视这种多元需求的集中性通识知识培训或专题讲座培训，不能很好地满足青年教师职业初期阶段的专业成长需求。

2. 忽视青年教师的学习特点，培训方式不够合理

青年教师岗前培训方式是以集中的专题讲座为主，这种方式在一定程度上缺少灵活性，且难以顾及培训对象的个性化需求。从成人学习视角来看，青年教师有独立的思想和丰富的个体经验，其学习目的不仅是积累知识，还要实现能力提升、思想成熟和角色的重大转变。有学者指出，青年教师是具有清楚自我概念的成年人，具有较强的学习自主性和独立性及自我导向学习的能力[②]。他们更希望在学习或教学上得到前辈或朋辈的引导和帮助，而不是他人以权威或领导姿态的集中灌输。由此可见，短期集中性培训由于没有遵循青年教师成长的基本规律，忽视青年教师的学习特点，难以达到预期效果。虽然部分高校采取微格教学、教学工作坊等教学实践

① 吴康宁. 教师应成为自身专业发展的主人[J]. 南京师大学报（社会科学版），2015（5）：80-86.

② 潘岳祥. 成人学习理论与教师继续教育[J]. 湖南师范大学教育科学学报，2005（4）：86-88.

形式来辅助开展培训工作，但由于时间较短，每名青年教师可能只有一两次教学实践的机会，难以达到提升教学能力的目的。

3. 岗前培训实施过程中时间安排不尽科学

青年教师岗前培训多安排在秋季或是春季学期前一两个月内，且多集中在周末完成，培训时间相对较短、培训学时相对较少。根据"学习金字塔"理论，两周以后听讲方式留存在记忆中的学习内容只有 5%，示范方式留存在记忆中的学习内容有 30%，而实际演练方式留存在记忆中的学习内容则有 75%。由此可见，短期集中性讲座的培训效果相对来说较差。而教师教学能力和职业修养的提升需要长期学习积累才能实现。因此，要改变不尽合理的培训方式和时间安排，在延长岗前培训时间的基础上增加示范式或演练式的培训学时，为青年教师提供更多实际演练的机会，才有可能达到预期的培训效果。

4. 岗前培训监督和评价机制仍需完善

文本分析发现，青年教师岗前培训的监督机制不太健全，在培训的过程中把青年教师当作被动消极的管理对象，以强制性的签到来保障出勤率，并将出勤率算作平时成绩计入最终的考核成绩。由成人学习理论可知，成人学习的主要动机是基于问题和现实需求的内部驱动，强制性的外部管理可能会在一定程度上削弱青年教师学习的自主性和积极性。并且岗前培训的考核方式主要是省高师培训中心组织的统一考试，虽然有少数学校也会要求青年教师撰写课程论文、写教学设计、做 PPT、进行试讲等，但青年教师撰写教案进行试讲的机会很少，这种单一的考核方式会大大降低青年教师学习的积极性，以致出现为了取得教师资格证书而应付考试的现象，容易使岗前培训失去原有意义。

三、高校青年教师专业发展培养现状及存在问题

根据教育部 2017 年统计数据，全国普通高校专任教师共有 1 601 968 人，其中 35 岁以下青年教师 534 102 人，占 33.34%。作为我国高等教育可持续发展的新生力量和未来人才培养及科学探究的主要承担者，高校青年教师的培养是提升高等教育整体质量、实现高校可持续发展以及帮助青年教师自我完善的关键环节，我们需要

从现实出发，了解当前我国高校青年教师培养的实际情况，发现并解决其中存在的问题。

（一）数据搜集和文本分析过程

由于我国高校青年教师培养计划内嵌在学校管理制度当中，所以各高校关于教师培养的政策文件最能够体现出其在青年教师培养过程中的整体特点和突出问题。为了对我国高校青年教师培养体系进行全面分析，我们以省级行政区域为单位，按照 1：6 的比例从 29 个省区市（不包括琼、藏、港、澳、台地区）中抽取 125 所高校，并获取这些高校关于青年教师培养的最新文件。为保证效度，我们所抽取的高校层次、类别分布尽量均衡，按照 2017 年校友会的高校排名，所抽取的高校中前100 名的有 38 所，100~300 名的 46 所，300 名之后的 41 所，数量比较接近；高校类别包含综合、理工、农林、师范、医药、财经 6 种，分别是 29 所、38 所、11所、24 所、15 所和 8 所，与我国高校整体类别比例基本一致。

为了对所有文件内容有一个比较完整清晰的认识，我们借鉴了扎根理论方法，对所收集的资料进行编码分析并形成本土概念，然后理清概念之间的联系，形成相应的体系脉络。首先，对获取的文件进行认真阅读，找出高校青年教师培养的相关语句，提炼出精确、有价值的概念，以概念节点为名称，进行开放编码，共形成有效自由节点 1 394 个；同时，用二次编码的方法对数据进行信度检验，确保二者的一致性在 70% 以上。然后对获取的 1 394 个有效节点进行分析，对节点内容进行调整、合并，同时找出每个自由节点之间的共性，将其归类到 11 个主轴之中，分别是促进学校发展、满足教师需求、发展专业情意、提升专业技能、积累经验资历、全员培养、择优支持、督导考核、物质保障、奖励措施、团队建设。最后，将主轴编码归纳为 4 个核心类别，即目标指向、培养内容、培养策略和保障措施。其中促进学校发展、满足教师需求归为目标指向；发展专业情意、提升专业技能、积累经验资历归为培养内容；全员培养、择优支持归为培养策略；督导考核、物质保障、奖励措施、团队建设归为保障措施（如表 1-3 所示）。

表1-3　数据编码频次

核心编码	频次	主轴编码	频次	自由节点举例
目标指向	120	促进学校发展	88	人才强校；专业发展；提升竞争力
		满足教师需求	32	帮助教师成长；适应外界发展；促进职业角色转换
培养内容	372	发展专业情意	52	培养职业道德；端正工作态度；师德师风教育
		提升专业技能	128	教学技能训练；科研训练；专业知识培训；外语、计算机水平培训
		积累经验资历	192	学历进修；企业、事业单位实践锻炼；参与相关项目；入选骨干计划；获取证书
培养策略	506	全员培养	116	岗前培训；导师跟踪指导；教学实践锻炼；专业研讨
		择优支持	390	出国进修；访问学者；项目资助；骨干教师培养；择优选拔
保障措施	396	督导考核	267	任务要求；考核指标；督导评估；业务档案
		物质保障	71	项目经费；日常补助；发展基金
		奖励措施	43	经济奖励；入选人才计划；薪资待遇提升
		团队建设	15	生活沙龙；科研团队；集体备课

（二）高校教师培养的实际状况分析

1.以学校发展为本位的目标指向

教师教育政策的价值取向是指教育政策主体在制定教师教育政策过程中价值选择的总体趋势和价值追求的一贯倾向[1]。这种价值倾向集中反映了政策制定主体的利益需要，具体体现在政策制定的目的当中。所收集的文件中关于培养目的指向的节点共有120个，分别从"促进学校发展"和"满足教师需求"这两个主轴来进行表述。其中"促进学校发展"体现的是以学校发展为最终目的，将青年教师的发展作为学校人才战略的重要组成部分，通过提升青年教师专业素养来进一步提升学校

---

[1]　吴遵民，傅蕾.我国30年教师教育政策价值取向的嬗变与反思[J].杭州师范大学学报（社会科学版），2011（4）：93-100，128.

的整体教学能力和科研水平，共有自由节点 88 个，主要包括人才强校、专业发展、提升学校竞争力等内容；"满足教师需求"体现的是对于青年教师本身的关注，其主要目的是帮助青年教师尽快成长，及早适应工作岗位，共有自由节点 32 个，包括帮助青年教师成长、适应外界发展、促进职业角色转换等内容。其中"促进学校发展"的自由节点数量最多，共 88 个，占总数的 73.33%，说明教师专业发展更多的是以学校的利益作为根本出发点来推进的，根据学校的发展需求来制订培养计划和选择培养内容，体现出以学校发展为本位的培养价值取向。

2. 以教师职业生涯为着眼点的培养内容

高校青年教师培养的内容集中反映了高校管理者对于高校教师专业素养以及发展重心的认识，包括职业态度影响、专业知识学习、专业技能指导和职业路径规划等内容。在所统计的政策文本当中，关于专业发展内容的部分共包含自由节点 372 个，分布于"发展专业情意""提升专业技能""积累经验资历" 3 个主轴当中。其中"发展专业情意"是专门针对高校青年教师职业道德、职业意识、职业情感、职业价值观方面的影响，它要求青年教师能够养成严谨治学、实事求是的工作态度，爱岗敬业、甘于奉献的职业精神，探究真理、传递文明的职业理想，共有自由节点 52 个，主要包括培养职业道德、端正工作态度、师德师风教育等内容。"提升专业技能"是对青年教师专业知识、教学、科研技能等的传授和指导，是提升青年教师的工作能力的主要途径，共有自由节点 128 个，包括教学技能训练、科研训练、专业知识培训、外语、计算机水平培训等。"积累经验资历"是帮助青年教师在个人职业生涯发展过程中完成相应任务，满足职称晋升或者岗位聘任中的资历要求，实现职业地位的不断提升，共有自由节点 192 个，主要包括学历进修、获取证书、参与相关项目、企业、事业单位实践锻炼等方面的内容。从自由节点的类别可以看出无论是关于职业道德的影响、职业知识的增长、专业技能方面的指导或者是学历、证书等的获取，都是以教师职业生涯为着眼点，以此满足青年教师个体职业成长的各项条件，其中"积累经验资历"包含节点数量最多，共 192 个，占总数的 51.61%，说明我国目前高校青年教师培养体系更加关注有形的可量化指标，而较为轻视无形的内在积累，有急功近利的倾向。

3. 以择优支持为主要方式的培养策略

高校青年教师培养策略是所有关于高校青年教师专业发展政策中的核心部分，是对于青年教师培养方式和过程的确定与选择。这一项总共有自由节点 506 个，是频次最多的核心编码，主要可以分为"全员培养"和"择优支持"两个主轴编码。"全员培养"一般在校内进行，以在职学习为主，帮助青年教师掌握基本的工作技能和专业知识，共有自由节点 116 个，包括岗前培训、导师跟踪指导、教学实践锻炼、专业研讨等内容。"择优支持"主要在校外进行，以脱产学习为主，目的是开阔视野、加强交流、提升学历等，共有自由节点 390 个，包括出国进修、访问学者、项目资助、骨干教师培养等内容。在所有的统计节点当中，"择优支持"的自由节点共 390 个，占 77.08%，说明各高校更倾向于通过国内访学、出国研修、学历提升等方式来对青年教师进行培养，在提升青年教师能力的同时也加强与其他高校尤其是知名高校的联系。然而，无论是出国深造还是国内访学，抑或骨干教师培养，都带有一种选拔性，主要是对工作成绩、教学科研水平、基本素质比较突出的青年教师来进行择优支持。这说明高校对人才的培养以学校的利益为根本出发点，把青年教师培养作为人才战略的投资，在资源有限的条件下优先对相对优秀的青年教师进行培养，让优者更优，实现效益最大化。

4. 以量化考核为主要手段的保障措施

保障措施是高校青年教师培养中的重要环节，如何投入、如何管理、如何评价、如何选拔都是影响教师培养结果的重要因素。所以对于这部分的要求也占有非常大的比重，共有自由节点 396 个，分布在"督导考核""物质保障""奖励措施""团队建设" 4 个主轴当中。其中"督导考核"是培养过程中对青年教师进行评价和考核的规定，共有自由节点 267 个，主要包含任务要求、考核指标、督导评估等内容；"物质保障"是在培养过程中关于资金投入以及对于青年教师个人生活保障的规定，包含节点数 71 个，包括项目经费、日常补助、发展基金等内容；"奖励措施"是在培养过程中为了提升青年教师发展积极性而设立的奖励手段，共有自由节点 43 个，包括经济奖励、入选人才计划、薪资待遇提升等内容；"团队建设"是营造一种积极向上的集体氛围，通过良性人际互动让青年教师产生归属感和进取心，共有自由节点 15 个，包括生活沙龙、科研团队、集体备课等内容，其中"督导考核"所占节点数量最多，占总数的 67.42%，说明高校对于青年教师的培养作为人事管理的一部分，是一种自上而下的考评模式，主要通过工作内容量化考核的方式来推动，将承担课时数、发表论文量、领导打分等作为依据；而"物质保障""奖励措施""团队建设"3 项内容包含节点数分别为 71 个、43 个、15 个，总共所占的比例不足 33%，说明各高校对于青年教师的发展激励重视不足，而且更多体现在物质奖励上，而对于精神激励或者团队影响的内容较少。

（三）高校教师专业培养的主要问题剖析

1. 缺乏对青年教师主体地位的认识

从应然要求来说，教师自身专业发展说到底是教师个人的发展，是必须由教师亲身经历的个人实践[①]。然而在各高校政策文本中可以发现，无论是培养目标的制定还是内容、方式的选择，抑或培养结果的评价，都以学校的人事部门或教务部门为主导，遵照上级部门提出的政策来具体执行，缺少教师的参与。部分高校把对青年教师的培养看成是维持组织运转的必要人力资源投入，青年教师自身的发展需求在这种制度体系中体现得并不明显。由于缺乏对青年教师发展主体性的认识，培养内容并不是针对高校青年教师的需求，专业发展全局性、终身性的理念较难得以贯彻，对青年教师个体需求和个人特点的考虑也存在不足。即使有一些"传、帮、带"的手段，仍然无法保证青年教师形成个性化、差异性的培养需求，让培养项目本身失去了吸引力，而且培养体系主要倾向于表现突出的青年教师，对工作上有困难的青年教师缺乏足够重视。其结果可能就是青年教师培养的功利性过强，在追求个人利益的氛围里，高校应具有的学术自由、思想批判、文化创造等内在功能受到一定程度的挤压和排斥[②]，青年教师发展的主动性和创造性都很难充分发挥，从而制约了整个教师队伍水平的提高。

---

① 吴康宁. 教师应成为自身专业发展的主人[J]. 南京师大学报（社会科学版），2015（5）：80-86.
② 陈来. 略论"独立之精神、自由之思想"与大学精神[J]. 清华大学学报（哲学社会科学版），2012（6）：38-41.

2. 对青年教师专业能力的关注不够

在各个高校关于培养内容方面的政策阐述中，涉及教师专业能力的自由节点只有 128 个，仅占 34.41%，而关于积累经验资历的内容却包含自由节点 192 个，占 51.61%，说明各高校对于青年教师的培养重结果而轻过程，缺乏对专业能力的关注。从文本中也能看出，教师参与相关项目要么是可以换算工作量、要么是可以破格评职称、要么是为了完成考核、要么是增加资历；而国内访学、出国进修或者学历提升往往是教师职称晋级或者职业生涯规划的必要条件。教师参与相关培养项目成为教师的一种工作任务或变相奖励，这种培养内容不能同青年教师的岗位职责、实际知识结构和自身素质以及高校的长远战略规划有效结合，达不到培养效果。另外，作为青年教师培养的主要推动力，这些培养项目大多独立实施，与其他培养项目并无关联，难以形成一套系统完整的发展路径方案。虽然，对于青年教师专业能力提升可以起到一定作用，但孤立而松散的内容结构缺乏系统性和规划性，无法让青年教师建构起完整的专业能力提升体系。

3. 教师培养公平性缺失

公平是人自由全面发展的最大动力，只有在公平公正的前提下，每个人才能真正得其所得、自由发展[①]。对于高校来说，青年教师的发展须保证公平、公正，才能更好地实现资源的合理分配，才能最大限度地促使教师队伍素质的整体提升。然而，从搜集到的政策文本中可以发现，青年教师的发展机会、发展过程、发展结果都存在着不公平。首先，虽然目前各个学校对于青年教师的培养投入正在逐年增长，但是为了能够更好地发展专业和培养拔尖人才，高校教师培养体系大多只关注重点专业或重点领域的优秀青年教师，取长而不补短，造成了教师发展机会的不均等。其次，不同高校之间资源相差悬殊，国内重点高校与国内外知名高校或科研机构有长期合作项目，可以派遣青年教师进行访学深造，也可以聘请知名专家学者进行交流讲学，如排名在前 100 的学校的教师出国学习的机会要比排名在 300 名以后的学校的教师多，而普通院校则将重点放在校内的教学、科研培训方面，视野相对

---

① 胡联合，胡鞍钢. 中国梦：中国每一个人的公平发展梦[J]. 探索，2013（3）：48-53.

狭隘，不同的发展环境使培养内容和培养方式存在明显的差距，造成了培养过程的不公平；最后，由于各高校对青年教师的培养主要针对上级部门所作的要求和职称评定指标，用简单可量化的工作内容去衡量教师的专业水准，忽视了教学成果及社会服务的贡献，这种片面的评价方式也造成了培养结果的不公平。培养公平性的缺失很容易挫伤青年教师专业发展的积极性，造成资源分配的不合理，影响青年教师的整体发展。

4. 考评机制不合理

高等教育质量的提升关键在于是否拥有一支高素质的师资队伍和一整套符合教师成长规律的评价机制[1]。目前，各高校虽然把对于高校教师专业发展的管理评估作为一项重要内容写进各个学校的政策文件中，但往往还是不自觉地把职称评定中的各项要求作为一根无形的指挥棒。其标准大多是表现性的，比如承担了主干课程、在教学比赛获奖、参与重大课题、论文发表数量等（如表1-4所示）。这样一些指标并不能直接反映出能力和水平，而学生和领导打分也受到各种主客观因素影响，很难做到客观公正。专业成长指标与晋级考核标准的混淆所造成的结果就是，高校青年教师将参与发展项目作为职称晋级的敲门砖，而忽略了项目本身是否适合自己的发展。所以教师对于培养项目的积极参与是建立在工作量互认的基础上，而不是将培养内容、培养形式的适切性作为选择培养项目的参照，无法将培养目的落实到行动当中，这对于投入的资金、师资力量、时间实际上是一种更大的浪费。

表1-4　关于青年教师评价标准指标的自由节点分布

标准指标	科研成果	教学工作量	工作年限	学历	评奖评优加分
自由节点个数／个	109	33	27	17	15

5. 教师发展内生动力激发不足

教师的成长和发展从本质上来说应该是自我导向、自我驱动的结果[2]。这种源

---

[1]　张浩. 高校教师评价机制的创新[J]. 教育评论, 2014（9）: 45-47.

[2]　周文叶. 让教师成为自身专业发展的主人: 评"在经验和反思中成长: 教师的案例开发与专业发展"[J]. 当代教育科学, 2008（16）: 61-62.

于对自身专业发展的内在需求和渴望，作为一种内生动力将高校青年教师发展的目标、需求、动机、行为整合在一起。与以奖惩方式为主的外部激励相比，内生动力主要通过树立职业理想、引导自我反思、满足自我实现需求、增强归属感等方式来推进自我发展，具有较强的主动性。通过对政策文本的分析可以发现，目前对于高校青年教师的鼓励和引导主要是通过量化指标和物质奖励来进行的（如表1-5所示），以外部利益的牵动和诱导促使青年教师提升自身专业水平，在高校青年教师的个人专业发展中，缺乏团队建设、校园文化激励或者职业生涯指导等内容，对青年教师内生动力激发不足，容易造成高校青年教师对于培养活动的兴趣在于奖励结果而不在内容本身，难以调动起青年教师对于专业发展的积极性。

表1-5　高校青年教师发展动力结构

节点	动力					
	外部动力			内部动力		
节点名称	评估指标	任务要求	物质奖励	团队建设	日常关照	荣誉称号
节点个数/个	71	130	33	15	18	10
所占比例/%	84.48			15.52		

第四节　高校青年教师专业发展研究进展与动力问题聚焦

一、高校青年教师专业发展相关研究

（一）国外关于高校青年教师专业发展的相关研究

从已有的文献来看，国外对于高校青年教师专业发展的研究主要从影响因素和发展路径两方面进行分析。

在影响因素方面，国外学者普遍认为影响高校青年教师专业发展的因素是多方面的，其主要来源可归为自身职业生涯和外部环境两个方面。费斯勒从教师

职业生命周期的角度归纳出个人环境和组织环境是高校青年教师专业发展的两大影响因素[①]。格莱伯斯克认为教师专业发展的影响因素主要包括 4 个条件：教师参与、学校支持、发展项目、薪酬激励体系[②]。莱特提出政治、经济、文化等外部环境因素以及组织、条件、文化等高校内部因素都会对高校教师专业发展产生影响[③]。

在发展路径与策略方面，国外关于高校青年教师专业发展路径与策略的研究主要基于高校青年教师职业生涯过程的基础上来进行的。如奥斯汀认为高校青年教师的职业生涯应该从研究生的学习阶段算起，因为他们初步社会化的过程主要是在这一阶段[④]。基于这种认识，斯皮瑞格和尼奎斯特把高校青年教师的专业发展分为 3 个阶段：研究生早期经历中的"高级学习者"、担当教学助手时的"训练中的同事"和逐步适应新职业身份时的"初级同事"[⑤]。奥斯汀和迈克达尼尔斯进一步指出，未来的高校教师必须在入职之前具备工作核心领域的知识和技能、专业态度和习惯、人际交往以及专业身份的理解[⑥]。此外，有很多学者对青年教师专业发展出现的问题及成因进行了分析，如盖帕等人在研究中发现一些高校青年教师在入职前的期待、需求等方面与入职后的结果有很大差异，而且他们的职业愿景与他们在职业生涯早期的实际情况也是差别明显，他们把这些原因归结于对自身表现的期待、同事关系和学术联系、个人生活和职业生活之间的平衡 3 个方面[⑦]。奥斯汀等

① 费斯勒,克里斯坦森. 教师职业生涯周期：教师专业发展指导[M].董丽敏,高耀明,译. 北京：中国轻工业出版社, 2005.

② GRABOWSKI S M. Administrative responsibilities for faculty development[J]. Washington: American Association of University Administrators. Eric Document Reproduction Service. 1983（1）：8.

③ GILLESPIE K H, HILSEN L R, WADSWORTH E C. A guide to faculty development: Practical advice, examples and recources [M]. Bolton, MA: Anker Publishing Company, 2002: 24–34.

④ AUSTIN A E. Preparing the next generation of faculty: graduate school as socialization to the academic career[J]. Journal of Higher Education, 2002, 73（1）：94–122.

⑤ SPRAGUE J, NYQUIST J D. Teaching assistant training in the 1990s: new direction for teaching and learning[M]. San Francisco: Jossey–Bass, 1989: 37–53.

⑥ AUSTIN A. E, MCDANIEL M. Preparing the professoriate of the future: graduate student socialization for faculty roles[J]. Higher Education, 2006（21）：397–456.

⑦ JUDITH M G, ANN E A, ANDREA G. Rethinking academic work and workplaces[J]. Change: The Magazine of Higher Learning, 2005（6）：32–40.

人指出因为良好的职业生涯开端、在教学和研究上成绩卓越、驾驭好终身教职发展轨道、建立良好的同事和专业联系网络、平衡好工作和工作之外的生活对高校青年教师的专业发展尤为重要，所以高校内部的管理者或者有经验的教师应当帮助青年教师在这些方面取得成功，在促进青年教师适应职业环境的同时，让青年教师获得组织支持感[①]。鲍威玛则认为教师能否积极参与专业发展，外部驱动起到了非常重要的作用，所以必须构建一套理想的制度，对青年教师的专业发展进行激励[②]。

从国外的相关研究可以发现，国外学者普遍认为高校教师专业发展作为一个动态、复杂的发展过程，其发展的速度和质量会受到多种因素的制约和影响。这些因素交织在一起，既会对高校青年教师的专业发展产生积极影响，也会对高校青年教师的专业发展产生消极影响，是个体内部素质和外部环境相互作用的结果，整个过程与高校教师的职业发展过程密不可分。

（二）国内关于高校青年教师专业发展的相关研究

国内的研究内容与国外大体相同，也是从影响因素和实施路径两个方面来进行探讨。

国内研究一般是把高校青年教师工作、生活中的过程要素与专业发展进程进行对比分析。例如，宋金玲将影响高校青年教师专业发展的因素概括为师承效应、马太效应、价值取向等 10 个方面[③]。刘强与赵中园将自我认知、政策支持、人际关系和工作环境 5 个方面作为影响高校青年教师职业生涯发展的主要因素[④]。邢艳利、王佑锋、赵珂通过对陕西省 31 所普通高校的 1 200 名青年教师进行问卷调查后发现，高校青年教师自身能力、学校激励机制以及学校管理是影响青年教师成长的关键因

---

① AUSTIN A E. Creating a bridge to the future: preparing new faculty to face changing expectations in a shifting context[J]. Review of Higher Education, 2003（2）: 119.

② BOUWMA G J. Research university stem faculty members' motivation to engage in teaching professional development: building the choir through an appeal to extrinsic motivation and ego [J]. Journal of Science Education and Technology, 2012（5）: 558–570.

③ 宋金玲. 试论影响高校青年教师成长的基本因素[J]. 中国高教研究, 2002（3）: 43–44.

④ 刘强, 赵中园. 高校青年教师职业生涯发展影响因素实证研究: 基于"卓越联盟"九所高校的调查分析[J]. 西安电子科技大学学报（社会科学版）, 2013, 23（6）: 177–183.

素①。也有学者从单一层面的要素，对高校青年教师专业发展的影响进行了论证。例如，季卫兵认为价值取向是高校青年教师自我认同形成的生发向导、力量源泉和评判尺度②。王保英通过对我国部分高校青年教师的问卷调查发现，薪酬、培训、职称评定等外部影响因素会对高校青年教师的专业发展产生重要影响③。此外，还有学者对高校教师专业发展的消极因素进行了论证，如万正维、王浩认为经济压力、心理压力、教学科研压力、专业水平提升压力和自我定位不当这5个方面是限制高校青年教师成长的因素④。吴慧与金慧认为，高校青年教师从入职到专业成熟面临着教学科研、个人发展、家庭生活等多重压力⑤。张静对高校青年教师专业发展的制约因素进行了研究，并从改善外部发展环境和发挥主观能动性两个方面提出了促进高校青年教师专业发展的对策和建议⑥。

关于高校青年教师专业发展路径与策略的研究，主要是围绕专业发展策略、组织、渠道等方面进行分析。在发展策略方面，操太圣、卢乃桂指出，应该寻找有效的专业发展策略，帮助他们顺利地实现角色转换，成功地开展生涯规划⑦；谷木荣认为，需要从认识深化、知识拓展、组织支持、制度保障等方面推进高校青年教师教学学术能力的发展⑧；杨冰认为，只有从内部的科研自觉和外部的制度支持层面加以努力，才是提升高校青年教师科研生命力的有效途径和长效机制⑨；姚利民等人认

① 邢艳利，王佑锋，赵珂. 陕西高校青年教师成长因素实证研究[J]. 统计与信息论坛，2015，30（4）：97–101.

② 季卫兵. 论高校青年教师自我认同的价值维度[J]. 教育评论，2016（7）：88–91.

③ 王保英. 高校青年教师专业发展的现状调查及其制度建议[J]. 教师教育论坛，2016，29（7）：52–57.

④ 万正维，王浩. 试论高校青年教师成长的影响因素及促进策略[J]. 教育探索，2013（2）：97–98.

⑤ 吴慧，金慧. 促进高校青年教师专业发展团队建设机制研究[J]. 教育发展研究，2013，33（17）：81–84.

⑥ 张静. 高校青年教师专业发展制约因素研究[J]. 长江大学学报（社科版），2014，37（7）：169–171.

⑦ 操太圣，卢乃桂. 高校初任教师的教学专业发展探析[J]. 高等教育研究，2007（3）：52–57.

⑧ 谷木荣. 高校青年教师教学学术能力发展的现实困境与实现路径[J]. 当代教育科学，2018（11）：65–68.

⑨ 包水梅，杨冰冰. 高校教师专业发展研究之研究：基于CNKI数据库2000—2017年收录论文关键词的可视化分析[J]. 高校教育管理，2018，12（5）：114–124.

为，自主发展和学校促进是青年教师教学发展的主要策略[①]。在发展组织方面，雷炜认为，高校应该从顶层制度设计、系统培养培训、加强教师教学发展中心建设、搭建网络资源平台等方面加以改进，以此来促进高校青年教师的专业发展[②]；张安富、李博认为，可以通过构建青年教师专业发展与高校组织发展相协同的制度，构建政府、社会和高校"三位一体"推动青年教师专业发展的制度[③]；胡传双、郑太年认为，高校应结合自身实际加强校本管理，通过改革评价体系、营造良好的学习环境、加强学习规划管理、营造合作文化、完善培训体系等多种措施，促进青年教师不断学习并提升专业水平[④]。在发展渠道方面，郑洁、陈莹认为，可以从建构青年教师实践性知识、培养反思能力、构筑学习共同体、历练教师职业韧性等方面来提升我国青年教师胜任力的发展水平[⑤]；王亚玲、阎祖书认为，对高校青年教师的培养应通过如下方式和路径：建立青年导师制，坚持听课制，进行全方位培训，创造条件提高科研能力，深入实际增强解决问题的能力等[⑥]；周国华则对当前我国高校青年教师专业发展过程中遭遇到的困境进行了剖析，并从教师准入尺度、培训体系、"导师"制度等方面提出了促进高校青年教师专业发展的对策[⑦]。除了理论探讨外，一些学者还深入高校青年教师的工作环境，通过实证或是质的研究方法有针对性地对高校青年教师的专业发展状况进行了研究，如生云龙、田静通过对"清华大学学术新人奖"这一青年教师奖励政策的剖析，对高等学校教师发展政策进行实证分析，并综合校内形势和校外环境等因素，对高校应如何出台、实施有利于促进青年教师专业发展的政策进行了探索[⑧]；赵敏通过问卷调查、访谈、比较分析等方法对江苏省某

---

① 姚利民，贺光明，段文彧，等.自主发展与学校促进：高校青年教师教学发展策略探寻[J].大学教育科学，2018（2）：43–49，67.

② 雷炜.高校青年教师专业发展特征、现状及策略[J].教育理论与实践，2018，38（24）：41–43.

③ 张安富，靳敏.高校青年教师队伍建设的系统思考[J].中国大学教学，2015（3）：67–71，39.

④ 胡传双，郑太年.高校青年教师学习的校本管理策略研究[J].研究生教育研究，2012（3）：69–72.

⑤ 郑洁，陈莹.我国高校青年教师胜任力发展的困境与提升路径[J].现代教育管理，2013（6）：82–86.

⑥ 王亚玲，阎祖书.探索高校青年教师培养的途径[J].陕西师范大学学报（哲学社会科学版），2000（S1）：198–199.

⑦ 周国华.高校青年教师专业发展的问题与对策研究[J].江苏高教，2015（6）：85–87.

⑧ 生云龙，田静.高校教师发展政策的实证分析：以清华大学"学术新人奖"的实施为例[J].大学教育科学，2008（2）：72–75.

高校的 120 名青年教师的专业发展现状进行了研究，发现我国高校缺少促进青年教师专业发展的平台建设、初任教师在课题研究和课题申报方面缺乏认识①。

总的来看，目前关于高校青年教师专业发展的研究主要是从相应的问题入手进行分析，从高校青年教师的实际情况出发，以揭示青年教师在专业发展过程中存在的问题和困境为主导方向，探索存在问题的原因，进而提出相应的建议和意见。但是这些方式和策略更多的是从外部环境方面来解决高校青年教师专业发展问题，缺乏从思想认知角度来解决高校青年教师专业发展问题方面的研究。

二、高校青年教师的发展动力机制相关研究

（一）国外关于高校青年教师专业发展动力机制的研究

国外关于高校青年教师专业发展动力机制的研究成果主要集中于对外部动机与内部动机的内容及影响因素的探讨。

外部动机主要来自国家、政府、学校等层面的政策、资金支持以及工作环境、工作要求等，如奥斯汀等人认为教师需要政策支持和资金保障才能具有专业发展动力②。哈德雷认为教师专业发展的外部动力发生在教师职业生涯的过程中，由来自他人的激励或外部压力，或出于获得积极或避免消极事物的愿望等方面组成③。斯克里布纳研究了教师在专业发展中经常考虑的两个外在因素：薪酬以及政策要求，他认为货币激励和任务要求虽然能提供很大的动力，但并不能确保教师公平竞争，因为有些教师没有认识到公平竞争的价值，也因为处于不同职业阶段的教师以不同的方式看待专业发展的机会，所以应该更多地关注多个工作环境、提供的学习活动类型以及学习活动是如何进行的，以激励教师参与培训④。

---

① 赵敏.基于教师职业生涯周期理论的高校青年教师专业发展研究[D].苏州：苏州大学，2011.

② AUSTIN A E, SORCINELLI M D. The future of faculty development: where are we going? [J]. New Directions for Teaching and Learning, 2013 (133) : 85–97.

③ HARDRE P L. Community college faculty motivation for basic research, teaching research, and Professional development[J]. Community College Journal of Research and Practice, 2012 (8) : 539–561.

④ SCRIBNER J P. Professional development: untangling the influence of work context on teacher learning[J]. Educational Administration Quarterly, 1999 (2) : 238–266.

内部动机主要是指由教师自身需求所产生的动机形态，可以将其视为教师积极参与到工作之中的心理倾向性。如斯克里布纳研究了教师学习的激励因素，指出在职业发展活动中对教师学习产生激励作用主要有 4 个内在因素，即内容知识、教学技能、课堂管理挑战和以学生为中心的知识[①]。沃恩和麦克劳克林通过研究教师学习的动机了解到，教师学习的自主权是提高学习动机的必要条件[②]。格鲁调查了教师的内在专业发展动机发现，教师的自主权、能力、环境认同和校长的支持，让其更有专业发展动力，内外价值观念一致更能促进专业发展动力的提升[③]。

在内外动机的比较方面，学者普遍认为，那些自我激励的人与那些受到外部监管的人相比，对工作更感兴趣、更兴奋、更有信心，民主、积极和互助的环境能激发其更大的内在动力。例如，哈德雷研究了社区大学教师对基础研究、教学和专业发展的动机，发现内在动机比外在动机更能吸引教师加强自身专业发展[④]。此外，达顿还发现，教师的专业发展是自我决定和内在的，在互动共进的环境下，教师觉得自己有能力实现自主发展，表现出更高的工作满意度和更大的工作热情，并愿意鼓励自己的学生或同事有同样的动机[⑤]。

从国外的研究成果来看，高校青年教师专业发展动力是内部动机和外部动机共同作用的结果，具体表现在情绪、情感、效能、价值等方面的影响，动力的产生主要源自环境要求、文化氛围、资源条件、自身特点等多个方面，需要形成系统的动力机制对其调控和疏导才能够更好地激发高校青年教师专业发展的动力。

---

① SCRIBNER J P. Professional development: untangling the influence of work context on teacher learning[J]. Educational Administration Quarterly, 1999 (2): 238-266.

② VAUGHAN M, MCLAUGHLIN J. What can motivate teachers to learn? ask them[J]. Journal of Staff Development. 2011, 32 (5): 50-54.

③ GROVE C M. The importance of values-alignment within a role-hierarchy to foster teachers' motivation for implementing professional development[J]. Dissertation Abstracts International. Section A: Humanities and Social Sciences, 2009 (7): 2602.

④ HARDRE P L. Community college faculty motivation for basic research, teaching research, and Professional development[J]. Community College Journal of Research and Practice, 2012 (8): 539-561.

⑤ DUTTON D E. An exploration of the motivation and experience of contingent academic faculty in a university setting[J]. Dissertation Abstracts International Section A: Humanities and Social Sciences, 2010 (1): 102.

（二）国内关于高校青年教师专业发展动力机制的研究

目前，国内关于高校青年教师专业发展动力的研究大都包含在高校青年教师的培养和管理等内容中，也有一些内容隐含于高校青年教师专业发展的困境研究中。例如，杨晓佩提出把高校青年教师的成长动因从内外两个维度进行比较，认为内因的作用要大于外因，其中成就动机和培训进修是作用最大的两种动力[①]。刘晖和钟斌基于需求理论的视角指出高校青年教师专业发展动力由内部动力要素和外部动力要素构成，这些要素间相互渗透、相互作用[②]。赵宇宏从职业发展规划、师德教育与专业素养、专业发展的核心方向、专业发展热情4个方面提出了高校青年教师专业发展的动力激励路径[③]。刘陶、张卫良通过勒温的场动力理论，将高校青年教师的动力场分为心理场（事业心、价值观、进取心、责任感）和环境场（工作场、情义场、权力场、市场）两个部分，他们认为当前高校青年教师动力不足的内在原因是心理场中各种力的失衡，因此要有效引导动力场中各种力发挥作用[④]。朱陶认为教师专业发展的动力主要由教师专业发展主动力、助动力和次动力构成，其中助动力和次动力是教师专业发展的外因，须通过主动力才能发挥其实质性作用[⑤]。

在高校青年教师专业发展动力生成和发展方面，倪海东基于对当代青年教师发展理论的分析和实证研究，提炼了需要催生动力、目标诱发动力、精神激发动力、环境涵养动力4种高校青年教师成才动力的生成机制[⑥]。苏雄武、杨玉浩结合当前高校青年教师培养政策及其对教师的激励效果，借助双因素理论，分别探讨青年教师专业发展养育性模型和激励性模型的构建[⑦]。陈明学认为，以制度建设为抓手，激励性与约束性相统一，系统建立统筹协调机制、"传、帮、带"机制、培训

① 杨晓佩. 我国研究型大学青年教师成长动因研究[D]. 大连：大连理工大学，2009.

② 刘晖，钟斌. 论高校青年教师专业发展动力：基于需求理论的系统分析[J]. 中国高等教育评论，2016，6：131–139.

③ 赵宇宏. 高校青年教师专业发展的动力机制及路径研究[J]. 黑龙江教育学院学报，2018，37（8）：27–29.

④ 刘陶，张卫良. 场论对高校教师激励的启示[J]. 当代教育论坛（上半月刊），2009（4）：80–82.

⑤ 朱陶. 教师专业发展的三种动力[J]. 教育研究与评论（中学教育教学），2013（6）：91.

⑥ 倪海东. 高校青年教师成才动力研究[D]. 北京：中央财经大学，2015.

⑦ 苏雄武，杨玉浩. 高校青年教师专业发展培养模式研究[J]. 教育评论，2016（4）：101–103.

交流机制、引领示范与竞争机制、政策导向的长效机制，可以有效促进高校青年教师教学能力的提升①。谢永朋认为，专业发展共同体的共同愿景有助于高校青年教师完成由"他驱"到"自觉"的专业过渡，协商对话有助于高校青年教师完成由"他决"到"自主"的专业过渡，自我反思有助于高校青年教师完成由"他教"到"自为"的专业过渡②。侯翠平、田园认为，高校青年教师职业发展要处理好自身职业发展与学校发展的关系，学校要完善青年教师职业发展管理办法，形成规模化、规范化的青年教师培养制度，建立科学的青年教师专业发展激励机制③。雷炜指出高校青年教师专业发展动力欠缺主要与工作量过重、压力过大、收入偏低等因素有关④。

从已有的研究成果来看，目前对于高校青年教师本身已经有了一个比较详尽的认识，尤其近些年对于高校青年教师专业发展的研究，从发展目标、发展方式到发展内容以及组织形式都有比较详尽的论述，而且对于内外部的影响因素也有了比较深入的分析，一些研究的讨论触及高校青年教师专业发展动力方面的内容。但从整体上来看，关于高校青年教师专业发展动力的研究相对零散，并没有形成系统结构。关于高校青年教师专业发展动力的研究大多掺杂于对教师培养问题、工作激励问题、组织管理问题等的相关研究之中，缺乏基于高校青年教师自身发展需求的专门研究。研究内容大多从功利角度出发，过分强调高校青年教师的工具价值，忽视高校青年教师的个体需要，缺乏对于高校青年教师内心世界的聆听和感悟。在实践研究方面，大多数研究往往就某一种形式来分析高校青年教师专业发展动力问题，就现象分析现象，侧重于对客观原因（如教师培训的内容形式，教师工作压力大等）的探讨，对产生其现象背后的深层次原因的挖掘不够。

---

① 陈明学.高校青年教师教学能力提升策略探讨[J].江苏高教，2016(2)：110–112.

② 谢永朋.专业发展共同体：高校青年教师专业发展的理想境域[J].江苏高教，2015(6)：88–90.

③ 侯翠平，田园.高校青年教师职业发展的瓶颈及路径分析[J].教育理论与实践，2018，38(36)：36–38.

④ 雷炜.高校青年教师专业发展特征、现状及策略[J].教育理论与实践，2018，38(24)：41–43.

三、解决高校青年教师的发展动力问题的现实需求

（一）社会变革对高校青年教师专业发展的要求

21世纪以来，在信息技术的推动下，知识经济的作用日益显著，创新能力受到了前所未有的重视，产业结构的变化和调整主要以每个社会成员的持续发展为前提，个体作用逐渐凸显出来。一方面，人们认知领域中的知识观、人性观、发展观逐渐转变，终身学习理念不断深入人心，以个体发展为中心的多元文化环境正在逐步形成，人们对于优质高等教育的需求越发强烈；另一方面，经济全球化、政治多极化、文化多元化促使全球范围内经济、文化、教育之间互动和整合的程度不断加深。国家之间、组织之间、个体之间，相互依赖又相互竞争的态势越发明显，在高新技术产业的推动下，人才资源的作用日益凸显。2021年6月神舟十二号飞船的成功发射标志着我国载人航天技术的新突破，这背后离不开众多高校科技团队的贡献。例如北京理工大学科研团队开发的交会对接微波雷达信号处理技术，西安交通大学郑南宁团队参与的空间站机械臂视觉系统，南京航空航天大学王小涛团队研发的电磁阻尼器高低温测试系统等都提供了关键技术支撑。

潘懋元先生指出：经济的发展、社会的进步以及大学职能的扩展，尤其是大学从远离社会的'象牙塔'走向社会的中心，高等教育日益受到外部关系规律的制约，社会也日益要求大学为经济、政治、文化、科学的发展提供有效的服务[①]。这种局面给我国高等教育体系带来了巨大压力的同时也提供了难得的发展机遇。在这种社会变革的大背景下，高等教育的质量成为国家核心竞争力的重要影响因素。兴国必先兴教，兴教必先强师，高校师资队伍的水平影响着高等教育的发展水平，要实现高等教育内涵式发展，提高高等教育的整体质量，就必须要提升高校师资队伍的水平。在整个高校教师队伍当中，青年教师队伍占有较大的比例，教育部统计数据显示：2019年全国普通高校专任教师共有1 740 145人，其中40岁以下青年教师881 871人，占50.68%。青年教师作为我国高等教育可持续发展的新生力量和未来

---

① 潘懋元. 多学科观点的高等教育研究[J]. 高等教育研究, 2002（1）：10-17.

人才培养、科学探究的主要承担者，具有较大的发展空间和较强的可塑性。高校青年教师是高等教育的未来和希望，增强其专业发展主动性，提升其专业发展动力已经成为各高校实现内涵式发展的重要途径。

社会变革催生教育改革，高校青年教师将不可避免地比前辈们更多地卷入和参与到这场教育改革之中，由于正处于职业生涯的起步阶段，他们面临着个体发展与环境适应的双重压力，虽然具有较高的学历和较强的适应能力，但是社会和家庭对于他们的专业预期很高，而教学、科研和社会服务任务繁重，事务性工作较多，大部分高校青年教师入职前缺乏相应的训练，在入职之后存在着较大的生活压力和工作压力，极易造成思想不稳定。此外，职业初期的几年对于高校青年教师的未来发展具有非常重要的意义和价值，形成良好的发展驱动力是抓住青年教师专业发展关键期的关键，每个高校青年教师的自我发展意识以及个体发展动力的激发、维系与调控就显得格外重要。因此，各高校需要把青年教师培养提升到战略高度，系统规划，统筹协调，形成一套合理的机制体制，帮助青年教师把握正确的发展方向，给他们以目标和希望，从而触发他们自身强烈的发展愿望，使他们在"从校门到校门"的适应过程中，具有强大的专业发展动力，积极主动地完善专业知识结构、提升教学科研技能、提升专业素养，承担起教育教学、科学研究和社会服务的职责，适应社会变革和教育改革的需要。

（二）教学角色转变对高校青年教师专业发展的要求

随着信息技术的不断发展，互联网与各领域的融合正在为传统行业的发展提供着广阔前景和无限潜力。开放、平等、协作、共享的理念对于高校教学手段、教学模式都在产生着革命性的影响，高等教育正在向着开放教学、按需服务、资源共享、协作互助等方向发展。一方面，大量的信息技术应用到高校教学当中可以提供智能化、直观性的学习体验；另一方面，将教学现场本身作为信息源通过网络渠道传播出去，实现教学场域的跨时空影响。广泛的信息联通和资源共享正在改变着人们的认知方式和学习模式，充分利用信息网络和互动途径，通过互助合作的方式完成学习过程成为目前高校教学改革的方向。对服务对象个性需求的关注将会让高等教育更加注重个性化教学，提倡面向个人的教育服务。近些年，为了提升教育质量，同时也进一步促进混合教学新生态的产生，通过加强线上教学，实现更加立体、生动、高效的混合教学模式，形成丰富多样的教学生态。

在这种背景下，高校的教学手段、学习模式、师生互动方式正在发生着改变，高校教学正在向着突破时空界限、扩大教育资源、提升教育能力等方向发展。在此过程中，高校青年教师既是教育变革的对象也是变革的主体，其工作内容、工作方式和外界期待都将产生巨大变化。他们对于学生的学习干预将从控制转向引导；对于信息资源的使用将从直接传递变为整合筛选；学习组织将从班级整体教学变为协作性小组学习；师生之间的关系将从支配关系向平等合作关系转变；而对旧教学范式的态度将从遵照执行转变为创新改造[①]。这种转变没有现成的经验可以借鉴，需要高校青年教师充分发挥自己的主观能动性和创造力，去改变自身，适应潮流，引领变革，高校青年教师专业发展动力将会起到决定性的作用。

（三）学术压力增加对高校青年教师专业发展的要求

理想状态下，高校应该创造良好的环境，激发教师的专业发展动力，让每一个人发挥出最大的潜能，让科研与教学之间形成一种内在张力。但从目前高校的专业发展要求来看，科研成果的数量成为高校教师能否实现职称晋升的关键，也是其能否完成任务指标、达成评价标准等的必要条件。高校青年教师迫于这种外部要求，每天为科研成果的数量而忙碌，教学与科研之间的平衡被打破，专业结构开始失衡。就工作内容而言，高校青年教师日常行政琐事繁多，能够用于自身发展的时间和精力极其有限。美国学者贝斯曾对大量高校一线教师的工作状况进行调查研究，结果发现，在固定的工作时间内，高校青年教师要完成本科生教学、研究生指导、科研及学科任务、本校或本学科的学术共同体服务、行政事务处理5个方面的工作，细化后的工作内容高达320项。2014年，由阎光才教授带队的国家自然科学基金项目组对全国56所高校教师的工作状态进行了问卷调查，调查结果显示68%的高校教师的周工作时间超过50小时[②]。由此可见，高校教师的实际工作时间已经

———————————

① 朱宁波，曹茂甲，刘建新."互联网+"时代高校教师的角色探析[J].教育科学，2016，32（6）：34–38.

② 岳英.大学教师学术活力的过程性特征及其影响机制研究[D].上海：华东师范大学，2017.

远远超出法定工作时间的范畴，他们的工作不得不渗透于日常生活之中。在这样的重压之下，面对着越来越严苛的职称考核要求，很多高校青年教师整日处于焦虑之中，严重的甚至出现了工作与生活错乱等失序现象。

近些年来，为有效激励高校教师的工作积极性，提升高校的整体竞争实力，一些高校已对传统的教师人事制度进行改革，很多新入职的青年教师，如果在两个聘任期内没有获得职称晋升，就只能被迫离开。这种聘任方式和人事制度的变革不仅增加了高校青年教师的身心压力，而且极大地冲击着高校青年教师的职业地位以及对自身专业发展的信心。这种冲击主要表现在两个方面：第一，高校青年教师所特有的职业稳定性以及时间自由的职业吸引力在不断降低；第二，高校青年教师时刻处于完成眼前任务的紧张状态，难以对未来的道路作出明晰的规划。在本研究的前期访谈中，研究者经常向高校青年教师提出这样的问题："请问您对当前的职业有什么具体规划？"大部分青年教师表示没有明确的职业规划，很多青年教师将自己的职业规划仅仅定位于完成现有的工作任务，还有一部分青年教师将自己的职业规划定位于评上副教授。高校青年教师缺乏对当下生活和工作的掌控能力，无法控制自身发展方向和发展过程，专业成长道路的不确定性和外界学术环境的复杂多变性，无时无刻不在降低着高校青年教师对自身专业发展的预期。在当前高校青年教师的生存与工作现状下，默顿提出的"普遍主义、公有性、无私性、有条理的怀疑主义"等科学规范受到极大的挑战，学术工作已经转向齐曼口中的"专利的、本土的、权威的、委托性的专家工作"[1]。由于学术工作性质的变化，高校教师的专业发展目的越来越趋于工具化和功利化，工作过程的自主性日渐丧失，甚至带有机械化色彩。他们从事专业活动的旨趣也不再是从学术劳动中获得精神上的愉悦与满足，而更多的是为了迎合组织的业绩考核要求、获取丰厚的经济回报、可靠的工作保障、良好的职业前景以及社会地位和声誉[2]。如何在重重压力下，解放高校青年教师的时间和空间，提升其自身发展的效力是当下必须解决的问题，而变革的关键就在

① LEISYTE L, DEE J R. Understanding academic work in a changing institutional environment[J]. Higher Education: Handbook of Theory and Research, 2012 (27)：123-206.

② 阎光才. 高校学术失范现象的动因与防范机制分析[J]. 高等教育研究, 2009, 30 (2)：10-16, 65.

于改变高校青年教师专业发展的被动局面，提升其专业发展动力。

（四）高校青年教师专业发展模式创新的需求

在提升教育质量的要求下，各高校面对来自上级部门的问责与社会各方的压力，不得不在主动与被动之间开展一系列的组织变革并采取一系列的行动措施，这些变革的重担层层下压，高校青年教师成为最终的"负重前行者"。高校内部学科众多，专业庞杂，学科间差异巨大，因此学校管理层很难对教师的专业发展作出个性化干预，但是又不能完全放任教师自主成长和自由发展，只能不断地强化外部管控。在前期研究中，我们对全国125所高校的青年教师培养文件进行分析后，发现目前各高校对于青年教师的鼓励和引导方式主要是通过量化指标和物质奖励来进行的。例如，比较重视职称晋级或者岗位聘任中的资历要求，较为轻视无形的内在积累；在发展重心上优先对相对优秀的青年教师进行培养，让优者更优，实现效益最大化；在保障机制上，以任务要求、考核指标、督导评估、物质奖励的方式进行，对于精神激励或者团队影响的内容较少。这样一种培养模式镶嵌在高校管理体制之内，通过外部控制的方式对青年教师专业发展行为进行约束，以外部利益的牵动和诱导促使青年教师提升专业水平，这种方式很难发挥高校青年教师专业发展自主性[1]。

另外，在高校青年教师的个人专业发展中，缺乏团队建设、校园文化激励或者职业生涯指导等内容，内生动力的激发不足，容易造成高校青年教师对于培养活动的兴趣在于奖励结果而并不在于内容本身，难以调动起青年教师对于专业发展的积极性。高校整合内部资源，完善管理体制，培养策略需要从"外控式"向"内发式"转变，充分调动广大青年教师自我专业发展的积极性，去感知、适应、引领社会变革，这既是高校科学管理方式的体现，也是优化高校人文环境的要求，同时还是彰显高校自身软实力的主要方式。而这种变革最核心的要求就是能够有效地将青年教师自身的专业发展动力激发出来，将传统的"外控式"发展模式转为"内发式"的发展，以此来提升高校青年教师专业发展的效率。

---

① 朱宁波，曹茂甲. 我国高校青年教师培养政策的文本分析[J]. 教育科学，2017, 33（4）: 62-68.

第二章
高校青年教师专业发展动力机制概述

第一节　人的发展动力的内涵

人们的每一项活动，都与其内在的需求和外部环境有着千丝万缕的联系。我们研究认为当人有需要和进行行为选择的时候，一个重要的目的就是探究人生命活动的推动力到底是什么。

一、人的发展动力

（一）动力

动力是引起物质空间位置、形态和性质变化的主要因素，是一种发展能量。在物理学中，它是物质对物质有目的的作用，是自然界变化的主要原因，包括磁力、电力、引力、原子力等；在社会科学中，它用来指代能够促使个体或群体变化的因素，比如经济动力、文化动力、工作动力、创新动力等。无论是自然界或者是人类社会，要想持续有效的运行，就必须要有强大的动力进行支撑。

关于动力的本质，黑格尔认为："生命的力量，尤其是心灵的威力，就在于他本身设立矛盾，忍受矛盾，克服矛盾。"[①] 因为人们总是为了不断改善生存条件，而不息地与环境相互作用着，进行着自己的实践活动，由需要所产生的内驱力和由意志所形成的自制力便构成了心理活动的基本矛盾运动。人们为了自己的需要得到满

---

① 黑格尔. 美学：第一卷[M]. 北京：商务印书馆，1981：154.

足，就要进行不断地追求、产生出不同的矛盾状态从而形成不同的活动。因此，人的动力的本质就是在满足需要的过程中不断追求活动的内部矛盾状态。

基于以上认识可以发现，动力的内涵主要包括 3 个内容：第一，动力是事物之间在某种条件下相互作用而产生的；第二，动力可以引起事物的空间位置、形态和性质等方面的变化；第三，动力是沿着某一特定轨道运行，具有方向性。所以，动力的概念可以理解为自然存在或社会存在之间相互作用引起空间位置、形态和性质向着某一方向变化的主要力量。

（二）人的发展动力

人的发展动力是动力体现在个体发展上的形态，可以从哲学、社会学、心理学、教育学 4 个视阈角度来反映。

在哲学视阈下，我国关于人发展动力的观点最早可以追溯到先秦时期，老子的"反者道之动"思想就强调了通过矛盾斗争来实现自身的运动，从而创生万物，这是一种在矛盾推动下运动变化的观念；王阳明提出"知行合一"的思想，强调一个人不仅要有崇高的志向，也要掌握符合实际、脚踏实地的方法，并通过实践真正获得圣人的智慧，这种修身动力体现为一种个体不断磨砺、不断成长的意志品质。西方古典哲学认为个人发展动力是一种理性工具或手段，以此来推动世界历史的发展。亚里士多德在《形而上学》和《物理学》中提出万物都要为实现自身发展而追求一定的目的，这种对于目的的追求就是发展动力；黑格尔认为，世界理性是世界历史发展的根本动力，由人的自私心而产生的利益、欲望和热情可以作为世界理性的客观性和现实化的手段，这里的动力更多的是指代人的需求，强调了个体与外界的互动[①]。总之，无论是我国诸子百家的道德动力还是西方古典哲学的理性动力，都是推进个体向着一定目标前行的内在力量。

在社会学视阈下，马克思认为人对于物质的追求是维系社会发展的根本动力，人的实践活动都是通过人的自身需要和利益来推动的，其动因就是维持生产及生活活动的物质基础；恩格斯指出人们通过每一个追求自己的自觉期望的目的而创造自己的历史，这种期望就是一个人的理想目标，这种对于理想目标的追求就形成了"精神动力"[①]。布迪厄将社会分成一个个小的空间，并将其称之为"场域"，场域内存在力量和竞争，他认为影响社会运动的动力就来自场域中复杂的竞争关系。总之，动力是在社会关系中产生并发展的，是引起个体行为变化以及人类社会发展的主要因素。

在心理学视阈下，关于动力的论述主要来源于动机理论。行弗洛伊德的精神动力论和马斯洛的需要层次理论主要从个体的内在心理结构来解释行为的动机。20世纪七八十年代，随着认知心理学的发展，人的行为动力更多地被解释为个体心理结构的变化，如阿特金森的成就动机模型、韦纳的归因理论、班杜拉的自我效能理论、费斯廷格的认知失调论等均从个体态度来解释人的动力变化。与认知心理学研究相对应，格式塔心理学则更多的是把动力看作个体之间、群体之间相互作用的结果。勒温在群体动力场理论中强调个体态度、归属感等内部情感需求是外部激励的中介，并且会形成"心理张力系统"。总的来说，从心理学角度看，动力就是引起个体行为变化的内部因素和外部因素的影响。

在教育学视阈下，杜威曾提出"儿童自己的本能和能力为一切教育提供了素材和起点"[②]，强调个体与生俱来的发展需要为从外部激发个体发展动力提供了载体。布鲁纳则强调内在动机是促进人发展的真正动力，包括好奇内驱力（即求知欲）、胜任内驱力（即成功的欲望）和互惠内驱力（即人与人之间和睦共处的需要），他主张不宜过分强调外来动机，而应努力使外来动机转化为内在动机[③]。布鲁姆认为，学生原有的认知结构决定新知识的输入、理解和接纳，对学习结果及其以后的学习都有重大影响[④]；在建构主义教育理论中，强调学生对知识的主动探索、主动发现和对所学知识意义的主动建构，这个过程中学生头脑里已有的知识结构以及社会关系起到重要的推动作用，这里的动力主要体现在自我建构过程中的效能、情感方面

---

① 中国人民大学国际政治系. 马克思、恩格斯、列宁、斯大林论科学社会主义：第4卷[M]. 北京：中国人民大学出版社，1988：35.

② 杜威. 杜威教育论著选[M]. 赵祥麟，王承绪，译. 上海：华东师范大学出版社，1981：2.

③ 王美岚，王琳. 布鲁纳的发现学习及其启示[J]. 当代教育科学，2005（21）：42，45.

④ 徐无闻. 品读[J]. 江苏教育，2019（2）：2.

的作用。从教育视角来看，个体发展的动力来源于学习者对学习的需求、本能、欲望、兴趣、条件等方面的内容。

总之，无论是在哲学视阈下、社会学视阈下、心理学视阈下还是教育学视阈下，人的发展动力都是在自身需求的基础上，以个体成长为目标，通过内外环境相互协调而形成的促使人发展的行动倾向。这种行动倾向主要表现为一种精神力量；而内外环境既包含有物质激励、文化影响，也包含有人本身的感知觉、情绪、情感、能力、价值观等方面的因素，这些因素构成了个体发展动力的形成条件。

二、人的发展动力的主要特征

（一）主体性

人的动力作为一种行动倾向，来源于个体与环境之间、个体与个体之间、个体与自身之间的相互作用，体现出认识活动与实践活动的实践指向。从关系角度来看，人与自然界、人与社会、人与自身之间构成了复杂的关系网络，这种关系网络构成了动力生成的基础，同时也是个体动力主体性的前提。因为人同时是认识活动与实践活动的主体，所以个体具有了认识世界、改造自然、相互协作的动力。与人类自身发展相关的实践活动总是对应着主体的某种需求，所以主体性成为个体发展动力机制的根本特性。

在实践过程中，只有个体动力机制具有主体性，人才可能是在遵循自由意志的基础上作出主动行为。第一，个体动力机制的主体性意味着个体的行为具有自律性。因为人虽然存在于各种关系中，但是只有拥有了自由意志，人才能够根据自身的情况决定未来的方向。自我发展的前提是独立自主，能够在对外在力量的依赖中寻找发展路径，将自己的责任义务联系在一起，通过自主、自律的行为去发展，人才会成为行动的主体。第二，个体动力机制的主体性意味着个体行为具有自觉性。个体发展的目的本身即是对自身的改造，也是对个体与环境关系的改造，总的来说是一种具有主动性的实践活动，人在这个过程中创造价值、实现自我，在无形之中改变了整个关系系统。这本身就是一种有意识的活动，因此在动力形成和执行过程中，人成为活动的主体。第三，个体动力机制的主体性意味着个体行动具有自由性。个体发展动力是一种自为和自觉的过程，而自为和自觉从本质上来看都意味着个体的自由性，只有拥有了自由性，个体才能够按照自身的发展需求去寻求发展渠道，确定发展规划，推动自身发展需求的不断形成。因此，只有具备了自由的属性，个体的发展才能成为自主活动。

（二）能动性

按照马斯洛需求层次理念，人始终存在着不同层次的需求，这些需求构成了个体不同的行动倾向。这种倾向表现为心理目标，这些目标影响着个体的心理活动。在这些心理目标中，个体的价值信念、行为方式、实现策略都蕴含其中，在特定条件下，这些心理目标会驱使个体选择适宜的条件，发动、组织和维持一定的行为，将所包含的可能运动或未来状态转化为现实。因此，人发展的动力机制是自主的，是自我驱动的行为倾向和意识形态。

人的发展动力是在运行中实现的，它的实现是一个过程，在这个过程中，动力表现为改造世界的实践倾向。而人类的一切实践都是主体的对象性活动，人的动力只能在主体对象性活动中实现。而在任何对象性活动中，都存在着自己的尺度与对象的客体尺度，人则永远是按照自己的尺度和需要去认识和改造世界的，并且在这种认识和改造的过程中，使动力得以实现，从而实现人的生存和发展，表现出较强的能动性。

（三）整合性

作为动力主体的人来说，动力源自自身的各种需求，然而人的需求受到外部环境错综复杂因素的影响，在行动之前都要对外界环境和自身需求作综合判定，也就是说人的动力是不同因素共同作用的结果，因此人的发展动力必然具有整合性。从一般意义上来说，"整合"一般是指综合多种因素的影响，共同产生某一共同结果。对于人来说，当个体感官接收到大量的内、外环境信息，经过分析、综合之后，作出是否行动的判断。其中，外部环境信息包括自然环境、社会环境等方方面面的因素，而内部环境信息则是包括感知觉、情绪、情感、能力、气质、人格等心理因素。

人发展动力的形成过程，也是一个内部整合的过程。通过对各种动力因素进行调整、组织和平衡，使它们的作用在方向上统一起来；同时，根据内外环境适当地调整人的需求和满足需求的活动之间的关系，以实现追求某一特定目标；有时还要改变某些动机，使追求与价值目标相适应，与生活的基本目标相适应。通过这样的内部整合，体系机制逐渐形成，动力结构趋于稳定，动力系统各因素、各层次之间的关系不再停留于平行状态，而是具有了聚合化取向。在这个整合活动的动力系统中，需要系统、利益原则和价值目标等动力因素相互配合，各司其职，在不断发生转化的过程中，形成一个有序的动力体系，并逐步外化为人的活动。

（四）方向性

从心理学的角度来看，由于人的认知水平是有限的，所以个体在不同行为目标之间的选择会出现冲突。而每个心理目标在人格系统中不是孤立存在的，也不会孤立地起作用，它们会形成一个有机的整体，不同的目标之间通过竞争和协同形成有序的层级结构。在一定条件下，某一心理目标被激活之后，在与其他心理目标的协同竞争中，突破心理系统结构的制约，朝着有利于自己的方向发展，将自己所期待的未来状态转化为现实，或形成新的未来状态，这就产生了具有方向性的行动倾向。

在不同的组织环境和文化条件下，个体的行动都具有相应的特征。这是因为，在特定的社会场域中会有相应的惯习体系，这种惯习体系会成为一种规范内化于个体之中，所以才会产生不同的民族文化和地方特色，而这种以文化为载体的行为惯习会保留在个体内部，并影响其行为。当这样的惯习体现在个体发展上时，个体的发展动力则会表现出特定的目标和价值取向，因此人的发展趋势与个体心理目标属性要求及目标结构的发展方向是一致的，即个体接受特定环境的影响。

三、人的发展动力的功能

一般来说，任何主体的动力都具有引导个体向某一特定目标前进，并且维持和增加这一活动的作用。具体来说包括需求激活功能，行为启动功能，目标定向功能，行为过程的维持、调节和强化功能。

（一）需求激活功能

个体需求既可能存在于潜意识中，也可能存在于显意识之中，二者之间可以相互转换，将潜意识的需求转换为显意识的需求就是需求的激活过程，这个转换中介就是动力。例如，个体的吃饭、睡觉、玩耍、交往等需求只有在特定环境中通过动力系统的激活才能够被感知，其条件可能是外部环境压力，可能是自我行为惯性，总之是推进人发展的动力。这样一种动力让个体潜在的需求变成显性的需求，将各种情意因素，诸如兴趣、动机、情感、意志、个性品质、需要以及人格力量激发出来，为个体的活动目标的形成创造条件。

（二）行为启动功能

个体的行为是其对外部环境的刺激引起的反应行为，这些反应可能是主动的，也可能是被动的。因此，相同的刺激对不同的人群产生的影响往往是不同的，比如某种流行文化对于不同地区的人接受程度也是不同的。而相同刺激在不同时间对个体所产生的影响也是不同的，比如食物的刺激与饥饿程度相关。个体行为面对相同刺激之所以会产生这些差异，主要是因为外部刺激与个体内在的需求变化协同，也就是动力的激发作用才使个体产生相应行为。动力的行为启动功能还表现为对外界的刺激和自我需求进行理智的判断，能够舍弃短期利益而去追求长期利益，同时对于不同的刺激进行整合判断从而找到最优方案。个体的行为从来不是由外界的刺激单方面决定的，而是经由个体理智的选择和判定，动力激发启动而形成的。

（三）目标定向功能

目标是对活动预期结果的主观设想，是在头脑中形成的一种主观意识形态，也是活动的预期目的，为活动指明方向。目标定向是一种有计划的认知过程，是个体对工作、学习、学业成就和成功意义的知觉，它反映了个体对成就任务的一种内在认知取向。目标定向的形成条件是通过对个体本身资源条件和未来趋向的判断将自己的需求进行具体化，这样的一个过程必须通过个体的需求和外部条件的整合来进行，也就是通过动力机制来进行。事实上，目标定向就是个体行为设计的前提，也是判断个体动力强度的一个重要指标，人的行为都是有目的性的，而目标的定向恰好是这种目的性行为的先决条件，所以动力机制的目标定向功能就是个体作出行为的一种主观倾向。

（四）行为过程的维持、调节和强化功能

当个体出现某种行为之后，这种行为能否持续下去，受主客观因素的调节和支配，这种维持、调节作用是由个体的活动与他预期的目标和条件的一致性程度来决定的。当活动指向个体所追求的目标，并且满足所需条件的时候，这种活动就会在相应的维持下继续下去。而个体在行为过程中，某种初始需求受到干扰，或者相关的条件不能满足需求，这种行为过程就会有所减弱，而动力机制产生的调节作用就会对行为进行重新的强化，使之持续下去。例如，当个体对某种行为产生了倦怠，或者失去了兴趣，产生了消极的情绪的时候，就需要动力机制来维持和调节行为过程，使人继续向既定的目标前进。从这个意义上来说，人的动力的维持实际上是指支持、激励个体的行为，使个体能够始终坚持达到目标的行动，当主客观条件发生变化时，及时高效地调整既定目标、方向和行动途径，使之适应新的情况变化。

第二节　人发展的动力机制

人类学家认为，整个人类的成长过程和个体的成长过程是一致的，人类的发展史就是个体发展史的集合。人的各类需求所引发出的动机、目的随着时间、情境的变化而变化，形成人类发展的动力，这些动力的形成原因、结构和作用过程就形成了人发展的动力机制。揭示这些动力机制的本质和规律，是人类探究生存和发展奥秘的前提。

一、动力机制的概念

"机制"一词源于希腊。在《现代汉语词典》中"机制"被译为如下4种含义：第一，机器的构造和原理；第二，有机体的构造、功能、相互关系；第三，某些自然物的物理或者化学规律；第四，某个工作系统中各个组织、各个部分之间相互作用的过程和方式。由此可见，"机制"的表面含义与机器相关，但从实质上来看，是一个隐喻的概念，泛指一种宏观系统内部的各个要素之间相互影响、相互作用、相互牵制的关系及持续运行的状态。

从系统论的角度来看，"机制"是指一个复杂系统在运行过程中，系统内部各个子系统及相关要素之间相互影响、相互作用而形成的整体功能的有机协作模式。机制在一个系统的正常运作中，发挥着重要功效，是系统稳定、健康、持久运作的基础与保障。李明华等以系统论为视角，认为"机制是复杂系统结构各个组成部分相互联系、相互制约、相互作用的联结方式，以及通过它们之间的有序作用而完成其整体目标、实现其整体功能的运行方式"[①]。可见，"机制"包含着深刻的哲学内蕴。首先，机制由多个要素构成，且各要素之间不是相互独立的，而是以一种相互依存的方式客观存在着。其次，各要素间虽然时刻发生着复杂的作用和联系，但遵循着一定的运行机理和内在逻辑，其形式是动态的，功能是耦合的。

综上所述，人发展的动力机制产生于个体发展的过程之中，是一种在多种因素推动、组织、协调等作用下所产生的促进力量，以及它们产生、传导并发生作用的过程、机理与方式，其本质是描述行为与内外环境的内在联系。人发展的动力机制决定和制约着个体行为的方方面面，成为人不断塑造自己、完善自己、发展自己的心理基础。这一动力机制使个体在自我发展过程中维持和强化自身的行为和状态，时刻推动着事物的良性发展，使系统的整体运行从自发走向自觉、从被动走向主动。

二、动力机制的构成要素

（一）动力主体

动力机制是连接个体心理与外界环境的媒介，个体的行为之所以是自主性的行为，而非被动的条件反射，其根本原因也是动力机制的中介作用。动力主体既指动力发生主体，又指动力利用主体。主体受需要的驱使，去追求并获得满足，因此人的动力主体就是人本身。

首先，人作为动力的主体表现在人在行为目标上的主体性。在现实的活动中，人能自觉地按照自己的需要和满足需要的力量，在遵循外部对象的客观尺度的前提

---

① 李明华, 余少波, 叶蓬, 等. 精神文明建设机制[M]. 广州: 广州出版社, 1997: 2.

下来设定活动的目的并在对象性活动中实现目的。因而人的主体性活动集中表现为有目的、自觉自为的活动。

其次，人是价值的主体，康德提出把自然界和人类社会进行二分，前者遵循理论理性，受机械因果规律的支配；而人类社会则属于实践领域的"地盘"，服从的是自由律，是实践领域的价值主体。康德对人作为价值主体的判断是：每个有理性的东西都必须服从于不论是谁在任何时候都不应把自己和他人仅仅当作工具，而应该永远看作自身目的的规律。人永远都在追求自己的理想，实现自己的价值，将"理想现实化"和"现实理想化"作为人存在的永恒追求。人的创造不是出于本能而是出于价值，正如马克思所说：动物只是按照它所属的那个种的尺度和需要来构造，而人懂得按照任何一个种的尺度来进行生产，并且懂得处处都把内在的尺度运用于对象，因此，人也按照美的规律来构造[①]。

再次，人是认识活动的主体。由于认识结构是由目的因素、知识因素、能力因素和非理性因素互相协作所构成的有机整体，所以，认知的主体性从根本上讲，可以看作是人的认识结构在认识活动中发挥出的整体功能。认识活动是主体以观念方式能动地掌握客体的活动，不需要改变客体的性状，使之发生合目的性的改变，而是在头脑中吸收、加工来自客体的信息，使之成为思想观念、内心图像和计划方案等。随着认识的不断深入，个体能动性逐渐提升，行动的需求也越强烈。

最后，人是实践的主体。实践活动是由实践的目的、对象、手段、过程等要素组成的一个动态系统，而这个动态系统只有在一定的环境条件下才能真正形成。事实证明，主体发展的环境机制是一个客观存在的功能系统，是由多种制约主体发展的环境因素耦合而成的。从其要素结构上看，主要有自然的、社会的和文化的环境作用。在实践活动中，人积极能动地把自己的需求、愿望、目的、知识、能力、意志和情感等"主体的本质力量"体现出来，渗透、凝聚进自己所追求的对象里；另一方面，人又积极主动地把外界的对象纳入自己的活动范围，按照自己的意图去改变、调控、塑造并占有，使之成为自己的活动产品并满足自己的一定需要。

---

① 何国瑞. 关于马克思的"美的规律"[J]. 零陵师专学报, 1984（2）: 15–22.

（二）动力源

个体行为主要是由个体的身心特征与环境要求相互作用而形成的，而衔接个体与环境的渠道则是人的自我需求，因此动力源也就是人们的内在需求。人们的需求越强烈，则个人参与社会活动的积极性越高；人们需求越是广泛，参与各种社会活动的可能性就越大。

弗洛伊德将本能欲望看作是动力形成的原因，他认为人的本能受到"力比多"的控制，体内"力比多"含量直接决定了达成某一目标的需求强弱。他将人的心理结构分为"本我、自我、超我"三个部分，这三个部分分别追寻着不同的目标，本我是个体生物本能的欲望，主要追求感官上的满足，遵循"快乐原则"；超我是道德规范和价值观念的内化，在人格结构中代表理想的部分，监督、约束自己的行为，遵循"道德原则"；自我是自己感知、记忆、思维、判断的部分，平衡本我和超我的冲动，遵循"现实原则"（见图 2-1）。人的心理活动是由这三种结构不断斗争而形成的，让个体的生理、现实条件以及人生理想得到满足是动力产生的基本条件。马斯洛的人本主义心理学认为促使人产生相应行为的动力是个体的需求，从整体上来看，人类价值体系存在两类不同需求：一类是沿生物谱系上升方向逐渐变弱的本能或冲动，称为"低级需要"或"生理需要"，包括生理需要和安全需要；另一类是随生物进化而逐渐显现的潜能或需要，称为"高级需要"，包括爱与归属的需要、尊重需要、认知需要、审美需要、自我实现的需要（见图 2-2）。这些需要由

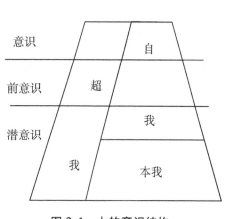

图 2-1　人的意识结构

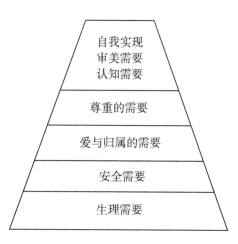

图 2-2　人的需求结构

低到高按层次排列，高层次需要出现是以低层次需要得到满足为前提的。

因此，建立个体发展动力机制必须首先引导个体需要，通过建立相关机制，使个体主动内化价值观，认同目标，从而使价值观、目标相吻合，通过心理感染、社会互动和教育内化等手段将个体的潜在动力激发出来。

（三）动力的样态

从表现形式上来说，个体的发展动力一般表现为个体的需求和目标。按照马斯洛的需求层次理论，人的需求可以分为以生存、安全需求为主的基本需求（初级需求）和以归属、自尊、自我实现为主的发展需求（高级需求）。个体行动的目标一般可以分为活动本身的内在目标，也可以是活动以外的外在目标。将二者作为横纵坐标轴后可以发现，人的动力样态主要有 4 个维度，建立在初级需求之上的内在需求属于自然动力，初级需求之上的外在目标属于物质动力，高级需求之上的内在需求属于精神动力，高级需求之上的外在目标属于社会动力（见图 2-3）。

1. 自然动力

每个人作为一个生存的实体都有趋利避害的本性，同时也有一种追求安逸的本能。当个体行为目标停留于追求一种短暂的平和安逸时，个体所表现出来的动力机制样态就是自然动力，如吃饭、睡觉、娱乐休闲等都是自然动力在起作用。虽然个体的自然动力大多数处在一种无意识的状态之中，但是这样一种动力往往并不是表现在行为的消极方面，相反，很多时候自然动力往往能够体现个体最积极的实践方式。当个体在工作过程中能够将工作内容与个体的爱好融合在一起，那么他便能够

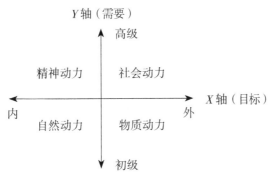

图 2-3　动力样态分布

在工作过程中感受到乐趣，乐此不疲，从而工作本身就成了一项娱乐活动，这就形成了最纯粹的行为动力。

2. 物质动力

当个体的基本需求通过外在物质来获得满足的时候，人的行为倾向就表现为物质动力。当前，物质动力的最直观表现就是为了个体的经济利益，只有能够保障自己基本的生存需求，才能够有进一步发展的空间和可能。因此，对于生存资料的需要强烈地驱动着每个人为基本生存和生活而奋斗，同时也极大地激励着人们为基本生活和更美好的生活而努力。在生活压力下，人们就会努力改变外部环境或者自身行为，使之能够获取必要的物质资源。

3. 精神动力

作为自然界中有意识、有理性、有思维的高级动物，人天生就具有主观能动性，这种主观能动性是体现在高层次需求基础上的内在目标，由此构成人的精神动力。在精神动力的支配下，人的实践活动往往并不是为了追求外在的某种收益，而是为了能够达到更高层次的理想。例如，人在追求和实现社会理想的过程中，精神力量对人类的行为始终发挥着引导性作用。在一定情况下，精神动力甚至构成引导人类开展生存实践活动的统摄性力量，他们既会经过思虑进行实践活动，也会凭借激情采取各种行动，追求和实现某种目的。由于精神动力的作用，人的活动不仅能够反映客观世界，而且创造性地改造客观世界，并根据事物的发展趋势树立自己的理想和奋斗目标，实现对未来的向往和追求。

4. 社会动力

作为一种社会性动物，人需要时时刻刻与外界保持联系，并且希望从中得到认可。当这种被认可的需求为某种社会地位，或者与人更好交流的时候，这种行动倾向就是社会动力。社会动力不仅支配和影响着个人的价值观念，而且在一定程度上决定着他们的意识和意志，决定着他们活动的动机和需求，从而决定他们的一切行为。因而，个体成长的社会动力主要指源自社会支持、社会期待与社会认可而形成的动力样态，社会支持越有力、社会期待和认可程度越高，社会动力往往越呈现出良好的发展态势。

（四）动力场

场是一种特殊的弥漫状态，虽然看不见，但是事物一旦进入了某个"场"中，就会受到该场的制约。人的行为动力场，即在一定时空中决定个体行为和心理活动的所有事实。美裔德国心理学家勒温创造性地借助拓扑学来陈述生活空间中的动力结构，通过向量来解释生活中动力的作用，借用物理学理论，将"场"界定为相互依存的事实的整体，把动力理解为心理紧张系统，而把动力相互作用构成的空间称为"场域"。勒温认为：心理过程就像物理、经济、生物等的运行过程一样，通常是向趋于平衡的方向发展[①]。他将这种心理平衡称之为"稳态"，体现为个体内外环境的和谐，心理紧张系统的平衡过程就是心理能量的释放过程，这就是个体心理动力产生的机理。在一个相对稳定的环境下，人的心理往往处于一种平衡的状态，人们在这样的环境下往往缺少一种向上的动力；如果某一点上的平衡被打破，便开始朝向一种新的平衡过程，这时就会产生动力。

20世纪60年代，法国著名社会学家布迪厄对场域问题进行了社会学解释，他认为场域是构成社会体系的基本单元。在不同的社会场域中，都存在网络化的立体构型，这种构型中行动主体会凭借不同的权力和资本，确定各自在空间中的位置，不同位置之间构成关系网，每一个场域成员受其自身惯习的影响在场域结构中选择适合自身发展的路径。场域内部的运行方式是以资本逻辑进行的，布迪厄把资本分为经济资本、社会资本、文化资本、符号资本4种[②]，它们不仅是场域中个体争夺的目标，同时也是个体竞争的手段，资本占有量决定了个体在场域中的空间位置，特定资本只有在特定场域中才能发挥作用。

因此人发展动力场是一个由参与者、文化、机构、社会等构成的关系网络，个体在群体当中的不同行为主要受到权力、资本、惯习等的影响而产生。动力场既是动力机制孵化的场所，又是其运行空间，研究动力机制必须首先对其所在的动力场的特征进行全面分析。

---

① 勒温. 人格的动力理论[M]. 王思明，叶鸣铉，译. 北京：北京理工大学出版社，2014：100-102.

② 布迪厄，华康德. 实践与反思：反思社会学导引[M]. 李猛，李康，译. 北京：中央编译出版社，1998：160.

三、动力机制的运作过程

动力机制是外部环境与个体心理活动相互作用而产生行动倾向的机理和过程，外部世界和环境的变化与发展，引起内部世界和神经生理机能的变化与发展，在它们相互作用的过程中，内部整合将外部刺激转化为内部结构的动力因素，并在其动力实现的外部活动中，通过反馈机制和内部整合，逐步形成一个具有稳定联系和结构的动力体系，具体包括生成动力、运行动力、提升动力 3 个步骤。

（一）生成动力

动力的主要生成方式包括外部激发、主体内部整合生成和人与环境互动生成 3 种方式。

1. 外部激发

个体所活动的环境作为个体发展动力场，存在着纵横交错的物质关系，这些关系不以任何主体意愿为转移，人们只能适应自己所在的各种环境影响，并且相应地产生各种观念、意识、思想，在此基础上形成各种愿望、意向、目的。对于个体来讲，主要通过环境刺激、压力转化、利益牵引 3 个途径来生成。第一，主体环境的激励可以使外部世界成为人的发展动力，个体的行为意识可以通过外部刺激生成，无论是物质刺激还是精神奖励或者是上级为下级放权、创造方便条件等，这些来自外部的激励因素，既可以激发主体动力的生成，也可以直接影响主体的活动绩效。第二，任何一种客观危机或更高层级主体所制定的行为规范和指令会对相关主体形成压力，当社会经济压力、政治压力、舆论压力等达到一定程度时，就会变为主体的一种精神压力或内在压力，从而影响主体的行为取向和行为绩效，这也是外部压力转化为主体动力的结果。第三，社会存在和社会意识决定着主体的意识结构，同时也决定着主体的动力结构，利益矛盾作为社会矛盾的核心，通过不同形式和途径牵动着主体行为；主体内部的分化组合和行为取向在不断受到外部利益诱导的过程中，新的动力也在不断地在主体身上形成。

2. 主体内部整合生成

个体的身体素质和心理素质作为一种内部整合力量，其功能作用并不总是被动的，实质上正是它们构成了主体的能动性和主动性，使之成为内部整合的一种主导力量，这种力量就其内部根源来说，是自身内部矛盾运动的结果。第一，人的行为常常是多种内在因素经过复杂的相互作用的结果，个体在接收内外环境信息之后，在中枢内经过不同水平整合，形成的感知觉、情绪、动机等，作为一种内在驱动力，支配和调节着整个机体的行为。第二，人作为一种生命形态，其第一目标就是生存，主体的生存需要在未被充分满足前随时都在激发动机的生成。而社会的不断发展使主体的生存需要也在不断发生变化，与维持生存有关的动机生成也便不会中止。即使暂时充分满足了生存的需要，而主体活动也要依赖于它的不断满足为前提，因而它在动力生成范围内的主导作用，正是客观地反映了生存与基本需要的本质联系。第三，主体自我激励所形成的目标往往与理想更加接近，其动力的生成同样是内部整合的，主体所从事的工作或某项活动与自己的志趣、价值观或精神需要一致时，就会产生一种可形成满足感的内在激励因素，促使自己的活动动机不断与责任感、成就感结合起来，从而不断以新的理想目标和新的动机来强化自我，驱使自己的行为不断趋向自我实现。

3. 人与环境互动生成

人只有在与环境相互作用中才能生存和发展，这是动力生成的基本途径。人在与环境相互作用、相互影响、相互渗透的过程中，通过利益的选择而形成目的和需要，通过规范对个人发展目标的确定形成动机和实现的手段。第一，客观存在的价值，是主体动力生成的源泉，被认识的各种价值，只有通过利益的中介作用转变为主体的某种需要，才能在主体内部生成为动机，化为支配主体活动的动力。第二，主体间为了某种利益上的需要，在发生交往的同时也就发生了相互影响。他们的这种互动关系可能是相互排斥的，也可能是相互补充、相互促进的，这种互动需要不断地激发双方动力的生成。第三，生活方式的模仿作为社会同化的一种现象，是很普遍的，随时都在影响着人们的心理和行为。人们在欣赏那些有名望、有地位、有新奇之处的人的生活方式时，也在思考着、选择着、模仿着那最贴近自己理想的生活方式。这种由内而外的模仿不知不觉地改变着自己的价值体系，从而也不知不觉地改变着自己的动力生成和行为方式。

（二）运行动力

人类的一切实践都是主体的对象性活动，动力只能在主体对象性活动中实现，而在任何对象性活动中，人则永远是按照自己的意志去认识和改造世界的，并且在这种认识和改造的过程中，通过动力机制维持行为的延续，从而也实现人的持续生存和发展。这个过程包括自组织运行、内部整合运行、无意识显化重演运行 3 种状态。

1. 自组织运行

人的发展动力机制在运行中是一个远离平衡的有序稳态系统，也就是说它常常是从相对无序进入新的有序结构的内稳态系统。当外界环境发生了变化，它便通过改变自身的结构与功能去适应已经变化的情况。但它同时也具有很强的主动性和创造性，在外界环境干扰之前便能以自身能量进行探索性自组织调整，具体表现为主体观念先行、动力反馈强化、运行自动调节等几个方面。第一，动力机制作为主体动力结构的核心，作为理想、信念、价值观的整合力量，动力机制在行为活动的整个进程都要为内外协调运行起到"先行官"的作用。第二，动力机制的信息反馈功能持续保障了动力的正常运行，信息的反馈强化着内部动力机制的驱动或抑制作用。但无论是正反馈或负反馈、正强化或负强化，在动力运行中它们都是相互补充、相辅相成的。动力主体正是通过这种反馈强化作用，来消除取向偏差，提高准确度，保持系统稳定，实现行为正常化的。第三，动力机制也在不平衡中追求着平衡，它通过动力运行的核心结构与认知结构的内在联系和自动调节来实现这种平衡，并由此而保持"自己运动"的稳定性。

2. 内部整合运行

动力机制的内部整合是以主体所处现实情境为依据的，因此它离不开价值取向的作用。而价值取向与动力核心结构的价值观念取得一致，便必然与动机意向结合起来。动力机制作为主要矛盾方面的整合功能的主要承担者，需要发挥自己的协同配合作用才能实现行为的持续，具体包括价值观念整合、离散目标组合、情志统一内导。第一，动力机制不仅把理想和信念与自己协调起来，同时在动力主体的重大行动中，能够以其现实力量把动力各子系统整合为一个统一的价值取向。第二，在主体动力运行过程中，有许多参照系都能参与进来，促使主体以价值观为指导，进行一系列内部调节和转换，从而实现离散目标的有序组合和主体动力的接续运行。第三，情感和意志作为精神动力的两个不同的子系统，它们是相互影响、相互制约的，由动机所引发的意志行动需要情感的鼓励和推动，而激情、热情是人强烈追求自己对象的本质力量，它的行为表现也需要意志来调控，在发生矛盾时，高水平的理性内导才能保持整个动力体系的正常运行。

3. 无意识显化重演运行

在主体动力的全部运行过程中，包含着许多由个体无意识或集体无意识转化而来的能量，这些能量以不同的心理形式参与着动力体系的运行，并且伴随着主体实践的扩展而不断进行重演，主要包括生命周期重演、本能承续接力、动力运行惯性等。第一，人的生物、心理的需要及其动力生成与实现，在人的生命周期的同一阶段，有着共同的特点。这些特点通过动力机制表现出来，并不断在同类主体的同一生命周期阶段重演。虽然社会环境的差异使它们在表现形式上有所不同，但内在逻辑是基本相同的。第二，动力机制的存在推动人类生存和繁衍，不仅保持人类种族的延续，也保持本质生物基础机制所形成的生物动力，能够在人类动力体系中接续运行。第三，人的社会本能在长期社会实践中逐渐形成了稳定的动力机制，其动力过程轨迹已积淀在其深层无意识结构中，如果没有方向相反的强大外力使主体核心动力结构发生变动或其主动力发生变换，从而阻止其运行或改变其运行轨道，那么它将保持原方向继续运行。

（三）提升动力

动力的提升是在动力机制的作用下，主体动力结构的完善和趋向于合理性的过程，这个过程主要通过动力结构整体优化、自身的实践创新、个体间的互动共进来实现。

1. 动力结构整体优化

主体在现实情境中能够依其总目标随时对动力结构进行有序调整或重组，使系统内各要素合理组合，形成合力与子系统相互协调运行，同时核心结构与主动力又能在动力运行中适当发挥调节的整合作用，从而以实现结构整体优化来促进动力体系的发展。第一，理想、信念、价值观作为个体专业发展动力的核心结构和开放系统，它随着主体与外界在物质、能量和信息方面交换的积累而发生质变，从而引起整个动力结构的序量变化和功能变化，同时也导致主体动力的演变和发展。第二，人的动力系统结构是有层次的，而且是可以相互作用和转化的，主体在满足生存需要的前提下，由享受需要为主转化为以发展需要为主，或其动力体系由物质动力为主动力，转化为以精神动力为主动力，或其核心结构的理想由私利为目标，转化为以社会利益为目标，这种层次转化、升级所推动的不只是某一动力子系统的变化，而是整个动力系统质的发展。第三，动力机制在层次转化过程中，有从低级向高级发展，也有从高级向低级的演变，这种交互运动形成一定周期性，主体动力运行总是按照"分化—整合—分化""物质—精神—物质"等循环转化形式周期性演进，经过这一新旧质态更替实现"生成—发展—生成"的周期过程，从而也使主体动力结构由初级形态向高级形态发展。

2. 自身的实践创新

实践作为主体与客体之间的中介和信息交叉点，对主体动机的生成和发展有着多种形式的激发和诱导作用，因而它与主体动力的发展有着内在的本质的联系，具体包括主体竞争与协同、主体位能增值、主体认知扩展等方面。第一，主体在参与竞争行为的同时亦必定参与协同行为，竞争与协同的结合促进动力系统从无序向有序演化，演化过程中力的融合所形成的合动力又进一步推动了动力体系的发展。第二，主体在社会实践中的地位影响着其内在动力的生成、实现和发展，在社会环境中所处地位的提高，无论表现于政治、经济、文化哪一方面，必定会增大其势能的量值，这种能量的增值主要是由于主体内部与外部相互作用的力度增大的结果。第三，前一代人的思维所达到的水平，是后一代人的思维继续发展的基础和起点，主体认知扩展无论来自主体自我实践，还是来自继承前人成果和吸取当代最新知识，都会影响主体思维结构向新的更高的质态发展；这种智力结构的变化在促进主体能源积累、增长的同时，也促进了主体动力的实现和发展。

3. 个体间的互动共进

互动是人类生活结合的基本方式，主体之间的这种关系使各主体的动力结构产生不断变化和发展的广阔的可能性，由于人们有着共同的利益和相互需要，人际互动就可以在相互之间形成反应，这种反应在促进动力提升方面具体体现在主体需求上升、价值取向演进、双向整合统一等方面。第一，人的需要具有层次性，并不只限于生存需要，还有交往需要和创新需要，主体在社会互动的过程中，其需要结构和动力结构也呈现为一个由低级向高级发展的过程。第二，人的整个价值活动在价值评价的基础上一般呈现为一个阶梯式的等级，在价值选择上注重更高的价值追求，与需求的上升同步，认知、情感、意志等都会积极地参与价值评价，使主体的价值取向在克服内在价值冲突的过程中趋向于一个共同价值目标：在受益情况下取向价值最高点，在失利情况下取向价值最低点，以此来保持主体行为方式的不断演进和动力体系的不断发展。第三，群体、组织、社会合力的发展要求每个成员人格的内在整合，统一趋向于动力结构的发展。而个体动力的发展也需要个体所处群体、组织、社会的内在整合，统一趋向于动力结构的整体发展。主体在与环境相互作用过程中，主体自身不断进行着动力生成过程的内化整合与动力实现过程的外化整合，这种双向整合的内在统一，促进了作为主体的个人的人格重建和作为主体的群体、组织、社会形象的再造，从而也从整体上推进了人格动力的发展和群体、组织、社会合力的发展。

第三节　高校青年教师专业发展动力机制

一、高校青年教师专业发展动力机制的内涵及主要特征

（一）高校青年教师专业发展动力机制的内涵

1. 高校青年教师专业发展动力

由于人的发展动力发端于自身需求，是一种以个体成长为目标，通过内外环境相互协调而形成的行为倾向。教师专业发展是一个为提升工作效果所需的教学、科研、社会服务等能力而利用各种资源并通过优化自身专业结构，形成良好专业态度，提升专业能力的过程。高校青年教师专业发展动力必然是与个体需求和目标密

切相关的，是自身需要和外部环境的辩证统一。这个动力系统既有个体生物本能的需求，又有情感道德的需求，既有物质的刺激，又会受到文化环境的影响。因此，本研究将高校青年教师专业发展动力表述为：在高校青年教师自身需求的基础上，以提升教学、科研、社会服务等能力为目标，利用各种资源并通过努力优化专业结构，形成良好专业态度，提升专业能力的行动倾向。这种行动倾向包含高校青年教师的思想意识、思维活动以及一般心理状态中产生出自信、自强的激情与活力，及其与之相对应的自我控制力和自我约束力。此外，这一行动倾向从功能上来看，是高校青年教师在教育教学和科研实践过程中，激励自我、增长才干、开拓创新、努力超越现状并实现专业发展的精神力量。

2. 高校青年教师专业发展动力机制

如前文所述，所谓动力机制是推动系统运动、变化、发展的内部力量和外部力量的总和，是使系统诸要素、部分、环节在相互作用的过程中形成有利于良性运转的结构和功能。作为推动事物良性发展的机制，动力机制可以使系统的整体运行从自发走向自觉、从被动走向主动。所以高校青年教师专业发展动力机制既包含了青年教师的专业兴趣、发展动机、情绪情感以及与之相关的性格、气质等各种情意性因素，也包括认知水平、认知方式、自我发展行为、对自身专业与外部环境的认识、处理、评价能力和在与环境交往中所表现出来的适应能力、选择能力等认知性因素，是高校青年教师在教育教学和科研实践过程中，激励自我、增长才干、开拓创新、努力超越现状，并实现专业发展行为激发、维持的影响因素。

所以，本研究认为，高校青年教师专业发展动力机制专指高校青年教师在专业实践过程中，促使其产生专业发展行动倾向的内外部因素及其组织关系、作用机理。这种动力机制是推动事物良性发展的机制，在高校青年教师专业发展过程中充分发挥作用，使其专业发展从自发走向自觉、从被动走向主动。

（二）教师专业发展动力机制的特征

由于高校青年教师所处的工作环境与工作任务有一定的特殊性，所以其专业发展动力机制除了具有一般动力机制特征以外，还具有一定的特殊性，主要表现为内在性与转化性、方向性与持久性、多样性与集合性、层次性与差异性等。

1．内在性与转化性

高校青年教师专业发展行为产生的首要条件是个体需要在与外部环境的相互作用下内化意识，形成动机，然后再外化为行为。因此，动力形成的前提条件就是意识的内化，如图2-4所示，高校青年教师专业发展的需要变为动机，继而产生个体行为，实现专业发展目标，满足需要后再产生新的需要。这种价值观的接收和内化是在高校青年教师主体头脑内部完成的，具有内在性，对高校青年教师专业发展的推动作用往往是人主体性的充分表现。

图 2-4　动力机制循环

高校教师专业发展动力内化的过程也是转化的过程。对高校青年教师的要求往往是从社会、国家和教育等外在的客观要求产生的，这些要求体现在教育目标上，具体落实在教师评价上。通过内化作用，这些要求与高校青年教师自身需要、兴趣、责任心以及自我实现等相结合就实现了动力的转化。当教师专业发展动机被激发到一定程度时，专业发展目标就转化为教师专业发展的需求，引起青年教师持久的发展积极性，促使青年教师不懈努力。高校青年教师进入教师岗位的初始动力往往是来自对这个领域的好奇心和职业本身的吸引力，后来在工作的过程中对自身专业有了更深刻的认识，发现了这份工作对于自己以及国家的重大价值，专业发展动力也因此外化为专业本身的价值。

2．方向性与持久性

高校青年教师专业发展本身就是一种有目的的实践过程，在内部受到理想、信念、价值观的影响，在外部受到组织制度、资源条件、文化环境的制约。教师专业发展动力与专业发展行为的目的越一致，产生的动力作用越大；反之，产生的动力作用就越小，甚至可能产生负面作用。教师专业发展动力一旦形成，就会促使高校青年教师对其专业的认识不断深化，进一步发展。这一促进作用往往会伴随高校青年教师职业生涯的全过程，甚至退休之后，仍在持续自己的专业成长。可见，专业发展的动力机制对于终身从事专业发展活动起到了非常重要的作用。目前，我国高校教师专业发展的一大弊端就是当教师经过多年的努力获取高级职称后，就不再继续从事专业领域的活动，因此提高专业发展效能就必须考虑如何激发出持久的动力。

3. 多样性与整合性

高校青年教师专业发展动力是由无数分力的融合力推动而成的，这里无数分力表现出专业发展动力的多种多样。从影响因素上看，有人的因素、物的因素、环境的因素、社会的因素以及发展理念的因素；从专业学习角度来看，有环境因素、教师自身因素、知识结构因素、专业特性因素、发展方式因素等，这些因素之间的相互作用引起了多种矛盾，从而产生了各种不同的专业发展动力。另外，高校青年教师专业发展动力的多样性也表现为个人对专业发展需要的不同。例如，兴趣爱好、获得好评、交往联系、完成目标、取得成就以及获得尊重、集体影响、审美感受、期待影响、生理需要等。这些因素相互渗透，相互协调，相互融合，在一定程度上可统一视为专业发展动力。高校青年教师专业发展动力是一种合力，这种合力不是由无数个因素的简单相加，也不是无数相互独立的发展动力机械拼凑，而是对无数相异甚至排斥的专业发展动力价值充分整合与协调，化斥力为合力，化阻力为动力，所形成的一种整体动力机制。就高校青年教师专业发展动力机制而言，更常见的形态是所有同时发生作用的动机，不同程度地联合在一起，而不是一个单一原始的最重要的动力。高校青年教师参与专业发展活动可能是由不同的动力共同推动而产生的，如参加培训可能是由学习技术、开拓视野以及换个环境等多种动机作用的结果。当然，在这些动机群里面有优势动机和一般动机之分，所谓优势动机是由人的紧急需要或迫切需要而形成的，它直接导致了人的行为的发生，如在培训中可能学习技术是优势动机，从而导致了参与培训的行为产生。一般动机就是指暂时不能导致人的行为的动机。

4. 层次性与差异性

高校青年教师专业发展动力的层次性是指构成高校青年教师专业发展动力的各因素是具有层次性的。例如，人的兴趣要经过有趣、乐趣、志趣这三个阶段的发展转变。教师专业发展的预期结果都要通过达到不同层次的要求而实现，从较低层次的要求逐步达到较高层次的要求。当然，不同教师达到的目标在层次上也是有差异的。较高层次的专业发展动力可以使青年教师更积极提升自身的专业水准，更多地投入教育科研工作当中。反之，高校青年教师的主动性、独立性、创造性都会处于较低的水平，工作效果不理想。例如，为了完成工作任务所产生的动力和对于自身价值追求所形成的动力是不同的。教师的专业发展需要越是强烈，其内在动力也就越大，教师的积极性也就会越高。在现实中，教师自身经历背景上的差异也造成了专业发展动机上的差异。例如，一些教师在专业发展过程中有着初始优势，更容易有较高的自我效能感，而有些教师往往需要较长时间的适应过程，经历了过多的挫折造成专业发展动力的下降。

（三）高校青年教师专业发展动力机制的功能

高校青年教师专业发展动力机制本质上是一个联合起来的价值观、倾向和态度的复合体，集合了社会、历史、文化和个人的资源，这些资源塑造着高校青年教师专业发展的行为和倾向，同时又被这种行为和倾向所塑造。虽然一个人的专业发展动力相对稳定，但是它对不同的情境具有敏感性，并能够随着时间而改变。因此，高校青年教师专业发展动力机制可以提供发展的、可持续性的积极个性表征。

首先，专业发展动力机制能够促使高校青年教师个体形成专业发展意识与需要。高校青年教师在其职业生涯过程中不仅应具有专业知识、专业技能、专业理念、专业服务的精神，更重要的是要具有专业发展的意识。高校青年教师的专业发展动力机制贯穿于其整个发展进程，使已有的发展水平影响今后的发展方向、程度，未来发展目标支配今日的行为，又能增强高校青年教师对自己专业发展的责任感，从而确保高校青年教师自主发展[①]。

其次，专业发展动力可以使高校青年教师明确专业发展方向。作为动力机制体系中的专业发展目标所代表的是个人在工作上所努力追求的理想，它包括短期的、中期的和长期的目标。专业发展动力机制能够充分地整合个体需求和外部环境要求

---

① 张立昌. 自我实践反思是教师成长的重要途径[J]. 教育实践与研究, 2001(7): 2-5.

進行综合的考量，形成明确的专业发展目标，同时也能够在专业发展目标的影响下制订出合理的行动方案。这个过程促进了高校青年教师专业发展动力机制的优化和完善，从而实现良性进步。

再次，专业发展动力机制能够让高校青年教师形成良好的自我提升习惯。高校青年教师专业发展动力机制本身就是能够不断产生、维持、提升专业发展这一行为的主要渠道。在不断提升自己的过程中产生了固有的行为习惯，从而能够拟订自己的专业发展目标、计划与实施的步骤，并在行动中不断对自己的专业发展过程进行批判性反思，使自己对专业发展路径的规划始终保持清醒的认识。

最后，专业发展动力机制能够让高校青年教师形成较强的专业价值认同感和职业幸福感。高校青年教师对本职业的专业价值认同感和职业幸福感是专业发展的原动力，也是增强专业发展意识、获得专业成长的前提和基础。主要包括自我形象、专业准备、工作动机、教学实践、未来展望。良好的专业动力机制能够让高校青年教师在工作的同时享受快乐，发现自己的优势，提升个人的自信心，获得较强的自我效能感，只有充分认识到自身在专业发展中的重要地位，才能形成强烈的专业发展意识。

二、高校青年教师专业发展动力机制的结构特征

按照人发展动力机制的构成要素可以发现，从大的方面来讲，高校青年教师专业发展动力机制包含的动力主体是高校青年教师本身，动力源是高校青年教师的不同需求，动力的样态是促使高校青年教师专业发展的具体原因，动力场是高校这一专业活动场所。在对高校青年教师专业发展动力机制结构进行分析之前，必须对其结构特征有比较明确的认识，通过专业发展的自主性和应然表征去分析其主体性特征，通过专业发展需求去分析动力来源特征，通过动力生成原因去分析动力样态分类特征，通过描述高校环境去分析动力场特征。

（一）高校青年教师专业发展动力机制的主体性

1. 高校青年教师的主体性地位

高校青年教师在专业发展动力机制中的主体性源自其专业发展过程的主体性。

由于高校青年教师专业发展是主动的、能动的、自我超越的过程，所以专业发展的主体必然是高校青年教师自身。第一，高校青年教师专业发展具有主动性。虽然高校青年教师对外界发展环境存在一定的依赖性，但这种依赖性并不是消极等待或单纯依赖于外界的供给，而是在自觉意识到这种依赖性的前提下，通过自主性的实践活动去获取资源，有计划地实现自身的专业发展。第二，高校青年教师专业发展具有能动性。高校青年教师专业发展需要制定适合自己的专业发展目标，在尊重客观指引的前提下，借助外界所提供的专业发展渠道充分发挥自己的能动性，根据自己的实际提出有针对性的问题，制定个性化发展的规划。第三，高校青年教师专业发展具有超越性。由于高校教师这一职业本身的特征就在于创造和探究，所以高校青年教师的专业发展并不是只为适应现状，而是要不断地超越现状，突破自我，追求更高的理想目标。

高校青年教师在专业发展动力机制中的主体性的另一个表现在于其个体行为和个体关系上的整合性。首先，高校青年教师专业发展动力不仅包括了青年教师在专业发展上的向前趋势，也包括了其发展的目的、能动性和个人身份，并把这些因素整合到一起，即他们的所思、所感和所为，而不仅仅关注其行为。同时，专业发展动力机制也关注影响高校青年教师的各种关系，其中组织影响和社会关系这两大维度直接决定了其动力机制的构成。从实践的角度来看，专业发展动力机制是能够引导高校青年教师形成专业发展策略，并反思其作为专业人员的身份特征和倾向，从而实现行为上的转变方式。

2. 高校青年教师专业发展的应然表征

高校青年教师专业发展应然表征是进行研究的目标指向和参照，也是高校青年教师专业发展动力机制所要实现的目标，将高校青年教师的整体特征和专业特征进行归纳可以发现，高校青年教师专业发展的应然表征主要包括6个方面。

（1）对理想的追求。高校青年教师的发展具有终身性，不能一蹴而就。教师资格证书、职称评定、薪资水平、职务晋升等是影响高校青年教师专业发展的外在衡量标准和激励手段，只能在短时间或某一计划周期内促进高校青年教师专业发展。若没有一种理想和情怀，很难将高校教师职业从生存劳动交易、谋生的职业升华为承载教师终身理想的学术人生和教学理想。只有将自身的专业发展上升为对理想的追求，高校教师才能消除职业发展的倦怠感、无力感，从而更好地不断地认识与超越自我。

（2）较强的发展意识。高校青年教师专业发展是一个明显具有实践性特征的生成机制，在实践中学习和提升。专业上的发展并非是自然形成的，而是用扎实的专业实践行动，一步一步地"做出来"的。高校青年教师专业发展是持续的、长期的、终身的，只有在工作当中捕捉、创造专业发展机会，才能随时随地地促进自己不断成长。

（3）创新的习惯。高校青年教师专业发展具有持续性、长期性和终身性的特征，教师工作过程是复杂、多样的，任何一项专业素养的提升都需要在突破和创新中获得并发展。这是一个内在超越的过程，需要形成较为稳定的创新习惯。创新也是高校青年教师专业发展的源头活水，为其专业发展注入源源不断的活力。

（4）开放的心态。高校青年教师潜移默化地处在"学术争鸣"的环境中，必须以开放的心态和胸怀，在自我发展中创新理念，开阔视野，启迪智慧，积极适应社会发展和专业发展内在规律的需求，打破学科专业的藩篱，充分学习和提升跨学科、跨领域的知识和能力，加强多学科教师之间的互助协作，提高个人专业素质，优化专业发展的外部环境。

（5）文化适应。高校教师专业发展并非接受教师专业标准的"裁剪"，而是教师专业能力的规范和提升，教师学术生活方式的现实转变，既是教师个体文化的点滴创生，又是教师群体的合作与文化浸润。高校青年教师有效利用群体文化中的积极因素，努力实现学会合作、学会共同生活，将自己的专业发展融入到组织之中，形成专业发展的共同愿景，形成个体专业发展的助动力。

（6）较强的心理弹性。高校的场域是一个动态而流动的空间，高校青年教师时刻面临着不断变化的环境，在心理上必然会产生相应的反应，其心理伸缩空间就代表了对于环境的动态调控和适应能力。所以，高校青年教师需要有坚定的目标以及较强的抗压能力来应对不断变换的发展环境。

（二）高校青年教师专业发展动力来源

高校青年教师专业发展动力源就是一种角色期待，这种期待表现在自我的认知能力、审美情趣和意志倾向等方面。通过自我关注推动社会关注自身发展，并反思社会行为方式、思想理念、道德境界、艺术审美、政治文化，以此形成高校青年教师专业发展动力的本源。对于高校青年教师来说，专业发展动力来源于三个方面，一个是从自身出发的一种心理诉求，一个是外部环境提供的社会能量，一个是个人生活历程形成的心理惯性。

1. 高校青年教师的心理诉求

高校青年教师的文化知识水平、学科专业素养都比较高，具有较好的教学和学术研究发展基础和发展潜质，这就决定了他们的发展目标也比较高，具有较高的专业发展需求层次。对于高校青年教师来说，进入高校成为一名教师，内心是充满期待和向往的，对未来的憧憬成为高校青年教师发展动力的来源之一。高校青年教师更多的是一种对自身成就感的追求，追求自我超越，实现自己的价值。在高校这个环境当中，青年教师获得了进一步发展自己专业的平台，对专业探索的渴望成为他们不断学习、不断发展自我的动力，促使青年教师尽快提升自己的专业水平和科研能力，不断取得新的业绩和成就，高校青年教师的这种职业特点构成了专业发展动力的基础。

2. 高校青年教师的社会能量

社会能量是社会系统运作的量度，是人类以文化创造的方式所运用的一切能量，是一般能量的转化形式，或者说是能量的社会形式。[①] 它通过道德、法律、艺术等手段规范和形塑着人们的思想意识和行为倾向。对高校青年教师专业发展动力产生影响和激发作用主要通过社会文化导向、学校发展需求以及人际关系氛围三个方面来体现。从宏观层面来看，社会文化导向对于高校青年教师发展的影响主要体现在政策制度和文化氛围层面上。在一个尊重学术或者学术自由的空间中，高校青年教师的自我效能感往往会比较强，能够被宽容的社会文化所接纳，就会更积极地

---

① 杨桂华. 社会能量的特点、功能和意义[J]. 哲学研究, 2015（4）: 31–35.

去实践和变革。从学校角度来说，学校自身要发展，就必须将自己的发展方向传递给教师，对于青年教师发展方向的要求会最大限度地和学校未来发展方向相一致。反之，青年教师专业发展也能反映出学校对于青年教师的需求。从青年教师所在现实环境来看，青年教师个体与环境之间的相互影响是不可避免的，相互之间的竞争、合作成为高校青年教师发展自己专业的一个动力源头。总的来看，社会能量更多的是通过一种符号互动的形式让高校青年教师能够不断地去调整和发展自己的心态，从而实现与环境的融合统一。

3. 高校青年教师的心理惯性

对于高校青年教师来说，心理惯性往往代表着自己过去学习、生活状态的延续，具体表现在学习习惯、专业背景、自我定位等方面。高校青年教师的角色转变一般都是从"校门到校门"的过程，由于环境的趋同性，致使之前的学习和生活方式都沿袭到工作岗位上来，表现出一种自身角色模糊的特点，将自己看成学生，保持学生时代的学习习惯。高校青年教师自身的专业背景往往就是个人建立自信心的一个重要渠道，或者说本质上就是高校青年教师的初始优势，在这样一种条件和资源下，高校青年教师更容易建立自己的专业自信，形成良好的自我效能感。自我定位是高校青年教师进入工作岗位之后进行自我规划的前提，一般指向于从自我定位的角度来制定的规划。例如，有些青年教师认为必须做好专业的原因就是要适应这样的岗位，因为自己只适合做这样的事情；有些青年教师则将自己早早地定位为以科研为主或者是以教学为主的教师，围绕着这些目标来确定自己的专业发展方向和发展策略，同样成为高校青年教师专业发展动力的来源之一。

（三）高校青年教师专业发展动力样态分类

在本研究中，高校青年教师的专业发展需求和目标是其专业发展动力的来源。具体来看，需求和目标都有其自身的结构和层次，不同的层次和结构组合就形成了不同的发展动力。初级需要和内部目标组合就形成了自然动力，如追求安逸、追求舒适等；初级需要和外部目标组合就形成了物质动力，如对薪资的追求、对福利待遇的要求等；高级需要和内部动力组合就形成了精神动力，如对工作本身的兴趣、职业理想等；高级需要和外部动力组合就形成了社会动力，如领导认可、同行肯定等。

1. 自由空间的向往——自然动力

自然动力表现为个体的某种行为惯性，是体现在基本需求之上的内在目的。对于高校的青年教师来讲，进入高校是一直以来追求的目标，但是在入职之后的一段时间，更多考虑的是如何能够在这样的环境中站稳脚跟，能够创造出一个相对自由的空间来过自己的生活，所以对于职业安全和自由空间两个方面有特殊的需求。在职业安全方面，青年教师进入高校之后，往往需要面临着两个方面的诉求：一个是能够在科研方面找到自己的初始优势，从而建立自己的专业优势；另一个是希望能够尽快地适应教学，尽快地站稳讲台。在自由空间方面，有很多青年教师之所以当初选择高校教师作为自己的职业，最初原因就是与其他行业相比较，高校教师的时间安排比较自由，能够充分发挥自身的专业特长。此外，伴随着专业发展，这种自由度在不断提升，于是专业发展就成为教师自然而然的行为。

2. 创收的压力——物质动力

物质动力是个体为了满足自身物质需求而产生的某种行为倾向，体现在承载基本需求的外在目的。在高校青年教师专业发展过程中，一定的物质奖励会产生推动力量，如给青年教师发放物质奖励、增加薪酬待遇等。这种物质动力直接反应在专业发展的经济价值上，体现在高校青年教师身上则是一种创收的刺激。对于高校青年教师来说，刚参加工作，对于生活的基本需求比较大，而高校教师的初始薪资却并没有那么乐观，所以高校青年教师就会急于提升自己以求增加收入，缓解生活压力。此阶段的高校青年教师往往认为工资的多少体现的是自身的专业地位，而物质奖励更能够体现出单位的认可度。

3. 创新的期待——精神动力

精神动力是指思想、理论、理想、信念、道德、情感、意志等精神因素对高校青年教师对自身专业素养提升的促进作用，体现在承载高级心理需求的内在目的。精神动力作为高校青年教师最重要的动力，因其是出于自身价值感的全面体现，所以精神动力所蕴含的内容也是最多的。精神动力主要体现在对学术地位、社会地位的追求，以及对理想的追求，其表征方式为对创新的期待。这种期待可以使高校青年教师把学术活动和教育教学当成一种人生信仰和人生目标。这种专业发展的精神动力体现了高校青年教师职业的本质和特点，是一种催人奋进的崇高的人类精神，如无私奉献的精神、积极进取的精神、自我超越的精神和勇于探索的精神等。

4. 金字塔底的奋斗——社会动力

社会动力是促使个人发展的外部人文环境因素，其表现形式多种多样，有的是一种期待，有的是一种竞争，有的是榜样的作用。总之，这是一种通过人际互动形成的动力样态，表现为承载高级需求的外部目的。对于高校青年教师来说，社会动力更多来自社会的角色意识，在扮演别人需要的角色的同时，自身希望在社会舆论中获得一个比较好的评价。在高校场域中，青年教师作为新成员，与资深教师相比，无疑处于学术金字塔的底端，为了获得更多的外部认可和社会资源就必须努力提升自己的专业水平，具体包括学术资本的促进和周边文化的推动。学术资本是高校青年教师专业发展的必要条件，这促使高校青年教师去思考如何利用它，从而使自身的专业发展动力得到提升。由此可见，外界要求以及人与人之间的互动也是高校青年教师专业发展的动力。

（四）高校场域的特点

所谓高校场域，就是在高校环境中，由不同的高校教师、学校领导、其他教职工所形成的一种动态的关系网络，是专业发展动力产生和运行的场所。在高校这一特定场域之中，青年教师的专业发展行为从本质上来说就是对资源的争取，拥有资源的不同会造成场域位置的不同，而位置的不同又决定了资源分配的不同。整体来看，高校场域具有 4 个特点。

第一，高校场域具有整体性。一方面，在高校场域外部，高校作为社会的一个分子，与社会各个有机体密切联系、相互依存，共同构成了一个具有整体性的宏观场域，不能脱离其他有机体而独立存在。另一方面，在高校场域内部，其各个组成部分以合理的、有序的组合方式共同构成了高校场域这个整体，使其达到整体功能大于各部分功能之和的效果。

第二，高校场域具有动态性。作为动态物质世界中的一部分，高校场域既不是一个静态的结构，也不是一个固定不变的社会结构，而是一个由动态客观关系构成的系统。高校场域一直处于动态变化的环境中。在高校场域外部，与其他社会场域的关系会因时而变，因条件而变。在高校场域内部，其内部诸要素一直处于不停地运转与变化之中，如资源可以增减、惯习可以改变等。场域动态的特点为高校青年教师进行专业发展提供了更多的可能。

第三，高校场域具有开放性。一所高校并不是孤立的存在，而是与政治、经济、文化、科技领域都有着千丝万缕的联系。因为有了开放性，高校场域与外部场域才能发生信息的传递和能量的交换，产生新的矛盾，由矛盾产生促进高校场域发展的源泉和动力。因此，高校青年教师可极大地利用开放性的特点，充分利用学校场域的有利资源，促进自身的专业发展。

第四，高校场域具有独立性。高校虽然受到政策法令的制约，也受到经济、文化等方面的影响，但是相比于其他的社会团体和教育组织，仍然保留了较高的自治度。因此，各高校的制度要求、文化环境、发展平台都有所差异，使高校青年教师专业发展动力机制呈现出了多样化和复杂性的特征。

三、高校青年教师专业发展动力机制的运作规律

高校青年教师专业发展动力的运作过程包括了动力生成、动力运行、动力提升3个方面的内容，相比于其他的动力机制，高校青年教师专业发展动力运作过程中有其自身的特点和规律。

（一）动力的生成规律

1. 外部激发

对于高校青年教师来说，外部的动力激发主要体现在发展环境的营造与规则的制定上，体现为物质刺激和环境压力两种方式，通过指标设定从任务驱动、工资绩效、荣誉奖励等方面实现。首先，对于高校青年教师来说，完成课时教学、论文发表和课题申报的任务是提升自己身专业水准的动力，这种动力随着任务难度的不同而有所变化。在工作时，高校青年教师必须保证自己的专业水准能够保障自己完成工作，当这个问题解决了之后，这种动力的效价会明显的减退。其次，就目前来看，当工资绩效没有达到一定程度对于教师的促进作用往往是不明显的。最后，荣誉奖励也是促进教师专业发展的一个非常重要的部分，而荣誉奖励能够起到鼓励作

用的前提是奖励能够与个人所完成任务的投入对等。外部动力激发的核心条件是个体的利益矛盾，高校青年教师的利益矛盾能够通过专业发展的方式得到平衡，并且处于可控范围之内的时候就能够激发出专业发展动力（见图 2-5）。

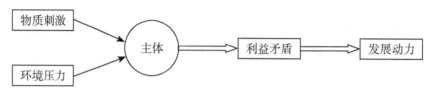

图 2-5　高校青年教师专业发展动力外部激发过程

2. 内部整合生成

在外部动力相差不多的情况下，内部的奖酬将会产生更大的动力，对专业的兴趣责任、心理成长和自我超越是随着内部奖酬的增加而不断提升的。第一，对专业的兴趣往往体现在行为的选择和投入程度上，对事情本身的兴趣往往是建立在个人成就感的基础上，与教师专业发展是一个辩证统一的关系，情趣促进教师专业发展，随着专业的发展，兴趣也在不断地提升。第二，主体的生存需要在未充分满足前，它随时都在激发着动力的生成，高校青年教师需要获得物质来维持生存，关乎生存的物质需要是其他需要的基础，人的任何活动都不能脱离这一原则。在高校青年教师这一群体中，个人的专业水平关乎自己的收入水平以及生活水平，所以青年教师必然要努力提升自己的专业水平以争取自己生活方面的保障，物质满足是动力生成的先决条件。第三，高校青年教师个人的志趣、价值观或者精神需要与高校教师的基本标准相一致，那么主体的活动动力不断地与责任感、成就感结合起来，从而不断地形成新目标、新动力来强化自我，驱使主体行为不断趋向自我实现，所以高校青年教师对于个人的职业认知是其专业发展的重要保障（见图 2-6）。

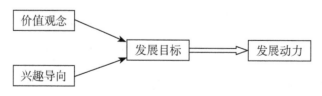

图 2-6　高校青年教师专业发展动力内部整合生成过程

3. 内外互动生成

高校青年教师作为一类特殊的社会群体，在高校场域中与环境相互作用、相互影响、相互渗透，在这个过程中，主体通过价值—利益的选择而形成目的和需要，通过规范对个人发展目标的审定形成动机和实现的手段。第一，只有客观价值体系转化为主观的价值体系，国家、社会、学校的要求真正地纳入高校青年教师主体需要系统，专业发展才能够融合于青年教师的动机体系，具体来说，只有专业发展的要求在社会关系中显化为利益，为主体所确认并转化成需要时，才能生成为推动教师专业发展的现实动力。第二，高校青年教师专业发展动力的生成具有一定的共生性，只有通过沟通才能够更好地促进自身专业的发展，建构自己的专业体系。第三，榜样的作用也可以改变一个人的动力构成，表现为在优秀教师的感召下，青年教师会从一种由衷的钦佩，转而对其进行模仿，从而激发发展动力（见图2-7）。

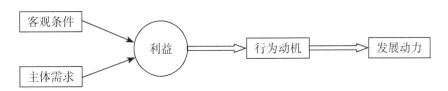

图 2-7　高校青年教师专业发展动力内外互动生成过程

（二）动力的运行规律

从动力运行的主要方式来看，主要包含3种循环，即意识体系循环、反应机制循环和效应机制循环。

1. 意识体系循环

意识体系循环作为主动力系统自身的内部调整反馈过程，在循环的过程中，意识体系的循环是动力的运作中枢，从最初的价值取向出发，整合所有的目标进行调整，最后通过情感与意志的相互妥协，促进价值取向的优化。高校青年教师专业发展动力体系是一个开放的系统，它通过青年教师与外界环境进行着有选择的物质信息等的交换。例如，参与教师培训、访学等活动改变个人的知识结构，通过实践反思来调整个人的工作方式。高校青年教师通过主体的自调节协同机制、自同化适应机制、自反馈控制机制和自完善发展机制等来实现个人专业发展的动力生成、动力运行和动力发展。第一，高校青年教师的价值观念，在专业发展的过程中，不仅表现为活动的起点，而且对整个活动过程都具有指导作用。第二，高校青年教师专业发展的过程作为动力运行过程，信息的反馈对动力机制起到强化或者抑制的作用，高校青年教师必须通过个人工作方式和结果的反馈来消除方向的偏差，保持发展的稳定，实现专业发展的正常化。第三，主体动力运行与外部环境相互作用必然导致教师动力结构本身的调节，如认知结构的调节、主体动机的调节等。高校青年教师专业发展的动力结构是在不平衡中追求着平衡，通过动力运行的内在系统，包括目标、需要、动机、行为的调节来实现这种平衡，并由此保持发展的稳定性（见图 2-8）。

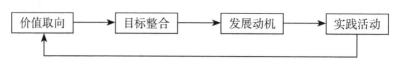

图 2-8　高校青年教师专业发展意识体系循环过程

2. 反应机制循环

反应机制循环作为高校青年教师专业发展的内循环，是通过文化内导变革自己的发展意识和发展方式的过程（见图 2-9）。青年教师进入高校之前大都受过较长时间的科研训练，由于高校教师这一职业的职业声望而选择成为一名高校教师，在这个过程初期大多数青年教师仍然保持了自己在学生时期的习性，随着对教师岗位和职业的理解以及受到社会文化对于高校教师的角色定位的影响，自己对教师职业，对自身的发展有了越来越明确的定位，进而对自己的发展方式进行调整以期更适应高校教师职业发展。所以，在入职后的一段时间，考虑较多的是如何能够站稳脚跟，创造出一个相对安逸的空间来过自己的生活，在这个过程中如果动力机制能够将二者之间存在的反差进行较好的协调，那么就可以使其将其理想化的发展期待融入到现实的实践经验中，从而实现良性循环。

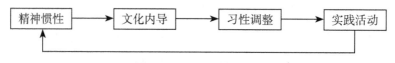

图 2-9　高校青年教师专业发展反应机制循环过程

3. 效应机制循环

效应机制循环是一种动力的外循环，通过社会、环境的要求对高校青年教师的专业发展提出要求，高校青年教师按照这些要求对自己的发展方式和发展行为进行调节（见图2-10）。在高校青年教师专业发展的过程中，包含着许多无意识的转化或升华而带来的力量，以不同形式参与动力体系的运行，主要包括传承、本能、惯性等方面。第一，不同的高校环境在某一时期有着共同的本质特点，比如有的学校重点在于求真务实，有的学校强调开拓创新，青年教师专业发展的目标方向总会受到其所在环境的传统和文化的影响。第二，高校青年教师专业发展有其自身的特质，人总是有一种向上的动力，这种生物性的应激反应就构成了高校青年教师专业发展的本能。第三，在专业发展动力的运行过程中由于内部结构变动或反方向的外力阻止其运行或使其偏离原过程之前，仍然按照固有的结构方式运行下去，这就是布迪厄提出的场域惯习。高校青年教师在入职前有着不同的学习工作背景，这样的经历会影响到高校青年教师专业发展，其动力过程轨迹已经积淀在深层无意识之中，包括角色转变、环境变革、压力变革，等等。因此，必须要有针对性的、强大的外力使之转为正确的发展方向。

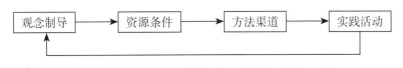

图 2-10　高校青年教师专业发展效应机制循环过程

（三）动力的提升规律

1. 结构的整体优化发展

高校青年教师在真实的情境中，能够按照专业的要求对自己的发展目标和行为方式进行调整，使之与高校环境相适应，从而实现青年教师身心结构的整体优化来提升专业发展的动力。在这个过程中最关键的部分是自身专业发展目标和价值取向的正确选择，只有在科研教学等方面确立了正确的目标，才能对个人的发展进行积极有效的调整，而正确的专业发展目标与社会对高校青年教师专业的要求相适应才有价值，这也是调整专业发展动力整体结构的根本意义所在。结构的调整主要包含两个方面。第一，结构的核心质变。高校青年教师的理想、信念、价值观作为教师专业发展动力的核心结构和开放系统，随时受到所处环境中的各种因素的影响，这些影响积累到一定程度将直接导致个人思想意识的变化，从而影响其专业发展动力。这种影响可能是正向的，也可能是负向的，主要取决于环境文化是否有利于青年教师专业发展，如对于重视知识分子的环境文化必然会对青年教师的专业发展具有促进作用，而在一种浮躁风气下，苦心孤诣做学问、认认真真地钻研教学成了与环境格格不入的内容，在这样的环境浸染下，高校青年教师的专业发展必然受到阻碍。第二，高校青年教师专业发展的需求是分层次的，根据马斯洛的观点，只有在满足了个人基本生活需求的前提下，才能够产生自我实现的需求。也就是说，只有高校青年教师的基本生活得到了保障，他们才能够从以基本物质需要为主转化为以个人发展需要为主，或其动力体系以物质动力为主动力，转化为以精神动力为主动力，或其核心结构的理想由以私利为目标转化为以社会利益为目标，这种层次转化升级所推动的不只是某一动力子系统的变化，而是整个动力系统质的发展。高校青年教师动力结构层次的转化—升级，就是由简单到复杂、从无序到有序、由低级向高级的发展过程。

2. 青年教师自身的实践创新

高校青年教师自身的实践活动会使其所处的发展环境发生改变，这样的改变引起个人主体认知的变化，同时也刺激青年教师产生新的需要，在青年教师进行科研、教学活动的同时，由于产生的效果对个人的进一步发展造成影响，对专业发展在某种程度上起着启发和诱导的作用。具体可以从 3 个方面来进行解读：第一，青年教师间的竞争，在竞争的环境中相互促进，从而提升了个人专业进一步发展的动力。第二，由于青年教师通过一段时间的努力，在高校中所处的地位有所提高，以布迪厄的观点来看就是所占有的资本增多，而资本既是争夺的对象又是争夺的工具，资本的增加必然导致进一步发展力度的增大，就产生了一种以集合方式提升专业发展动力的现象。第三，青年教师的认知水平，通过学习或者"传、帮、带"的作用，青年教师的认知水平不断提升，这种智力结构的变化在促进教师文化资本积累的同时，也激发了他们进一步提升自身专业水准的欲望。

3. 教师间的互动共进

在高校系统当中，青年教师并非是孤立存在，其专业发展不仅取决于自身的知识基础和条件禀赋，也依赖于所处环境的影响，其中最重要的影响因素就在于同事之间的互动共进。这种影响主要体现在三个方面。第一，从发展条件上来看，高校青年教师自身的专业发展与知识生产与传递过程是紧密融合的，学科之间的交叉代表了教师之间的互动，这种互动创造了专业发展的目标和方向，激发了青年教师专业发展动力；第二，从个体需求来看，得到尊重与情感共鸣是其行为的重要驱动因素，高校青年教师专业发展的水平往往代表了群体当中被认可和被重视的程度，为了获得领导和同事更高的认可，青年教师必须要不断努力提升自身的专业水准以实现其诉求；第三，从发展过程来看，高校青年教师的专业发展本身就是个体行为与组织行为相契合的过程，教师之间的交往互动所构成的文化氛围能够直接影响高校教师的行为选择，专业发展动力不仅是青年教师个人的行为价值取向，往往也是组织文化的直接反应。

第三章
高校青年教师专业发展动力机制架构

第一节　高校青年教师专业发展研究理论基础及研究范围

本研究的理论基础主要有两个方面的作用：一个是为之后的调查范围确定和动力框架建构提供必要的理论指导，另一个是在完成框架之后进行理论验证。想使事物的规律得以真实地显现，就应该以直观的方式来呈现并与具象的身体感知相联系。由于专业发展动力具有主体性、能动性、整合性和方向性的特点，所以进行该方面的研究所选取的理论视角必须以人为中心，以心理活动为中心，同时对个体发展的内外部环境因素也要有所考虑。鉴于此，本研究将个人—环境匹配理论、马斯洛需求层次理论、科瑟根教师专业发展洋葱模型以及自我决定理论作为主要的理论基础，并依据这 4 个理论对动力的来源、样态和运行空间进行深入反思。

一、理论基础

（一）个人—环境匹配理论

个人—环境匹配主要是指在企业管理的范畴中，从个体与组织制度、组织文化等的相互关系角度，分析人的行为变化规律，强调通过促使个体与环境相互适应，提升员工的工作动力。该理论起源于 20 世纪初美国社会学家帕森斯提出的环境匹配模型，他认为个人与职业匹配的关键在于个体认知因素、资源条件因素以及能力因素之间的匹配程度。一方面，个体要适应环境的要求，即个体的时间、精力、知识、技能要与环境要求相契合，这种环境要求主要包括工作强度、技术水平以及社会角色期待等。另一方面，环境要满足个体的需求，只有在特定的环境中，个体的情绪、情感、目标、兴趣、愿望等方面得到了充分的尊重和满足之后，个体才能够发挥出最大的潜能。

1951 年，勒温将个体的心理活动与外部环境影响相整合，提出了人格动力理论。此外，他还提出了"心理场"的概念，将人以及环境作用看作是相互依存的心理"动力场"，在"动力场"的作用下人们的思想和行为受到不同程度的制约，并形成一种紧张感，而这种紧张感就构成了人的行为动力。1987 年，斯内德提出了"吸引—选择—摩擦"模型，用来解释人的组织认同感，个人通过对自身组织内部的目标、结构、文化等方面的内容与自身的个性特征、价值观念、主要需求等方面的匹配程度进行评估，进而决定下一步的行为方式。如果个体与组织之间的各项要素比较匹配，那么个体将会在组织内部采取积极的方式调整自身的行为方式，使之更加适应环境，否则就会被动消极地应对外部要求，甚至会离开组织。这一理论很好地说明了个体专业发展与组织环境资源、文化等方面存在着较强的关联性。随后，克里斯托弗、马金斯基、关口智树、詹森等人相继提出了关于个人与环境匹配的维度、内容、方式、测量等方面的理论，将个人—环境匹配理论研究引向深入。就目前来说，人们普遍认可的理论模型主要是詹森等人提出的个人—环境匹配的维度模型以及个人—环境匹配的发展模型。

本研究采用个人—环境匹配理论，主要原因包括两点：一是基于该理论阐释高校青年教师专业发展动力的形成和发展过程主要受到个体的内在状态以及外部环境要求之间契合程度的影响，从关系的角度分析高校青年教师专业发展动力的本质，为突破传统主客体二元思想的限制提供依据；二是该理论解释了环境具体的内容与个体需求的不同维度发展关联的机制，使个体与环境之间相互交融，突破了将专业发展动力简单分为外部动力与内部动力的传统模式，为本研究理论模型的建构提供了参照。

（二）马斯洛需求层次理论

马斯洛的人本主义心理学认为，促使人产生相应行为的动力是个体的需求。从整体上来看，人类价值体系存在两类不同的需要：一类被称作"缺失性需要"，是人类生存所必须的需要，当这种需要缺乏时，生理和心理都会产生负面影响，主要包括生理的需要、安全的需要、归属与爱的需要、尊重的需要；另一类被称为"生长需要"，虽不是人类生存和健康所必需的，但是对于社会适应有着重要意义，主要包括认知和理解的需要、审美的需要和自我实现的需要。这些需要由低到高按层次排列，在一般情况下生长需要的出现以缺失需要的部分满足为前提（见图 3-1）。

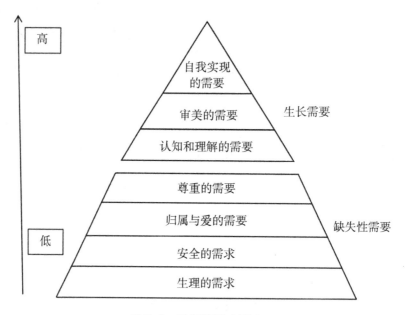

图 3-1　马斯洛需求层次

在这些需要当中，生理的需要体现出对物质的追求，如吃、穿、用、住等生活必需品；安全的需要是一种对未来生存保障的追求，如实现人身安全、财产安全、工作稳定等；归属与爱的需要是指个人渴望得到社会、组织、家人、亲友的接纳和认同，是个体社会属性的具体体现；尊重的需要同样是源自社会认可的渴望，希望能够处于某种地位，从而获得相应的知名度或权力等；认知和理解的需要是指个人对自身和周围世界的探索、理解及解决疑难问题的需要，是克服阻碍的工具；审美的需要是对美好事物的追求和向往，实现感官和精神世界相协调的手段；自我实现的需要是最高层次的需要，是指实现个人理想、抱负，最大限度地发挥个人的能力，完成与自己能力相称的一切事情的需要。

需求层次理论解释了个体发展的内在动因，在高校青年教师专业发展过程中，自身需要的层次性和多样性揭示了专业发展动力的样态特征和变化规律。这 7 个层次要按照次序实现，层层递进，只有低层次的需要得到满足才能产生高层次的需要，这反映出人自我发展的规律性。高级需要是一种较晚出现的需求类型，越是高级的需要，就越不会只追求纯粹生存的维持，而是越接近于实现自我，从而产生有益于公众和社会的效能。处于高级需要的水平上意味着更大的生物效能，有更深刻的幸福感、宁静感以及内心生活的丰富感。高级需要的满足需要更多的前提条件，具体可分为物质和精神两个方面的内容。

需求层次理论可以很好地解释高校青年教师专业发展动力的影响因素和主要变化规律。需要是高校青年教师专业发展的动力源，因而需要的层次反映了动力的层次，随着动力层次的提升，动力的产生对于外部环境的依赖逐渐减弱。与外界环境的刺激和影响相比较而言，高校青年教师对于自身社会价值和自我实现的目标追求所形成的动力会更加持久。

（三）科瑟根教师专业发展洋葱模型

荷兰著名教师教育专家科瑟根认为，教师专业发展必须摒弃专家教授指导、教师被动学习的传统模式，要具体分析问题出现的根源，对其进行有针对性的指导。科瑟根将教师专业发展的影响因素归结为层层嵌套的"洋葱模型"，在这个模型中教师的专业发展分别受到环境、行为、能力、信念、职业认同、职业使命 6 个层次的影响，只有当教师更多地接触到自己的身份和使命时，才会转变对职业的看法，并引发自身专业发展行为的根本性变化，充分发挥自身的潜能，实现专业的快速成长[①]。

在科瑟根的洋葱模型中，专业发展是一种由外向内逐渐深化的过程。这个过程主要分为 6 个层次：第一个层次是环境，主要包括组织制度、校园文化、规则、课程要求、学生特点等方面的内容；第二个层次是行为，也就是在教学过程中出现的一些方式、方法，这个层次主要的关注点是行为的有效性；第三个层次是能力，这

① KORTHAGEN F A J. Professional learning from within[J]. Studying Teacher Education, 2009（2）: 195–199.

个层次主要的关注点是教师的知识水平、教学方法、行为意识等方面的内容；第四个层次是信念，主要关注教师对自身专业的角色认同、经验感受、职业信念等；第五个层次是职业认同，教师必须具有积极的专业发展意识，真正理解自己职业的价值，有成为一名优秀教师的向往；第六个层次是职业使命，主要关注教师专业发展的终极目标和根本意义，也就是能否在学生成长中找到自己的存在价值（见图3-2）。

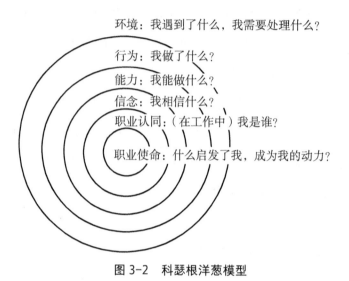

环境：我遇到了什么，我需要处理什么？
行为：我做了什么？
能力：我能做什么？
信念：我相信什么？
职业认同：（在工作中）我是谁？
职业使命：什么启发了我，成为我的动力？

图 3-2　科瑟根洋葱模型

科瑟根认为这 6 个层次是相互影响的关系，外部因素会影响内部因素，而内部因素也会影响外部因素。例如，比较差的环境可能会限制行为，影响能力的发挥，导致缺乏胜任感的教师无法形成教育信念，也不能产生职业认同感，职业使命感也被大大地弱化。相反，较强的职业使命感则会产生强烈的职业认同感，增强职业信念，并且能动地发展能力，通过实践活动对外部环境进行改造，使之更加适合教师的专业发展。这个洋葱模型也为高校青年教师专业发展动力的框架建构提供了很好的思路，专业发展的影响因素大多来自动力的要素，动力来源于需求，而需求的层次恰好与专业发展动力的层次相契合，所以高校青年教师专业发展动力与该模型存在着类似的结构关系。

（四）自我决定理论

自我决定理论是 20 世纪 80 年代由美国心理学家德西、瑞安等人提出的，该理论主要是为了解决人类自身行为动机的来源以及形成过程的问题。自我决定理论认为，人的行为动力和发展动机是一个有机连续体，受到心理需要、认知评价、内外整合以及因果定向的影响，由此衍生出基本心理需要理论、认知评价理论、有机整合理论和因果定向理论（见图 3-3）。

基本心理需要理论认为，人的心理需要可以分为自主需要、胜任力需要和关系需要。其中，自主需要是指个体在活动过程中能够掌控自己行为，胜任力需要是指个体在完成某一活动时感到自己能够胜任，关系需要是指个体在组织中有一定的归属感，这 3 种需要的满足程度决定了个体外在动机的内化程度。认知评价理论主要强调个体对于客观事物、实践看法判断所引起的动机变化，该理论强调内部动机和外部动机之间存在密切的联系，时刻发生相互作用，过分地强调外部激励反而会减弱内部动机。有机整合理论将个体动机分为内部动机、外部动机和无动机 3 种类型。内部动机主要表现为个体对行为本身的兴趣、成就感等方面的心理倾向；外部动机主要是以获得行为以外的结果为目的，按照动机内化的程度可以分为外部调节、内摄调节、认同调节、整合调节 4 个部分，这 4 个部分产生效用的程度主要受到自主感、胜任感、归属感的影响。因果定向理论认为个体具有对有利于自我决定的环境进行定向的发展倾向，行为倾向主要包括自主定向、控制定向和非个人定向 3 种形式。其中，自主定向关注个人能力的发展，具有强烈的自主意愿；控制定向追求外部目标，受到环境的控制，表现为一种表面顺从内部抗拒的态度；非个人定向主要是一种被动的行为方式，是一种完全被控制的情况。

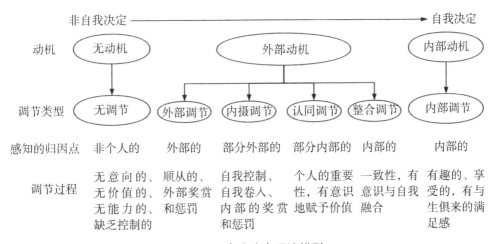

图 3-3　自我决定理论模型

自我决定理论突出人的自主性，强调周围情境对于自主性的支持和自主需要的满足，强调个体的动机并不是内部和外部泾渭分明的动力体系，而是一种由外而内的层级关系。由此可知，高校青年教师的专业发展动力是一个复杂的系统，既包含外部环境的影响和控制，也存在着内在情感的维系和价值驱动的推进，要想对高校青年教师专业发展动力有一个相对准确的梳理，就必须抓住其内外层次结构以及影响因素。

二、研究范围

（一）高校青年教师专业发展动力来源

根据个人—环境匹配理论，个体行为主要是由其身心特征与环境要求相互作用而形成的。也就是说，作为一种实践形式，高校青年教师专业发展是高校教师本身与其所处的环境结构之间的相互匹配过程，由于对物理环境与文化环境要求的接受程度不同，个体根据其匹配程度选择适应或者抗拒，这种动力则是处于个体与环境之间的链接领域。对于高校青年教师来说，专业发展是高校青年教师在学校体系的内部规则下，通过一定的积极反应，如各种行为要求、专业情感、价值判断、人际关系等得以重新建构，实现外部结构内化的过程。另外，高校青年教师在专业发展的过程中将自身所特有的知识背景、能力意识等方面的内容对组织结构进行一定程度的影响，将自身的惯习外化于存在的场域。

因此，高校青年教师自身所具有的可塑性和能动性就成为专业发展动力产生的基础，组织文化、行为要求对于身心结构的匹配直接决定了高校青年教师专业发展动力的强度。而高校青年教师对于职业、环境的满意度，则决定其是否要顺应外部环境的要求进行自身的变革，这是高校青年教师不断进行专业发展的主要原因。 所以，高校青年教师专业发展动力的来源主要是个体与环境的匹配程度，具体包括教师职业发展需要、教师职业满意度、教师个人职业发展目标与组织目标等方面的契合程度。

（二）高校青年教师专业发展动力样态

按照需求层次理论，成长动力是由个体需求而引发出来的各种因素的集合体，将集合体内各种因素归纳为不同的行为目标，就构成了动力的样态。根据需求层次的差异可以将动力的样态分别理解为满足个体生存需求的动力、满足个体交往需求的动力、满足个体自我实现需求的动力。当前个体的自然动力状况与他们的生活压力和收入状况密切相关，在生活压力相对既定的情况下，收入状况将对其自然动力状况起决定性作用。

人们在了解事物过去和现在的基础上，把握事物的未来趋势，并根据事物的发展趋势提出自己的理想和奋斗目标，表达着个体对未来的憧憬与期待，这样的动力样态就是精神动力。人的精神生活、精神需要和精神能力，产生了行为的主观能动性和自觉的能动性。相对而言，高校青年教师具有更强烈的精神需求，他们怀揣着理想走上自己的工作岗位，希望通过努力来实现自己的职业价值及社会价值、履行自己的组织承诺，形成了以自我实现为主要目的的动力模式。

在高校青年教师专业发展过程中，同样存在着不同的人际关系，这些关系都对高校青年教师专业发展动力产生影响，如教师之间的竞争关系会让高校青年教师产生专业发展的紧迫感，从而形成一种促进自己专业发展的动力；教师之间相互协调、相互合作的模式也能刺激和影响高校青年教师的组织认同感和发展效能感，而一些外在期待同样以压力的形式敦促着高校青年教师不断努力发展自己的专业。

（三）高校青年教师专业发展动力机制运行空间

勒温将个体的活动空间看作是一个弥散的场域。他认为不同的外部环境会对人的心理产生相应的影响，当个体的心理产生紧张状态时便会出现动力，所以说个体的心理环境与外界的物理环境是一体的，共同构成了高校青年教师专业发展动力的运行空间。科瑟根进一步将教师的行动场域明晰、细化，他认为教师的学习与发展要受到环境、行为、能力、信念、职业认同、职业使命6个层次的影响，任何两个层次之间都会相互作用和相互影响，形成环环相扣的变化模式。

在高校的场域内，教师之间的交流互动是一个思想碰撞创生的过程，引起不同层级思维结构的变化、更新和发展，在思想的相互渗透中，青年教师通过交流各自的心得体会，相互促进。这种促进作用主要体现在如下3个方面：

第一，高校青年教师的需求层次上升。青年教师在社会交往过程中，有着渴望被尊重的需要。由于高校场域内教师个人地位的高低是其专业水平高低的主要体现，所以，这种需要在青年教师之间的交往则表现为对获得较高地位的向往与追求。所以，高校青年教师必然会从对物质的追求上升为对被同事尊重的需求。

第二，高校青年教师价值取向的演进。个人在与环境相互作用的过程中，其认知、情感、意志等都会积极地参与价值评价，使主体的价值取向在克服内在价值冲突的过程中趋向于一个共同的价值目标，因此高校青年教师在个人专业价值评价的基础上一般呈现为一个"阶梯式"的层级，在价值选择上注重更高的价值追求，与需求的上升同步。所以，对专业价值观的认识也是推进高校青年教师专业发展的重要动力。

第三，高校青年教师专业发展的双向整合统一。高校青年教师在从事本职工作的过程中，内在的认知、情感、价值观等要素与外在的物质利益、发展环境等要素不断进行内化整合和外化整合，由此共同促进高校青年教师的人格重建与群体、组织和社会形象的再造。

所以，群体、组织、社会的发展要求每个高校青年教师进行自我建构，这个过程表现为专业发展动力结构的变化。所在群体、组织和社会的内在整合过程也在不断塑造着高校青年教师专业发展动力。这两个方面是一个内在统一的关系，也是个体与环境的交互过程。

第二节 基于扎根理论的高校青年教师专业发展动力框架建构

一、基于扎根理论的研究过程

（一）研究方法和研究思路

本研究采用扎根理论的研究方法，通过系统地收集和分析资料，从资料中发现、梳理出本土概念，找到概念之间的相互关联，最终形成体系。在生成扎根理论的过程中，研究者同时需要借鉴学术界已有的理论，在经验研究、个人知识和前人理论之间形成对话。用扎根理论进行研究的过程一般包括5步：第一步，对材料的内容进行意义截取和分段，并进行初步编码，形成本土化概念；第二步，对材料中的概念、编码进行仔细的对照分析，找到其中类属关系，确定类属的属性和维度；第三步，找到类属之间、本土概念之间的联系，以表现资料各个部分之间的有机关联；第四步，选择一个"核心类属"，尽可能地将所有的关系脉络进行统摄，形成一个整体框架；第五步，对形成的理论框架进行验证。

本研究就是通过扎根理论的方法考查高校青年教师现实的工作状态、生活状态及发展状态，对其专业发展动力的变化过程进行"深描"，发掘其中隐含的动力发生、运行、发展规律，再依据相关理论进行学理分析，最后回到现实，对所形成的理论进行检验。具体研究思路如下：

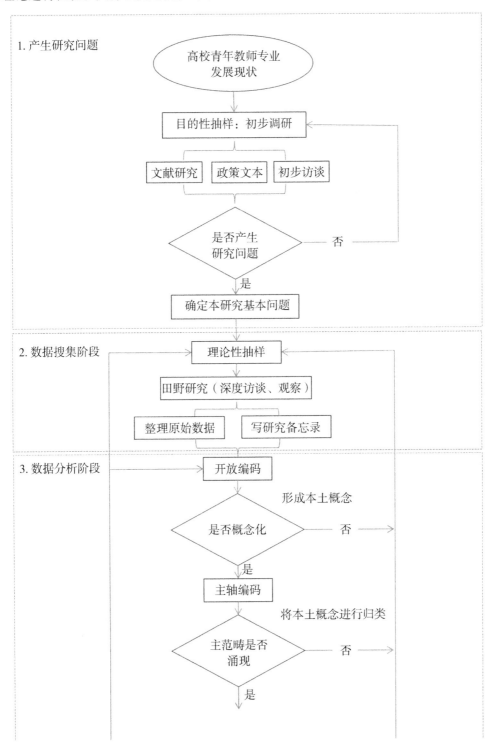

第二节　基于扎根理论的高校青年教师专业发展动力框架建构

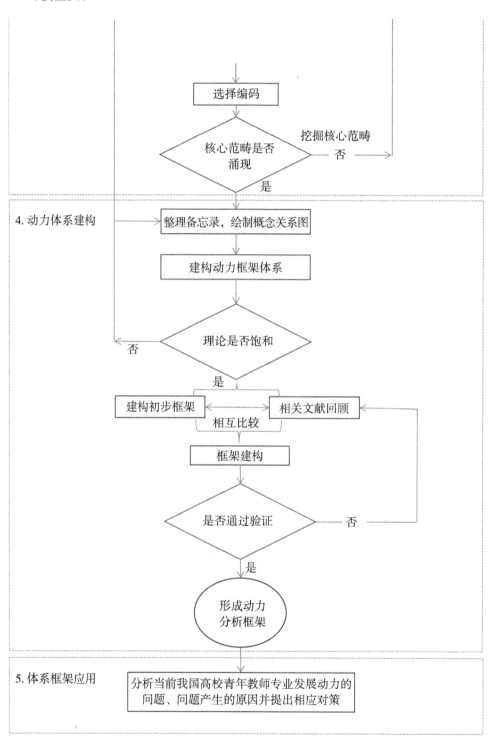

图 3-4　扎根理论方法路线

（二）资料收集

本研究收集资料的主要方法为半开放式深度访谈，辅以参与性观察和非正式交谈、开放式问卷，微信、QQ 等网络交流方式。从 2016 年 3 月至 2018 年 11 月，对选定的 30 名研究对象分别进行了 40 分钟至 120 分钟的个别正式访谈（访谈对象情况见表 3-1）。

表 3-1　访谈对象的基本情况

项目	性别		年龄			职称			
类别	男	女	30 周岁以下	31~35 周岁	36~40 周岁	助教	讲师	副教授	教授
人数	16 人	14 人	5 人	18 人	7 人	4 人	18 人	7 人	1 人
项目	学校类别		学校层次			学科类别			
类别	公办高校	民办高校	一流大学建设高校	一流学科建设高校	普通本科院校	文史类	理工类	体育、艺术类	交叉学科
人数	26 人	4 人	3 人	5 人	22 人	12 人	7 人	3 人	8 人
分布地区及人数	北京 1 人、天津 1 人、上海 2 人、重庆 2 人、辽宁 7 人、吉林 2 人、内蒙古 2 人、河北 2 人、山东 2 人、山西 1 人、陕西 1 人、湖北 2 人、江西 3 人、浙江 2 人								

根据事先对于高校青年教师专业发展动力源、动力样态以及动力场的认知，首先设计出初步的访谈提纲，将这些内容涵盖进去，实际访谈过程中，在提纲的基础上不断地进行深入追问，同时不断调整提纲的内容，使之能够涵盖更多的信息（访谈问题提纲见表 3-2）。

表 3-2　初步访谈问题汇总

序号	初始问题	可能得到的信息
1	当初为什么选择高校教师作为自己的职业？为什么选择现在这个单位？	动力源
2	您认为专业发展能解决哪些问题？	动力源
3	您是怎样定位自己的专业？为什么会这么选择？您希望自己获得什么样的专业发展？	动力样态

序号	初始问题	可能得到的信息
4	您认为不断提升自己的专业能力可以满足自己的哪些需求？	动力样态
5	促使您不断努力提升自身专业素养的原因是什么？	动力样态
6	现在和刚入职的时候相比您的心态产生了哪些变化？是什么让您产生了这样的变化？您是如何调整的？	动力场
7	您认为什么样的教师才是好的大学教师？您认为成为这样的教师需要做什么样的努力，或者需要什么样的条件？	动力场
8	在您的工作和生活中有哪些事情让您无法专注于提升自身的专业能力？哪些事情影响了您自我专业发展的积极性？	动力场

在得到被访者的允许下将访谈过程进行录音，访谈之后将录音转录成文字，并进行反思、编码。为了再现被访者的非言语行为和情境特点，每次访谈后及时写下备忘录，记录下应该注意的一些细节。此外，对被访者的教学课堂和工作机构进行了观摩和探访，在此过程中，与部分被访者建立了比较好的关系，后续又通过电话、微信等方式收集到了非常丰富的原始资料。

一般讨论质性研究的效度时，多指其研究结果是否符合材料所描述的问题，也就是可接受或是可靠的程度。因此，对于可能影响结果的因素需加以考量，其中比较重要的效度威胁有两个：一个是研究者偏见，一个是这个研究本身对研究对象的影响。由于本研究倾向于探索性分析，采取更加开放式的资料收集方式，所以研究者经常出自选择性观察和资料记录，这可能会造成研究的偏失。另外，由于访谈对象自身对于问题的理解也随着访谈深入而发生变化，往往出现前后矛盾的情况，会影响研究效度。在本研究中，主要采用以下策略来降低可能存在的效度威胁。

第一，延长投入，集中、长期地关注。持续的观察和访谈，能够为特定情境和事件提供完整的资料，辨析信息点可信度，减少研究者在场的影响，并且有足够的时间获得不同资料，确认高校青年教师专业发展动力及其影响因素是否随着时间的变化而变化。因为本研究从 2016 年初一直持续到 2018 年底，研究时间跨度较长，所以让本研究获取到更可信的资料。

第二，寻找不一致的资料与否定性个案，经过仔细分析深化研究内容。如对高校青年教师在教学、科研、管理以及日常生活和心态等方面的资料进行分析后，把他们的专业发展动力情况进行归类，找出与其相互矛盾的观点，分析原因。比如在访谈中有教师认为"行政职务会严重限制专业发展的时间、精力，影响自身的专业发展效能"，但是另一名有行政职务的青年教师则认为"担负领导职务后，要做出表率，更要努力发展自己的专业"。经过分析，在二者看似矛盾的叙述中其实包含的是两个问题，一个是资源条件保障不足引起了高校青年教师专业发展效能的降低，另一个是由于外界期待引起的环境需求的变化，二者同时存在，分属两个动力层次，主要看哪一个层次的动力起主要作用，这进一步印证了研究的框架结论。

第三，三角检验。主要是将不同渠道的资料信息进行比对分析，从而减少由于个人偏见对研究效度的影响。本研究除了深度访谈，还通过微信朋友圈、教师微博、知乎论坛、贴吧等网络渠道对高校青年教师的发展环境进行分析，同时也尽可能多地搜集不同院校关于青年教师专业发展方面的政策文件，将资料与论文观点不断比对，让信息更加准确。

第四，坚持写备忘录不断反思。备忘录的一个重要作用是激发我们的思想，促使我们以新的方式看待，数据资料和编码，以提升理论的效度。此外，收集资料阶段的备忘录还有助于日后分析材料时，在脑海中回想当时的情境和自己的思考，对自己的思想变化进行反省。

二、动力框架模型建构

建构高校青年教师专业发展动力分析框架模型，对质性资料系统编码后进行。系统编码就是对质性材料进行提取、整合的过程，分成开放式登录、关联式登录、核心式登录 3 个步骤。

（一）开放式登录

开放式登录过程属于意义形成阶段，以一种开放的心态，将所有的访谈资料逐行、逐段分析、检视、比较，按其本身所呈现的内容进行编码。这是一个将收集的资料打散，赋予概念，再以新的方式重新组合起来的过程。目的是从资料中发现概念类属，对类属加以命名，确定类属的属性和维度，然后对研究的现象加以概括。在这个过程中，本研究主要采用逐行编码的方式，尽可能地发现更多的参考点，然后进行概括归纳。在本研究的30名受访者的访谈资料中，共提取出2 782个参考点，并归纳成729个初级编码以及12个类属，具体从以下3个方面进行数据的初始编码。

1. 直接体现出高校青年教师专业发展动力的特征、行为表现及其影响因素的词语和句子，如"提升教学效果""薪酬待遇""奖励""兴趣""成就感""评价方式""考核要求""提升社会地位""生活需求""外界期待""职称竞争""理想""自我实现""考评机制""未来期待""积累学术资本"等，将意义相近的词语保留，统计词句重复使用的频次。

2. 受访者在访谈过程中能够反映出对于自身专业发展动力方面的问题的态度、行为信息。如果仅仅对访谈过程中的词句进行分析，那么可能不能完整地概括出被访者的真实意思，所以在编码过程中不仅对数据片段进行标注，还要关注被访者的语气、表情、神态等信息。除此之外，还要对一些事件进行抽象和比较，这有利于研究者深入地理解被访者赋予"原生编码"的意义。比如，在访谈一名学前教育专业教师的时候，她一直在强调，"自己目前还保持着比较蓬勃的动力""心里这个小火苗还没有熄灭"，虽然说的是目前的状态，但更多的还是对未来专业发展动力情况的担忧，说明目前高校青年教师群体存在一定的职业倦怠的问题，这会影响其专业发展动力。还有一名教师在谈自己的专业地位的时候用调侃的语气说"我这门课在我来之前是不开的，给你面子上才开设的，让你有课上"。这句话所表达的并不是领导对自己的重视，而是在表示自己学科地位的尴尬以及自己的无奈，应编码为"专业价值不被认可"。

3. 将受访者谈到的一些案例、追忆的部分进行概括，如有教师在讲述自己的专业成长历程的时候，会讲述自己比较推崇的教师，内容表面上和他本身的专业发展动力没有关系，但是这个案例暗含了他对自身专业发展的"价值期待"和"职业情感"。

下表举一名心理学专业的Z老师访谈编码的例子说明访谈编码的对应情况（见表3-3）。

表 3-3 高校青年教师专业发展动力编码样例

代码	频次	具体语句举例
任务要求	9	因为我们单位的毕业压力很大，老师起码每年要发一篇 SCI 论文，学生必须至少发一篇 B 或者 SCI 论文，这个压力就是你没办法完全不做科研，或者完全不跟学生交流
利益牵引	7	我觉得还是要借助外力，或者还是需要学校的一些奖励政策来激发，比如你发表一篇文章能奖多少钱呀，这种奖励也是会刺激那种动力的
人际互动	6	所处环境最好是上面有人给你引领，下面会有人跟你讨论，提出问题，中间有人跟你竞争比较
自我效能	25	是你自己在撑，就像是撑着一把小伞，或者是一个小帐篷，自己能走多远是没有办法去预测的。而自己又想撑起一点领域，保证自己的学生（成长），也怕自己撑不住，有很大的压力，就会很担心
专业指导	10	我个人觉得，比较理想的环境中，需要有一个比你强的引导者，或者导师
资源保障	8	工作和读书相比较的话，差别在于读研究生的时候 80% 的精力用于做学问或者做科研，但是工作之后，你的精力可能只有 30% 用在科研或者工作上。工作琐事或是生活琐事会占据很大一部分时间，你专门用在专业上或者是学术上的时间可能只有 30% 吧
专业兴趣	25	喜欢心理学就是很纯粹的喜欢，就是想做研究
成就体验	5	唯一有一点小小的自豪感或是成就感的话，并不是我发表了很多的文章，而在于今年我的学生都顺利毕业了
组织认同	7	大家在交流的时候不经意间才会认可你，才会慢慢跟你交流，当然主要还是源于你自身感兴趣
自我实现	1	当老师的话，带学生的时候，学生的成长就是你个人的成长
组织承诺	7	时刻在反省自己，还是想保持那种读书时的情怀。我觉得是责任感，我内在的驱动力真的不是兴趣了，就像你说的责任感吧
价值信念	4	自己觉得你做的这些东西有什么用啊，可能就是为了发表文章，当个老师还是会有些自我怀疑吧

（二）关联式登录

关联式登录将收集的资料打散，赋予概念，再以新的方式重新组合起来，主要任务是发现和建立概念类属之间的各种联系，以表现资料中各个部分之间的有机关联。本研究参照施特劳斯的编码模式，将不同的类属按照事情发展的顺序逻辑链接起来，主要包括 6 个方面的内容，分别是因果关系—现象—情境条件—中介条件—行动／互动策略—结果[1]。随着分析的不断深入，有关各个类属之间的各种联系变得越来越具体。本研究在对概念类属进行关联性分析时，不仅考虑到这些概念类属本身之间的关联，而且要探寻表达这些概念类属的被研究者的意图和动机，将他们的言语放到当时的语境以及他们所处的社会文化背景中加以分析。通过不断地进行数据间的比较，将初级代码聚焦为 12 个上位的代码，分别是任务要求、利益牵引、人际互动、自我效能、组织支持、资源条件、专业兴趣、成就体验、职业适应、自我实现、组织承诺、价值信念，然后将这些代码作为主要范畴资料进行统整。

"任务要求"的操作性定义是，为了完成各种考核指标、工作任务等方面的要求而不得不进行专业提升的动力因素。该代码包含的部分自由编码如下：

"通过评价来提升动力""学术量化影响专业发展动力""外部的评价对专业发展动力有很大影响""结果导向的评价方式""学术考核量化造成了科研的工作氛围浮躁影响专业发展动力""科研量化""对教师进行排名""评估结果反馈""评价指标""需要多角度的评价""完成任务""做学术就是为了应付外部的指标""希望能够应对工作的挑战""任务驱动的被动性""目的是为了完成工作任务""被动地完成任务""完成自己的工作任务"……

编码过程中共收集到 417 个体现"任务要求"的编码。从这些自由编码中按照施特劳斯编码模式可以得到如下关系链条：专业发展有助于完成任务要求（因果条件）—各高校普遍对教师提出任务要求和评价指标（现象）—制度规范、评价指标的要求需要与专业发展方向一致（情境条件）—需要良好的专业发展环境和必要的资源（中介条件）—给青年教师适当的压力（行动／互动策略）—产生专业发展紧迫感（结果）。

"利益牵引"的操作性定义是，为高校青年教师自身需求而设定的，只有通过努力提升自身专业水平才能获得各种物质、精神方面的奖励，以此来提升高校青年教师专业发展积极性。该代码包含的部分自由编码如下：

---

① 陈向明. 扎根理论在中国教育研究中的运用探索[J]. 北京大学教育评论, 2015, 13（1）: 2-15, 188.

"专业发展是为了解决物质需求""功利性的动力过多""晋升职称是最大目标""职称评定不仅仅是因为待遇""职称更多的是地位的象征""专业发展动力主要是物质上""科研的性价比更高""读博士是为了晋升职称""发表论文更多的是一种功利性目的""评职称是核心任务""外在的利益关系可能导致动力衰退""较高的奖励会激发动力""专业发展仅仅是因为敲门砖缺乏价值感""靠着功利性的东西在推动""自己的专业是谋生的根本"……

编码过程中共收集到306个体现"利益牵引"的编码。按照施特劳斯编码模式可以得到如下关系链条：专业发展能够获取外部利益（因果关系）—高校设置了奖励制度和职称晋升法则（现象）—奖惩制度、晋升规则的制定以专业发展水平为标准制定（情境条件）—良好的专业发展环境和必要的资源支持下（中介条件）—给青年教师争取获得奖励和晋升职称的机会（行动/互动策略）—产生专业发展紧迫感（结果）。

"人际互动"的操作性定义是，高校青年教师在专业发展过程中，由于人与人之间竞争、期待的关系而提升专业发展积极性的动力因素。该代码包含的部分自由编码如下：

"竞争激烈""高校场域的利益关系比较复杂""对青年教师漠不关心""环境氛围的正向影响促进专业发展""需要有一个积极互动的氛围""相互竞争的心理让大家更重视科研""缺少一种交流合作的氛围""外部环境对专业发展起到非常大的影响""有学术气氛的学校动力才会强""因为有横向比较，所以不敢特别放松""横向比较让自己感到有压力""希望在群体里比较突出一点""外界的情感压力影响专业发展"……

编码过程中共收集到167个体现"人际互动"的编码。按照施特劳斯编码模式可以得到如下关系链条：专业发展能够赢得尊重（因果关系）—青年教师身上承载着别人的希望并承担竞争压力（现象）—青年教师希望得到别人的认可（情境条件）—在良好的专业发展环境和必要的资源条件下（中介条件）—通过竞争的刺激（行动/互动策略）—产生专业发展紧迫感（结果）。

"自我效能"的操作性定义是，高校青年教师对于自身的能力是否能够完成专业发展目标的预期和判断。该代码包含的部分自由编码如下：

"缺少专业基础的不自信""做不擅长的事情压力比较大""感觉自己怎么表现也未必能干好""对自己的期待比较低""外部看来很好但是自己并没有提升""感觉不能超越自己""对自己的评价不高""感觉已经达到自己的极限""认为自己并不那么优秀""越来越不自信""申报课题的挫败感影响自己的专业发展""一些挫折影响专业发展的动力""挫败感会影响专业发展动力""评职称有些困难""总评不上就不想评了"……

编码过程中共收集到139个体现"自我效能"的编码。按照施特劳斯编码模式可以得到如下关系链条：动力源自自信心（因果关系）—自信心越大，动力越大（现象）—自身的学术资本量能够实现职称晋升（情境条件）—制度环境的影响和个体的情感倾向（中介条件）—提供适应教师能力的发展目标（行动/互动策略）——提升发展效能感（结果）。

"组织支持"的操作性定义是，高校青年教师对于所处环境中接受的指导和帮助能否促进个体完成专业发展目标的预期和判断。该代码包含的部分自由编码如下：

"缺少方向感让自己的动力减退""有人帮助很重要""没有人指导和督促不太适应""缺少对青年教师专业发展引领的意识""方向引领能够提升专业发展动力""缺少专业指导""缺少帮助""需要有人带领帮助""外界指导更多是一种随机性的指导""需要有经验的教师指导""需要有技术上的指导""需要被指导""对青年教师的指导很关键""系统培训""培训没有针对性""专家讲座的效果会好一点""导师制的效果会好一些""缺少评价反馈"……

编码过程中共收集到278个体现"组织支持"的编码。按照施特劳斯编码模式可以得到如下关系链条：组织支持能够产生动力（因果关系）—组织支持越大，动力越大（现象）—有效的专业指导和良好的发展氛围（情境条件）—制度环境的影响和个体的情感倾向（中介条件）—提供必要的组织支持（行动/互动策略）—增强发展效能感（结果）。

"资源条件"的操作性定义是，高校青年教师对于所处环境中的物质、时间、精力等方面的资源能否保障其完成专业发展目标的预期和判断。该代码包含的自由编码如下：

"物质保障""自己去寻找资源""自己去学习，没有资助""缺乏条件影响动力""专业发展需要依靠一定的资源""争取发展资源和条件""需要有资源条件的保障""物质资源的限制""经济资本是基本保障""资源受限""设施条件很重要""事情太杂不能集中精力去发展""工作上的琐事干扰""生活和工作的压力让青年教师不能专注发展""希望把精力用在自己的事情上面""工作繁杂不能集中精力搞科研""繁杂的工作影响专业发展动力""繁杂的工作影响专业发展动力"……

编码过程中共收集到 501 个体现"资源条件"的编码。按照施特劳斯编码模式可以得到如下关系链条：充沛的资源能够激发动力（因果关系）—青年教师需要允足的发展资源（现象）—时间空间，设施设备充足（情境条件）—制度环境的影响和个体的情感倾向（中介条件）—满足青年教师专业发展的资源需求（行动／互动策略）—增强发展效能感（结果）。

"专业兴趣"的操作性定义是，高校青年教师由于对科研教学工作以及专业本身的热爱而不断努力进步的动力因素。该代码包含的部分自由编码如下：

"缺乏兴趣影响专业发展""重要的是做自己喜欢的事情""对于专业的兴趣促进了专业提升""科研工作和性格自身不符合，但是仍然对科研工作感兴趣""认为自己喜欢科研工作和教学工作""有胜任感但兴趣不在这里""教学科研的兴趣点相互转换""希望把科研工作当成一种乐趣""比较喜欢自己的专业""找到了自己喜欢的专业""就业压力和个人兴趣""专业发展来自兴趣""对专业是一种纯粹的喜欢""兴趣正在减退""专业倦怠造成的兴趣减退""对专业感觉没兴趣、没意义""上课是一件开心舒服的事情"……

编码过程中共收集到 250 个体现"专业兴趣"编码。按照施特劳斯编码模式可以得到如下关系链条：兴趣产生动力（因果关系）—专业兴趣能够促进专业发展（现象）—能够按照工作兴趣，学科兴趣发展（情境条件）—良好发展效能和价值体验（中介条件）—让青年教师在专业发展中体会快乐（行动／互动策略）—产生发展认同感（结果）。

"成就体验"的操作性定义是，高校青年教师在工作的过程中不断获得成就感、充实感等积极情感并促使其努力发展专业素养的动力因素。该代码包含的部分自由编码如下：

"突破瓶颈工作更有乐趣""工作缺乏成就感""学生的认可也是一种动力""受到学生认可""学生正向反馈是一种成就感""上课效果会影响专业发展的积极性""成就体验不同，造成动力不同""做科研的成就体验会更好""缺少成就感""有成就感""做好教学也不容易""对自己专业价值的认同""学生反馈特别好增加了动力""看不到自己的成果""通过帮助别人产生自信""希望把自己的工作成果实体化""应该有适合的奖励""学生认可""学生正向反馈"……

编码过程中共收集到 139 个体现"成就体验"的编码。按照施特劳斯编码模式可以得到如下关系链条：成就感产生动力（因果关系）—青年教师追求成就感（现象）—发展过程中体验到充实感和成就感（情境条件）—良好的发展效能和价值体验（中介条件）——专业发展中体验成就感（行动/互动策略）—产生发展认同感（结果）。

"职业适应"的操作性定义是，高校青年教师对于工作环境的适应以及自身受到外界认可而产生的积极情感体验后形成专业发展动力因素。该代码包含的部分自由编码如下：

"适应了这样一种状态""角色转换的不适应""对环境的不适应影响动力发展""角色转变需要不断地去适应""角色转变需要过程""转型过程有一定的曲折""工作压力大影响自己的专业发展""工作压力大引起自我效能感降低""生活工作压力比较大""专业发展减轻压力""待遇高，压力大""压力过大也会影响专业发展""没有最好的平台，只有最合适的平台""外在的压力让自己裹足不前""工作的压力比较大""工作压力很大""学校要求增多带来压力"……

编码过程中共收集到 195 个体现"职业适应"的编码。按照施特劳斯编码模式可以得到如下关系链条：归属感产生动力（因果关系）—对工作本身的适应程度影响归属感（现象）—能够适应环境，并得到组织认可（情境条件）—良好的发展效能和价值体验（中介条件）—提供良好的工作支持（行动/互动策略）—产生发展认同感（结果）。

"自我实现"的操作性定义是，高校青年教师希望通过自身的专业发展，在工作过程中能够让自己的才能和潜能得到充分发挥，实现自身价值的一种动力因素。该代码包含的部分自由编码如下：

"不甘于做平庸的人""追求一种成就感""专业有用性可提升动力""不希望被外界的压力和诱惑改变""希望能够和环境相融合但不是盲从""专业热情很重要""科研价值""技术应用价值""文化创新""学科贡献期待""理论价值""专业市场价值""个人教学价值""希望传递知识""希望传承文化""给学生传授技能""规范道德表率""做一些教学上的创新"……

编码过程中共收集到83个体现"自我实现"的编码。按照施特劳斯编码模式可以得到如下关系链条：自我实现的需求产生动力（因果关系）—青年教师普遍都有自我实现的需求（现象）—专业发展能够体现教学价值和科研价值（情境条件）—专业认同（中介条件）—青年教师自主选择发展方向（行动/互动策略）—产生发展价值感（结果）。

"组织承诺"的操作性定义是，高校青年教师为了完成其对于承担高校教师责任的允诺而努力提升自身专业素养的动力因素。该代码包含的部分自由编码如下：

"要全心全意为学生着想""青年教师需要有一定的情怀""责任感推动着自己在发展""专业发展需要对社会有价值""没有功利性的思想""不是以赚钱为目的""当大学教师不是为了赚钱""希望能够坚持自己的初心""自己的发展主要是内在发展而不是外在发展""有了一种角色意识""专业发展动力主要来自内在""维护自己的职业尊严""对发表文章不以为然""希望能够把这门课上好""贴近学生，从学生视角出发""提升自己的育人能力""压力来自责任""压力来自角色定位""角色压力是一种动力""承担起自己的责任""驱动力更多的是责任""希望能把学生教好""首先要把自己当成教师"……

编码过程中共收集到195个体现"组织承诺"的编码。按照施特劳斯编码模式可以得到如下关系链条：专业发展能够兑现组织承诺（因果关系）—高校青年教师有兑现组织承诺的期望（现象）—把专业发展作为自己的责任和事业追求（情境条件）—专业认同（中介条件）—给予支持（行动／互动策略）—产生发展价值感（结果）。

"价值信念"的操作性定义是，高校青年教师由于坚信自己所肩负的使命、所追求的事业是有价值的，所以在任何情况下都毫不动摇地为之奋斗、执着追求自己的专业发展。该代码包含的部分自由编码如下：

"发表论文是为了解决问题""现在的科研在解决没意义的问题""功利性的论文生产没有价值""教学比科研更重要""科研要有实践价值""自己的专业有一定的实用性""教学能力是衡量高校教师优秀与否的重要标志""专业有实际意义就会有动力""做事情要能够体现自己的价值""真正的专业发展需要沉淀""希望能有一种价值感""产生了价值感，提升了动力""更希望能做一个比较有价值的东西""缺少内在的支撑""专业发展没有什么意义""希望纯粹地做自己的专业""不想为了科研而科研""写论文的价值没有编教材高"……

编码过程中共收集到111个体现"价值信念"的编码。按照施特劳斯编码模式可以得到如下关系链条：价值信念产生专业发展动力（因果关系）—青年教师希望实现自我超越（现象）—认同专业价值并具有较高的专业理想（情境条件）—专业认同（中介条件）—认可青年教师的工作（行动／互动策略）—产生发展价值感（结果）。

通过对获取的关系链条进一步阅读、思考与分析，按照它们之间的关联度梳理出4种映射关系。

关系1：任务要求、利益牵引、人际互动等外部环境因素会对高校青年教师做相应的要求，为了达到这些要求青年教师需要提升自身的专业能力，进而形成相应的专业发展动力，这种紧迫感受到外部环境的影响。

关系2：在外界要求的影响下，高校青年教师基于自我效能、组织支持、资源条件等因素产生了不同的发展预期，进而形成了与发展效能相关的专业发展动力，这种动力受到专业认同感的影响。

关系3：在一定专业发展预期的影响下，高校青年教师基于自身的专业兴趣、成就体验、职业适应等方面的情绪情感因素，对自身专业形成一定的认同感，进而产生了与情绪情感相关的专业发展动力，这种认同感受到自身价值观念的影响。

关系4：在专业认同的基础上，高校青年教师通过自我实现、组织承诺、价值信念等方面的激发，形成了一定的成就动机，进而产生了与内在价值相关的专业发展动力。

这些关系链条共同构成了高校青年教师专业发展动力的整体关系网络（见图3-5）。

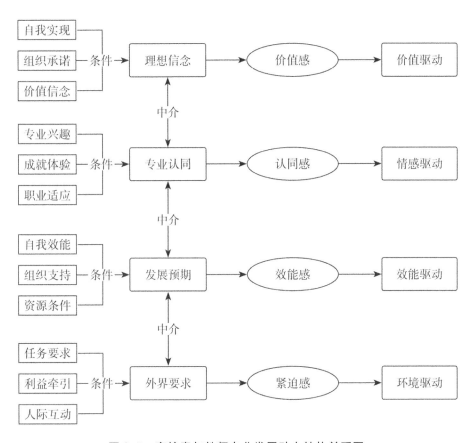

图3-5 高校青年教师专业发展动力结构关系图

（三）核心式登录

核心式登录目的是从资料中发现概念类属，确定类属的属性和维度，然后对研究的现象加以概括。这个步骤是在所有已发现的概念类属中经过系统的分析以后选择一个"核心类属"，通过分析不断地集中到那些与核心类属有关的内容上面。可以发现，环境驱动、效能驱动、情感驱动、价值驱动构成了高校青年教师专业发展动力的核心要素，其他因素起到间接调节作用，这些因素共同构成了高校青年教师专业发展动力的结构体系（见图3-6）。由于受到需求层次变化波动的影响，高校青年教师专业发展动力呈现出波浪式前进或螺旋式上升的特征。环境驱动主要与考核、竞争、奖励、评价等方面相关，表现为高校青年教师受避免惩罚和争取奖励这两种心态的驱使；效能驱动主要受发展前景、发展信心、晋升难度、发展指标等方面的影响，表现为一种发展效能感的驱使；情感驱动主要与工作体验、专长发挥、工作状态、工作回报等方面相关，表现为情感需求的驱使；价值驱动主要与入职初衷、价值判断、职业承诺、发展目标等方面的内容相关，希望更好地发挥自己的社会价值，表现为自我实现的驱使。

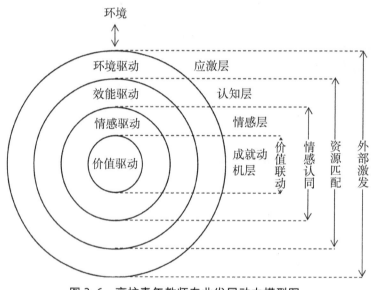

图 3-6 高校青年教师专业发展动力模型图

从条件因素的相互关系来看，高校青年教师专业发展动力机制并不是单一存在的，也不是内部动机和外部动机的简单相加，而是一个介于外控和内发之间的连续体，外控和内发中间存在不同的动力因素，主要包含 5 个层次，从内到外的影响因素依次是成就动机层、情感层、认知层、应激层，最外层是环境。环境指的是高校青年教师所在的工作环境，包括组织制度、任务要求、人际关系等方面，当这些因素对青年教师提出直接要求，并且这些要求需要通过专业发展来完成的时候就产生了环境驱动；这些要求能否被青年教师认可和执行就取决于其对于完成任务可能的认知判断，这种判断取决于自我效能、组织支持和资源条件3个方面的满足程度所形成的效能感，由此产生的行动倾向就是效能驱动；发展效能也与教师的专业认同感有着较密切的联系，专业兴趣、成就体验、组织认同等对职业认同感有着决定作用，由此产生的行动倾向，就是情感驱动；专业认同也表现在对青年教师理想信念的影响上，这种理想信念感属于精神层面，这个层面是关于个人和整个社会整体的关系问题，是询问自身对于社会存在意义的问题，通过自我实现、价值信念、组织承诺的追求形成了价值驱动。由此可见，高校青年教师专业发展动力机制是在内外环境相互作用下形成的行动倾向刺激体系，包含环境驱动机制、效能驱动机制、情感驱动机制、价值驱动机制4个层次。

三、动力框架模型验证

本部分的验证主要是分析框架模型的应用价值、应用范围和对现实情况的解释力。以高校青年教师专业发展动力理论框架为基础，设计测评问卷，有助于将具体动力指标落到实处。依据已构建的理论，综合原始资料，借鉴已有研究，设计了测评问卷，在理论剖析、实地调研的基础上进行测试，再将调查结果通过结构方程进行检验。

（一）问卷结构设计

调查问卷的内容主要包括3个部分：第一部分为个人基本情况的调查；第二部分为高校青年教师专业发展动力整体情况的调查；第三部分为当前我国高校青年教师实际生存状况的调查。问卷题项设置中既有量表题，也有非量表题。量表题的内容是被调查者的主观感受，非量表题的内容是被调查者的客观情况。为了尽可能地与质性数据保持一致，问题的选项设置基本上保持了与被访者原话相一致的解释。在问卷设计中，对于高校青年教师专业发展动力的问卷采用4点评分法，根据被试者对于题项的态度，将完全不符合、不符合、比较符合、非常符合4个选项，分别记1，2，3，4分，问卷的设计过程征求了2名教育学专业教授、1名心理学专业教授、1名心理学专业副教授、5名教育学和心理学专业博士研究生，以及4名在职高校青年教师的意见。在预调查过程中，共发放调查问卷 50 份，回收 50 份，有效问卷 50 份，结合被调查高校青年教师对于调查问卷效度的反映情况，以及调查结果的分析，删去内容不准确、语言表达不清晰、易引起被访者歧义的问题，最终生成本研究的正式问卷。其中，个人基本情况调查部分共设定 7 道题目，高校青年教师专业发展动力情况调查问卷共设定 24 道题目，高校青年教师实际生存状况调查共设定 38 道题目。问题设计考虑的潜变量、主要范畴和观测变量如表 3-4 所示。

表 3-4　高校青年教师专业发展动力模型验证问题设定

潜变量	主要范畴	观测变量
环境驱动	任务要求 利益牵引 人际互动	考核要求；完成任务 物质激励；职称评定 竞争压力；外界期待
效能驱动	自我效能 组织支持 资源条件	晋升难度；学术资本 专业指导；发展氛围 发展平台；设施设备
情感驱动	专业兴趣 成就体验 职业适应	工作兴趣；学科兴趣 充实感；成就感 环境适应；组织认可
价值驱动	自我实现 组织承诺 价值信念	教学价值；科研价值 责任；事业追求 专业理想；价值认同

（二）研究样本

在调研过程中，为在保证样本数量的前提下尽可能兼顾到人口分布情况，本次调研共发放问卷 830 份，回收有效问卷 744 份，有效回收率为 89.64%。

表 3-5　高校青年教师专业发展动力调查样本分布

项目	分类	人数 / 人	比例 /%
性别	男	331	44.49
	女	413	55.51

（续表）

项目	分类	人数 / 人	比例 /%
年龄	30 周岁以下	130	17.47
	31~35 周岁	302	40.59
	36~40 周岁	312	41.94
职称	讲师及以下	418	56.18
	副教授（副研究员）	268	36.02
	教授（研究员）	58	7.80
教龄	3 年以下	143	19.22
	3~5 年	230	30.91
	6 年以上	371	49.87
专业类别	文史类	312	41.94
	理工类	162	21.77
	体育、艺术类	103	13.84
	交叉学科	167	22.45
所属地区	一线城市	101	13.58
	二线城市	391	52.55
	三线城市	252	33.87
学校层次	"985 工程"院校	53	7.12
	"211 工程"院校	140	18.82
	普通院校	551	74.06

由上表可见调查样本情况，其中所调查的教师中男性教师 331 人，女性教师 413 人；年龄区间上，30 周岁以下教师 130 人，31~35 周岁教师 302 人，36~40 周岁教师 312 人；在职称方面，讲师、助教职称的教师共 418 人，副教授（副研究员）268 人，教授（研究员）58 人；在教龄方面，3 年以下教龄的教师 143 人，3~5 年的教师 230 人，6 年以上教师 371 人；在专业类别上，文史类教师 312 人，理工类教师 162 人，体育、艺术类教师 103 人，交叉学科教师 167 人；在所属地区分布

上主要根据国家对于城市发展水平的划分，其中北、上、广、深等一线城市高校青年教师 101 人，二线城市高校青年教师 391 人，三线城市高校青年教师 252 人；在学校层次上，"985 工程"院校教师 53 人，"211 工程"院校教师 140 人，普通院校教师 551 人。样本分布基本符合总体分布比例。

（三）问卷信效度检验

1. 信度检验

本研究的信度检验主要通过克朗巴哈（信度）系数来分析整体数据和各个维度数据的可靠性（见表 3-6）。

表 3-6 各维度及总问卷信度检验结果统计

检验项目	环境驱动	效能驱动	情感驱动	价值驱动	总问卷
指标个数	6	6	6	6	24
α 信度系数	0.792	0.790	0.782	0.791	0.866

一般来说，问卷整体的 α 信度系数在 0.80 以上，每个问题维度的信度系数在 0.70 以上，则该问卷信息较高[①]。由表 3-6 可知，本问卷的克朗巴哈系数为 0.866，且各个问题维度的信度系数均在 0.70 以上，表明本问卷信度较高。

2. 效度检验

效度亦称测试的有效性，即一套测试是否达到了它的预定目的以及是否测量了它要测量的内容。效度检验是建立在信度检验基础之上的。效度是相对的，仅针对特定目标而言，因此只有程度上的差别。效度一般用内容效度、结构效度双重指标进行衡量。

内容效度是指问卷内容的适合性和贴切性，即问卷内容是否能够反映所要测量对象的特质。本研究调查问卷的初期编制是建立在对 30 名高校青年教师进行实地访谈所收集的 30 余万字的访谈记录进行了整理、分析、编码等一系列程序之上的。问卷基本成型后，征求了多名该领域教授和高校青年教师的意见，并进行多次试测和修订，以保证每个题目都具有代表性。

---

① 郭志刚. 社会统计分析方法：SPSS软件应用[M]. 北京：中国人民大学出版社，1999：87-113.

结构效度常用的检验方法是 KMO 和 Bartlett 球形度检验值。对经过项目分析后的剩余项目进行探索性因素分析,以检验量表的结构效度。首先,对样本取样代表性进行 KMO 检验,KMO 值越接近 1,意味着变量间的相关性越强,样本越具有代表性。结果显示 KMO 值为 0.895,表明样本具有足够的代表性;Bartlett 球形度检验结果显著,结构近似卡方值为 5 783.04,显著性水平为 0.000,非常显著,表明具有较高的效度(见表 3-7)。

表 3-7　KMO 和 Bartlett 检验

KMO 取样适切性		0.895
Bartlett 球形度检验	近似卡方	5783.04
	自由度	276
	显著性	0.000

(四)项目分析

项目分析主要是对量表项目质量进行分析,主要采用临界比值法检验,对比高分组(专业发展动力总得分排名靠前 27%)和低分组(专业发展动力总得分排名靠后 27%)在各个题项上的得分差异,差异显著的题目意味着题项区分度好,可以保留,反之则删除。结果如表 3-8 所示,经分析,所有题项的高分组低于低分组都具有显著差异,表明所有题项均具有较好的鉴别度。

表 3-8　动力结构项目分析

项目	t	自由度	显著性(双尾)	平均值差值	标准误差值	差值 95% 置信区间 下限	置信区间 上限
考核要求	-11.821	400	0.000	-0.796	0.067	-0.928	-0.664
完成任务	-11.099	400	0.000	-0.692	0.062	-0.814	-0.569
物质激励	-11.976	400	0.000	-0.741	0.062	-0.863	-0.620
职称评定	-9.863	400	0.000	-0.453	0.046	-0.543	-0.362
竞争压力	-11.500	400	0.000	-0.746	0.065	-0.874	-0.619
外界期待	-12.307	400	0.000	-0.667	0.054	-0.773	-0.560
晋升难度	-11.901	400	0.000	-0.711	0.060	-0.829	-0.594
学术资本	-22.046	400	0.000	-1.025	0.046	-1.116	-0.933

项目	t	自由度	显著性（双尾）	平均值差值	标准误差值	差值95%置信区间下限	置信区间上限
发展氛围	−15.508	400	0.000	−0.910	0.059	−1.026	−0.795
发展平台	−15.736	400	0.000	−1.030	0.065	−1.159	−0.901
设施设备	−13.440	400	0.000	−0.940	0.070	−1.078	−0.803
鼓励指导	−16.076	400	0.000	−0.662	0.041	−0.743	−0.581
环境适应	−22.562	400	0.000	−1.209	0.054	−1.314	−1.104
学科兴趣	−12.405	400	0.000	−0.677	0.055	−0.784	−0.569
组织认可	−12.530	400	0.000	−0.886	0.071	−1.025	−0.747
工作乐趣	−15.449	400	0.000	−0.881	0.057	−0.993	−0.769
成就感	−21.341	400	0.000	−1.557	0.073	−1.701	−1.414
充实感	−14.774	400	0.000	−0.597	0.040	−0.676	−.518
事业追求	−15.088	400	0.000	−1.338	0.089	−1.513	−1.164
专业理想	−17.609	400	0.000	−1.507	0.086	−1.676	−1.339
教学价值	−15.396	400	0.000	−0.662	0.043	−0.746	−0.577
责任	−13.108	400	0.000	−0.577	0.044	−0.664	−0.491
科研价值	−16.843	400	0.000	−1.542	0.092	−1.722	−1.362
价值认同	−10.961	400	0.000	−0.502	0.046	−0.593	−0.412

（五）探索性因素分析

采用主成分分析法和凯撒标准化最大方差正交旋转法进行探索性因素分析。根据主成分因子分析的意义，以及下列标准确定因素及项目因素特征值大于1，因素解符合陡阶检验；每个因素至少包括3个项目。根据以下标准删除不合适的项目：删除在公共因子上的最大载荷小于0.5，共同度小于0.5的项目；删除在两个或两个以上公共因子上具有接近因子载荷的题目（本研究采取的具体标准为在公共因子上载荷数值差异小于0.05）。

从首次探索性因素分析的结果来看，因素特征值大于1的因素共有4个；部分项目在两个因子上都载荷较高，还有一个因子只包括两个项目，对这些项目予以删除。此后，又经过多次探索性因素分析，结合研究预期的构念，包括对剩下的项目通过反复移入、移除查看方差总变异是否降低，最后一次分析的 KMO 值如表 3-9 所示，结果表明适合进行主成分因子分析。

表 3-9　主成分因子分析

项目	成分			
	1	2	3	4
考核要求			0.711	
完成任务			0.607	
物质激励			0.630	
职称评定			0.718	
竞争压力			0.728	
外界期待			0.697	
晋升难度		0.573		
学术资本		0.536		
发展氛围		0.666		
发展平台		0.742		
设施设备		0.651		
鼓励指导		0.751		
环境适应				0.550
学科兴趣				0.586
组织认可				0.660
工作乐趣				0.688
成就感				0.601
充实感				0.735
事业追求	0.720			
专业理想	0.737			
教学价值	0.682			
责任	0.624			
科研价值	0.782			
价值认同	0.684			

注：提取方法为主成分分析法，旋转方法为凯撒标准化最大方差法，α 旋转在 5 次迭代后已收敛。

本研究还借助 SPSS AMOS 24.0 对调查问卷各维度与总问卷之间进行了相关性检，结果如表 3-10 所示，各维度间具有一定的独立性，且各维度与总问卷间存在着较好的相关性，所得数据能够有效地反映高校青年教师专业发展动力框架模型。

表 3-10　各维度间及各维度与总问卷间的相关性检验结果统计

检验项目	环境驱动	效能驱动	情感驱动	价值驱动
环境驱动	1			
效能驱动	0.341**	1		
情感驱动	0.330**	0.560**	1	
价值驱动	0.119**	0.280**	0.390**	1
动力总分	0.572**	0.745**	0.795**	0.682**

注：** 在 0.01 级别（双尾），相关性显著。

（六）结构方程验证

本部分采用结构方程的方法，可以使高校青年教师专业发展动力这一抽象的、不能直接进行测量的概念得到测量。同时，将高校青年教师专业发展动力放置在因果关系体系中加以研究，得出影响高校青年教师专业发展动力量化信息，如图 3-8 所示。

本研究使用了调查问卷的 744 份样本数据，运用 SPSS AMOS 24.0 软件进行验证性因子分析。这部分对结构方程模型的评价主要从模型外在质量和内在质量两方面考量。其中，内在质量评估是关注测量变量是否足以反映其对应的潜在变量（即效度和信度）以及理论建构时所界定的因果关系是否正确；外在质量评估即整体模型适配度检验，评价路径分析模型图和搜集的数据是否相互适配，是假设的理论模型和实际数据一致性程度的评价。通过上述两个方面的原则对模型进行修正，主要的修正手段包括删除不显著的路径系数或显著但不合理的路径、释放参数、删除参数等。

1.内在质量评估

假设 H1：各个影响因素对专业发展动力有比较显著的影响作用。

假设 H2：相邻层次专业发展动力之间存在显著相关。

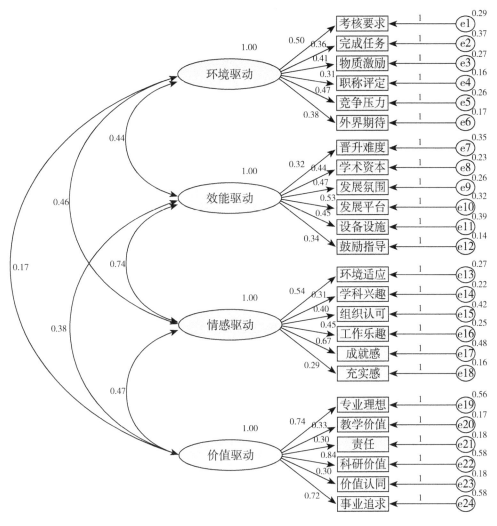

图 3-7　高校青年教师专业发展动力内部结构方程

对结构方程模型进行参数估计后，要对估计后的模型进行拟合检查和评价。验证性因子分析有多个检验标准作为检验比较的依据（见图 3-7）。对结构方程模型进行参数估计后，要对估计后的模型进行拟合检查和评价，验证性因子分析有多个检验标准作为检验比较的依据，已有假设模型与实际观测数据之间的拟合程度可通过以下几个指标验证，结果如表 3-11 所示 [①]。

① 吴明隆. 结构方程模型：AMOS的操作与应用[M]. 重庆：重庆大学出版社，2009：309-323.

表 3-11 模型匹配判定

统计检验量	x^2/df	RMR	RMSEA	GFI	AGFI	NFI	IFI	TLI	CFI	PGFI	PNFI	PCFI
判断标准	<5	<0.05	<0.08	>0.9	>0.8	>0.8	>0.9	>0.8	>0.9	>0.5	>0.5	>0.5
拟合指数	3.093	0.028	0.053	0.923	0.914	0.870	0.908	0.896	0.908	0.757	0.775	0.809
模型适配判断	通过	通过	通过	通过	通过	通过	通过	通过	通过	通过	通过	通过

通过结构方程可知，通过扎根理论建构的框架体系可以得到实证数据的支持，如表 3-12 所示。

表 3-12 模型拟合路径

拟合路径	Estimate	S.E.	C.R.	P	Label
环境驱动 <—> 效能驱动	0.435	0.039	11.231	***	
环境驱动 <—> 情感驱动	0.455	0.038	11.924	***	
环境驱动 <—> 价值驱动	0.165	0.044	3.755	***	
效能驱动 <—> 情感驱动	0.738	0.026	27.871	***	
效能驱动 <—> 价值驱动	0.375	0.040	9.408	***	
情感驱动 <—> 价值驱动	0.471	0.037	12.668	***	
考核要求 <— 环境驱动	0.495	0.026	18.953	***	
完成任务 <— 环境驱动	0.355	0.027	13.284	***	
物质激励 <— 环境驱动	0.414	0.024	17.217	***	
职称评定 <— 环境驱动	0.311	0.018	16.831	***	
竞争压力 <— 环境驱动	0.474	0.025	19.162	***	
外界期待 <— 环境驱动	0.384	0.020	18.992	***	
晋升难度 <— 效能驱动	0.322	0.025	12.701	***	
学术资本 <— 效能驱动	0.437	0.023	19.346	***	
发展氛围 <— 效能驱动	0.471	0.024	19.274	***	

（续表）

拟合路径	Estimate	S.E.	C.R.	P	Label
发展平台 <—效能驱动	0.530	0.027	19.550	***	
设施设备 <—效能驱动	0.453	0.028	16.223	***	
鼓励指导 <—效能驱动	0.340	0.018	19.140	***	
环境适应 <—情感驱动	0.535	0.026	20.973	***	
学科兴趣 <—情感驱动	0.306	0.021	14.716	***	
组织认可 <—情感驱动	0.402	0.028	14.215	***	
工作乐趣 <—情感驱动	0.447	0.024	18.958	***	
成就感 <—情感驱动	0.668	0.033	20.003	***	
充实感 <—情感驱动	0.291	0.018	16.249	***	
专业理想 <—价值驱动	0.738	0.037	20.161	***	
教学价值 <—价值驱动	0.333	0.019	17.503	***	
责任 <—价值驱动	0.297	0.019	15.535	***	
科研价值 <—价值驱动	0.837	0.039	21.540	***	
价值认同 <—价值驱动	0.296	0.019	15.765	***	
事业追求 <—价值驱动	0.719	0.037	19.597	***	

结果显示，影响高校青年教师专业发展动力的几个因素当中都存在着比较直接的相关（P<0.001），故假设 H1 成立；各个层次相邻动力之间均存在比较明显的相关，相关系数均超过 0.4，故假设 H2 成立。

2. 外在质量评估

假设 H3：结构模型所测高校青年教师专业发展动力与青年教师自我动力感知相一致。

对结构方程模型进行参数估计后，要对估计后的模型进行拟合检查和评价，验证性因子分析有很多检验标准作为检验比较的依据，已有假设模型与实际观测数据之间的拟合程度可通过以下几个指标验证，结果如图 3-8 和表 3-13 所示。

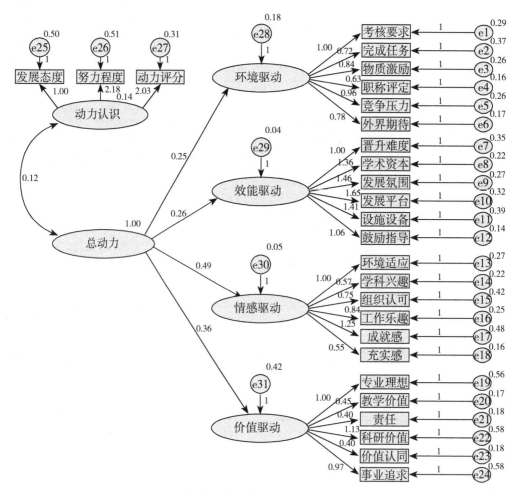

图 3-8 高校青年教师专业发展动力模型结构方程

表 3-13 模型匹配判定

统计检验量	x^2/df	RMR	RMSEA	GFI	AGFI	NFI	IFI	TLI	CFI	PGFI	PNFI	PCFI
判断标准	<5	<0.05	<0.08	>0.9	>0.8	>0.8	>0.9	>0.8	>0.9	>0.5	>0.5	>0.5
拟合指数	2.658	0.029	0.047	0.924	0.909	0.869	0.914	0.905	0.913	0.779	0.789	0.830
模型适配判断	通过	通过	通过	通过	通过	通过	通过	通过	通过	通过	通过	通过

从结构方程可知，通过扎根理论建构的框架体系可以得到实证数据的支持。动力认知与总动力之间存在显著联系，故假设 H3 成立，该模型可以对高校青年教师专业发展动力进行判定。

四、动力机制的实现过程

高校青年教师专业发展动力是个体与环境互动过程形成的各种愿望、意向、目的的集合，通过系统整合的方式逐步形成一个具有稳定联系和有序结构的体系，是个体与环境互动的产物，这个过程需要通过外部激发、需求匹配、情感认同、价值联动来实现。

（一）外部激发——环境驱动机制

高校青年教师专业能力的提升是在专业实践中形成的，环境要求、利益牵引、互动关系是促进其提升发展动力的生成性因素。首先，来自外部的激励因素，既可以激发主体动力的生成，也可以直接影响主体的活动绩效，其中成果要求、工作评价等都是高校对青年教师进行外部评价的依据，这些工作要求在客观上对青年教师专业发展起到了引导作用。其次，高校教师作为社会劳动群体，初始动力也是为了满足基本的生存需求，其专业发展积极性取决于他们的利益实现程度，因此物质激励是高校青年教师激励机制中不可或缺的重要手段。再次，特定的人际关系也是动力生成的条件，社会存在和社会意识直接影响着人的意识结构，同时也决定着人的动力结构，通过与同事的对比和参照，同时附加利益的考虑，青年教师会以此为标准来不断提升自己的专业要求，这个过程也激发了他们的专业发展动力。总之，当青年教师的外部环境、物质需求、舆论压力等达到一定程度，且这种压力通过专业发展能够得以缓解时，就会激发高校青年教师专业发展的意识和专业发展的动力。

（二）需求匹配——效能驱动机制

专业发展是高校青年教师在学校体系的内部规则下，通过一定的积极反馈，使各种行为要求、专业情感、价值判断、人际关系等得以重新建构的过程，外部环境与高校青年教师需求的匹配程度直接决定了其专业发展动力的强度。这种匹配程度具体体现在专业发展效能上，与青年教师个体自我效能感、组织支持以及资源条件保障等各个方面密切相关。如果青年教师在职业发展过程中有比较多的成功经历，那么他就会更加敢于迎接挑战，更期待提升自己的专业水准；拥有良好的平台、获得更好的指导能够让高校青年教师产生更大的信心，进而提高自己的发展预期；丰富的资源以及合理的发展规划同样能够让高校青年教师产生发展期待，从而提升专业发展动力。高校青年教师在自己的专业成长过程中，对于自身未来发展程度的判断和认知是增强其专业发展意识和意志的重要条件，越是相信自己的努力能取得成效，就越会在专业发展过程中投入更多的精力。

（三）情感认同——情感驱动机制

高校青年教师对于职业、环境的满意度，决定其是否要顺应外部环境的要求进行自身的变革，这是高校青年教师不断进行专业发展的主要原因。通过调查可以发现，高校青年教师在情绪方面主要表现在专业兴趣基础上的愉悦感、充实感和专业认同感，这种内在的精神力量促使他们将追求自我专业发展当成一种生命的自觉行为，促进自我创新行为的产生，从而有效提升教学、科研、社会服务能力。在工作过程中，专业兴趣、成就体验、职业适应程度是影响高校青年教师专业发展动力的重要因素。对于专业的兴趣往往体现在行为的选择方式和投入精力、时间的程度上；成就体验是高校青年教师的愿望与现实达到平衡时的一种积极情感体验，当高校青年教师完成一个课题或者一个任务而得到肯定时，就会产生愉快或成功的感觉，而这样一种情绪体验能够让高校青年教师更积极地去发展自己的专业；职业适应就是在工作过程中能够将自己的专业特长充分发挥出来并且获得组织认可，从而形成了强烈的幸福感和满足感。这些积极体验都是促进高校青年教师专业发展动力的重要内容。高校青年教师专业发展过程中较好的情绪体验、较强的专业认同、较高的专业兴趣会让他们充满专注与灵性、智慧与勇气、乐观与希望，使工作各个层面和各种因素达到和谐与平衡，使自己的专业发展意识与需求达到较高水平。

（四）价值联动——价值驱动机制

对于高校青年教师来说，追求有价值的行为，是一种以自我社会价值为标准的成就动机。只有对于自身专业价值具有较高的认同与期待，高校青年教师才会主动投身于教学、科研、社会服务当中，不断反思、不断探索。这种动力主要是通过感知自己工作意义和价值而体验到一种强烈的热情，具体体现在自我实现需求、组织承诺、价值信念3个方面。高校青年教师的自我实现是为了能够在工作过程中让自己的才能和潜能得到充分发挥，将专业发展与自我价值实现相统一，通过提升专业水准来追求事业成功、追求人格完善、追求自我超越，从中体验到自我价值实现的意义，享受高峰体验；组织承诺是高校青年教师的入职初衷，是他们对于高校教师的形象的期待和信念，将提升自身专业素养作为自己的责任，期待自己能够更好地完成高校教师的使命；价值信念是高校青年教师对于专业本身社会价值的一种认同，也是青年教师对自身劳动价值产生一种信任的态度，当高校青年教师认同教师这一职业的价值，并能够对自身的专业目标时刻有着清晰的认知时，他们往往会将实现"教师价值"作为发展自身的第一动力。

第四章
高校青年教师专业发展的环境 驱动机制及优化策略

第一节　环境驱动机制的形成机理

个人—环境匹配理论认为，个人与职业匹配的关键在于个体认知因素、资源条件因素以及能力因素之间的匹配程度。一方面，个体要适应环境的要求，个体的时间、精力、知识、技能要与环境要求相契合，这种环境要求主要包括工作强度、技术水平以及社会角色期待等；另一方面，环境要满足个体的需求，个体置身于特定的环境中，只有当情绪、情感、目标、兴趣、愿望等方面得到充分尊重和满足时，才能发挥出最大的潜能。由于高校青年教师专业发展过程被视为一种在"学校环境要求"和"个人期待"之间不断相互适应的动态发展过程，所以个体为获得持续的职业生涯适应力，将会采取各种各样的积极措施。在这个过程中，高校青年教师通过自我建构的方式提升自身的专业素养，其专业发展目的主要是在适应职场环境要求的前提下，获取维持自身生活、发展的物质保障。

从当前的研究来看，外部的要求与物质激励在高校青年教师专业发展过程中主要起到外部推动的作用。高校教师专业能力的不断提高是在教学实践中获得的，其专业发展离不开所在组织的标准设定。赵宇宏认为在高校青年教师专业能力的成长过程中，外部动力是辅助其成才的宏观动力[1]；陈时见、李英认为健全的组织机构和

---

[1]　赵宇宏. 高校青年教师专业发展的动力机制及路径研究[J]. 黑龙江教育学院学报，2018，37（8）：27–29.

有效的实施途径是高校青年教师发展的根本保障[①]；李志峰和高慧认为高校与教师的双向建构，组织制度与文化等的共同作用是促进高校青年教师持续和谐发展的实践逻辑[②]；党志平认为由于物质保障、理念引导、制度建设等方面的缺陷，教师专业发展面临一定的生态危机[③]；张伟杰和姜宇认为需要从规范学术劳动力市场发展、健全高校人才管理制度、倡导教师个人文化等角度出发，构建健康的学术职业生态，提升教师专业发展动力[④]；姚秀群和叶厚顺认为高校教师专业发展制度是影响高校青年教师专业发展的重要因素[⑤]。

第二节　环境驱动机制的现状

一、环境驱动机制的影响因素

环境驱动因素是指在高校青年教师专业发展过程中，以要求、指令、奖惩等方式直接对青年教师专业发展行为做出干预和推进的因素，主要包括任务要求、利益牵引和人际互动3个方面。

（一）任务要求

高校教师的职业特征在于不断地发现和创新，对于自身专业发展程度的判断往往来自外界的评价，其中成果要求、绩效评分等都是高校对青年教师进行外部评价的方式。这些工作要求在客观上对青年教师专业发展起到了引导作用，同时也为其专业发展提供了目标。

在目前高校体系中，对青年教师的科研要求是高校促进青年教师专业发展的最重要环节之一。在此过程中，青年教师也从自己研究生的学习型写作阶段进入应用

①　陈时见，李英. 高校教师发展的机构建设与实施途径[J]. 教育研究，2013，34（6）：72–77，100.

②　李志峰，高慧. 高校教师发展：本体论反思与实践逻辑[J]. 大学教育科学，2013（4）：66–71.

③　党志平. 生态学视野下的应用型本科高校教师专业发展[J]. 教育与职业，2016（9）：22–25.

④　张伟杰，姜宇. 高校教师流动的影响因素与现实反思：布迪厄场域论视角[J]. 中国成人教育，2017（16）：146–149.

⑤　姚秀群，叶厚顺. 关于高校教师专业发展制度的思考[J]. 现代教育科学，2009（11）：94–96.

型写作阶段，但部分青年教师这种写作并不是为了解决问题，更多的是为了完成任务，在完成任务的过程中提升科研技能，所以科研发展的动力与任务指标要求交织在一起。

在访谈过程中，发现高校青年教师有这样一些心声：

Z 老师：我们青年教师的压力很大，因为自身肩负着科研任务，同时要带研究生，要求老师起码每年要发表一篇 SCI 论文，学生至少要发表一篇 B 或者 SCI 论文，这个压力使你没办法完全不做科研。在这个过程中要查阅资料，要不断反思，我想这个就是一种专业发展动力吧。

H 老师：如果光讲课，教学型教师较难再往上发展了，人总会有目标的。现在想这样，可能到那个时候看到什么培养计划呀，什么人才项目呀，你也想去申请，申请的时候一看，有科研成果要求，于是还得去搞科研。科研自己也能搞，但要说有多大兴趣，倒也没有，主要是任务要求推动，完成任务后自己的科研能力确实也有一些提升，但是都是逼出来的啊。

F 老师：在读博士的时候写作，想写的时候就写一点，不想写的时候就可以停下来。但是现在不行，有些写作任务是上级要求的，任务要按时交的，想不想写都要去写，就是一些赶出来的东西，自己都不怎么想去看，没办法，自身能力提高是有一些，但是感觉并不是自己想象的那种提升。

高校青年教师从入职开始不断面临着各种考核，同时也面临着职称晋升的压力，从助教、讲师到副教授、教授都需要完成最基本的硬性要求，包括教学工作量以及科研成果等方面的内容，若达到这些量化要求就会获得物质上的回报，如果不能达到这些要求，甚至可能面临着职业安全危机，当前越来越多的高校已经开始实行"非升即走"制度。

在访谈过程中，发现高校青年教师有这样一些心声：

H 老师：我现在的发展取向，主要看考核标准，考核重心在哪，我的个人发展重心就在哪。

W 老师：当然，每年我们都要考核的，即使不是从职称评价的角度来考核，每年交上去的那一页个人年度考核表上是空白的，也不好看啊，对不对？

Z 老师：我们学校是被兼并的，兼并之后待遇是提高了一些，但是相应的要求也增加了，有利有弊吧。对我来说现在是从头开始，工作重心主要就是完成眼前的任务了。

在高校中，还未形成一套相对固定的用于判断青年教师专业发展程度和专业发展水平的标准体系，一般通过完成的工作量来衡量，其职称评定以及评奖评优的标准也都是根据工作量要求来衡量的。所以，对于青年教师来说，专业发展几乎等同于能否完成相应的工作指标要求。因此，任务要求中对专业素养的客观要求就决定了环境对于青年教师专业发展的外在动力因素。青年教师进入高校之后，在专业上，往往面临着两个方面的诉求，一方面是能够在科研方面找到自己的初始优势，开辟自己的领域；另一方面是希望能够尽快适应教学工作，尽快站稳讲台，完成最低指标，之后再考虑未来发展。

在访谈过程中，发现高校青年教师有这样一些心声：

C 老师：对于我来说，主要工作任务就是备好课，提升自己的教学能力，因为以前没有上过太多的课，所以在教学能力方面确实比较欠缺。

W 老师：我入职的时候签的协议中约定了 3 年是一个聘期，如果 6 年没有升到副高，就是要"走人"的，这就是一个职业压力。

总的来看，高校青年教师专业发展的任务驱动主要表现为外界直接对青年教师专业发展行为的管控。专业能力是完成教学、科研等任务的必要条件，而达到相应的专业水平也是保障青年教师工作职位的一个重要因素，环境对青年教师专业发展的推动作用主要取决于任务要求与青年教师的专业发展需求是否一致。

（二）利益牵引

利益牵引是以物质奖励的方式激发高校青年教师专业发展动力，从满足其物质需求出发，调节物质利益关系，从而增强青年教师向上动机并引导其行为趋向，比如加薪、提供奖金等。对于高校青年教师而言，物质激励是精神激励的前提和基础。从经济学角度来说，高校教师作为社会劳动群体，初始动力也是为了满足基本的生存需求，其劳动积极性取决于他们的利益实现程度，因此，物质激励是高校青年教师激励机制中不可或缺的重要手段，能够为高校青年教师专业发展水平的提升提供重要的保障，这些奖励大致可以分为教学奖励、科研奖励、培训奖励、人事奖励等。

在访谈过程中，发现高校青年教师有这样一些心声：

Z老师：工作学习热情是需要靠一些外在的刺激或者奖励去激发的，而不是像以前那种不给钱我都会学习，而且学得很晚。现在不是那样了，毕竟现在需要维持生活。

J老师：我觉得激发个人专业发展动力还是要借助外力，需要学校提供一些奖励政策去激发，比如发表文章可获得奖金奖励。

对于高校青年教师专业发展行为影响最大的还是职称评定的要求，人们往往把职称评定情况视为其专业发展水平，相应职称背后往往代表了不同的学术地位、不同的薪资待遇以及不同的社会资源，评职称成为大多数高校青年教师最重要的职业目标。

在访谈过程中，高校青年教师有这样一些心声：

S老师：在没达到一定职称之前，青年老师的生活是贫苦的，尤其大学老师这个群体，同时常年的不进步对一个人精神压力是很大的，因此我们更多的是会去做科研。

W老师：在评职称的时候，科研部分占非常重的分数，比如在不同等级的期刊发表论文会量化成不同的分数，各项科研分数加起来形成最终科研部分分数，科研部分分数高的老师在职称评定上会有很大的优势。在教学方面，只有当你拿到了教学改革一等奖之类的奖项才会有这样的分数，相比科研来说难度更大，所以青年教师还是要努力去做科研的。

D老师：评职称客观的压力会起促进作用，因为我们现在是"非升即走"，你不达到要求也不行，压力很大，所以发表文章、课题研究都要做。

总体来看，利益牵引就是利用当前高校青年教师对于改善自身生活和职称晋升的需求，将专业发展要求与其结合，促使高校青年教师完成规定的任务，在完成任务的过程中实现自身的专业发展，这种利益牵引是否发挥作用取决于高校青年教师通过专业发展是否真的能够获取他们所需要的利益。

（三）人际互动

教师之间的互动关系是高校青年教师专业发展动力的重要组成部分，通过与同事的对比，高校青年教师会以比自己优秀的同事为标准来不断提升自己的专业水平，这个过程就是一种专业发展的过程。高校青年教师的职称晋升过程通常带有明显的竞争色彩，为了争夺有限的职称晋升名额，高校青年教师不得不在指标框架下取得比同事更加优异的成果，从而在竞争中获取优势，这个过程也激发了高校青年教师的专业发展动力。

在访谈过程中，发现高校青年教师有这样一些心声：

Q 老师：我们的职称竞争非常激烈，今年全校 80 多名教师申报副高级职称，而职称名额只有 10 个。要想评上职称，手里必须得有能拿得出手的成果。

J 老师：教师之间确实会有一些竞争存在，"蛋糕"就那么大，肯定有人分得多些，有人分得少些，你的成果多自然得到的也就多些，这没什么可说的。

另外，社会生活中的一些情感牵绊同样会形成一种专业发展动力，领导、同事、师长、家人的期待是促使高校青年教师努力的内生力量。与外部激励相比较，这种人际互动更具温度，是维系青年教师个人情感与专业发展动力的纽带。

在访谈过程中，发现高校青年教师有这样一些心声：

D 老师：也会有一些职业压力吧，自己以前的导师、领导都看着呢，希望你能取得一些成果，如果做不好，心里也挺不舒服的。

H 老师：和别的同学相比，我发展得是比较差的，现在感觉真的有点不好意思回去见自己的导师了，总感觉自己努力不够。

Y 老师：现在我们每个人都不可能和自己过去的同学脱离联系，微信里经常是某某拿到了国家课题，某某评上副高了，这样的消息一多肯定是会受到触动的，所以就得继续努力了啊。

L 老师：我觉得啊，工作环境氛围是很重要的，比如我出来读博，从上到下的领导一律"开绿灯"。我可以在这脱产 3 年，还有补助，领导支持你发展，这也是一种激励。

目前，许多高校在青年教师入职后的职称晋升中普遍采取选拔形式，这就进一步加剧了科研成果的竞争；而人际情感牵绊又让青年教师努力使自己成为别人期待的样子，这种人际竞争与期待就成了高校青年教师不断努力的重要原因。

二、环境驱动机制目前存在的主要问题

（一）教师评价方向与专业发展目标相偏离

在高校青年教师专业发展的过程中，专业评价具有导向、激励、诊断、鉴定的作用，是环境驱动的直接呈现方式，所以评价指标与青年教师专业发展水平的对应情况直接反映了外部环境驱动的程度。然而，在对教师评价指标合理性的调查中发现（如图4-1所示），在参与调查的高校青年教师中，10.75%的青年教师认为对教师的考核评价指标完全不能反映教师的专业发展水平；52.96%的青年教师认为考核评价指标对教师专业发展水平的反映效果不理想，说明高校针对青年教师的考核评价指标存在着较大问题，进而在一定程度上反映出高校青年教师评价方面的局限与不足。

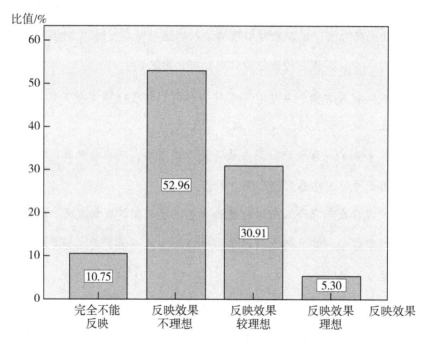

图 4-1　教师评价指标对高校青年教师专业发展水平反映效果调查结果统计

对高校青年教师进行评价与考核是学校整体评估中的一项内容，必然受到学校整体评价制度的牵制，一定程度上致使评价标准忽视青年教师专业发展的特殊性与个体差异性，评价指标与评价内容偏离青年教师专业发展的本质诉求，更多地指向

科研产量的评估。在实际执行过程中存在着形式化、简单化等问题，这样的评价难以在外部驱动层面上激发高校青年教师的专业发展动力，反而可能使青年教师产生负面情绪。

在访谈过程中，发现高校青年教师有这样一些心声：

Z 老师：现在的科研考核非常量化，这种量化会给人一种无形的压力，让人喘不过气来。这种科研考核的量化会催促你要在规定时间内写出文章，这样的话，你因急于写出文章，会把写过的东西拼拼凑凑来对付一下。虽然知道这是一种对学术不太尊重的行为，但是不得不这么做，不然就会考核不合格。

B 老师：也不知道学校是出于什么样的考虑，之前是不告知本人评价结果，近几年才告知的，但是也只是告诉你多少分，究竟为什么得出这个分数也不会告知原因，较难以此改进自身。

S 老师：我觉得现在对于教师的评价还是有问题的，比如说我们学校每年都鼓励年轻教师做科研，那鼓励的措施是什么呢？无非就是你成功申报课题，尤其是国家课题时，会给你拨点课题经费，但是这种概率是比较小的。还有就是发表论文，发表到学校认定的 A 类或 B 类期刊才会有奖励。对不重视科研的学校来说，很少有人能够达到这种要求，所以说这种奖励措施对于教师发展的意义不大。

M 老师：学校对教师的科研进行考核时通常采用赋分制，每个老师都有最低达标分数要求，所以很多老师为了符合这个要求，就选择发难度系数较低的省级期刊，基本没有什么技术含量，较难真正提升科研能力和水平。

从以上几名高校青年教师的访谈中可以发现，目前我国高校针对青年教师形成的评价机制还存在着不足：从评价目的来看，大多数高校对青年教师进行评价往往是出于管理目的，将评价视为管理教师的手段，一定程度上与教师专业发展目标相偏离；从评价指标和内容来看，大多数高校仅仅针对青年教师的科研成果、教学成果进行评价，对青年教师心理健康、工作体验、发展目标等方面的关注较少；从评价方式来看，往往采用单一、机械的量化评价方式，缺少反馈和指导，很少综合高校青年教师的专业发展特点来分析评价结果。这种量化的评价方式难以反映高校青年教师的专业发展水平，反而在一定程度上降低了高校青年教师的专业发展热情，所以不管从评价目的、评价指标、评价内容、评价方式哪一个方面来看，当前我国高校对于青年教师的评价机制，其评价方向与青年教师的专业发展方向偏离，难以真正从外部激发出青年教师专业发展动力。

（二）物质激励作用不明显

环境驱动的另一种呈现形式是通过评奖、评优等奖励方式来提高高校青年教师专业发展的积极性。为了激发青年教师专业发展热情，很多高校采用加薪、奖金激励等物质激励对青年教师的工作成果实施奖励，同时奖励与职称评定挂钩。但从问卷调查的结果中发现，这种物质激励在提升高校青年教师专业发展动力方面的作用并不明显。在参与调查的青年教师中（如图4-2所示），5.11%的青年教师认为目前高校所采用的评奖、评优等物质激励对于自身专业发展动力的提升几乎没有作用；62.37%的青年教师认为评价、评优等物质激励对自身专业发展动力提升的作用效果不大。由此可见，目前高校所采用的物质激励对高校青年教师专业发展动力提升的作用不明显，说明这种利益牵引对提升高校青年教师专业发展动力的效力不足。

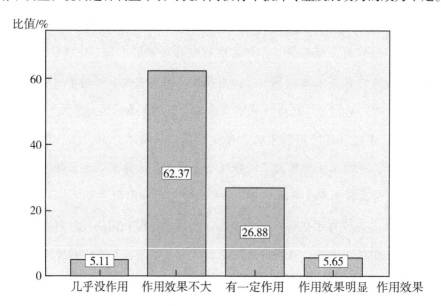

图4-2　物质激励对高校青年教师专业发展动力的提升作用效果调查结果统计

这种物质激励作用效果不明显的原因主要是高校青年教师认为所奖励的内容以成果数量、竞赛评比或民主评议的结果为主，形式大于实质，这些奖励的内容并不是青年教师专业发展的所需内容，所以这种物质激励对于提升青年教师专业发展动力难以有较好的效果。此外，一些高校的高薪制度和高额奖励制度激励了青年教师，但也使得青年教师将更多的时间消耗在繁重的工作中。工作虽可以提升专业能力，但并不一定等于专业发展，反而占用了专业发展的时间。

在访谈过程中，高校青年教师有这样一些心声：

L 老师：学校每年都要招聘一些博士进来，并且在申报课题方面给予非常大的奖励，这确实是很有诱惑力的。但这些奖励需要你多干活儿，干的那些活儿往往不是自己想干的，我现在就希望能有一点时间系统地读几本书。

W 老师：虽然学校给了一些补助，但是压力也是比较大的，如果完不成要求的任务，学校是要将这些钱收回的，但是这些任务基本与自身专业发展无关。

H 老师：我们现在的工作内容都是和职称挂钩的，比如你的工作量、你发表的论文、你指导学生的成绩、你的教学改革成果，等等，所以现在就整天忙这些东西，感觉意义不大！

C 老师：我们这里是有个排名的，就像小学成绩单一样列个大榜，从第一名一直排到最后一名，排名越靠前获得的职称评审分数越高，大家争取的也就是职称评审的分数，奖金倒不会太在意。

可以说，各个高校虽然在物质激励方面做出了较大的投入，但这些投入并没有很好地激发青年教师专业发展的动力。大多数高校对于青年教师工作结果的要求超越了对专业发展本身的要求，所采用的物质激励在内容上通常指向于为学校做了多少贡献，从客观角度来说虽有助于促进青年教师的专业成长，但较多的外在指标往往会束缚青年教师的专业发展。

三、环境驱动机制问题形成原因分析

对高校青年教师的评价方向与自身专业发展目标相偏离以及物质激励作用不明显的问题，形成原因在于青年教师专业发展主体地位的缺失。由于专业发展是一种必须由青年教师本人亲力亲为的实践活动，只有将青年教师作为主体，才能依据自身发展的真实状态确定其专业发展目标，并据此选择其适合的发展领域，使其感受到被尊重、被关注并产生自觉的发展需求和积极的发展态度。也就是说，高校青年教师专业发展的主动性须建立在专业发展主体性的基础之上，主体性缺失是导致发展目标与发展方向相偏离的主要原因。

专业发展主体性缺失的问题可以从各高校发布的青年教师培养文件中看出，通过对 125 所高校青年教师培养政策文件中对与专业发展目标相关的阐述进行梳理发现，关于"促进学校发展"表述的信息片段有 88 个，占总数的 73.33%，主要包括人才强校战略、专业整体提升、增强学校竞争力等内容；而"满足教师需求"的信息片段仅有 32 个，占总数的 26.67%，主要包括帮助教师成长、促进职业角色转换、适应外界发展等内容。这说明高校对于青年教师专业发展的要求与支持措施更多的是以学校利益作为根本出发点的，根据学校的发展需求来制订青年教师培养计划和选择培养内容，体现出以学校发展为本位的培养价值取向。

从青年教师专业发展方案制订上来说，无论是发展目标的确定，还是发展内容、发展方式的选择，抑或是发展水平的评估，无不以学校人事部门或教务部门为主导，以上级部门提出的政策为蓝本来遵照执行，缺少青年教师的参与。通过问卷调查结果可以发现（如图 4-3 所示），参与调查的青年教师中，46.78% 的青年教师表示几乎没有参与到自身专业发展培养计划制订的决策中来，44.89% 的青年教师表示很少有机会参与，仅有 1.34% 的青年教师表示能够经常参与。当专业发展主体青年教师无法参与到自身专业发展培养计划制订的决策中时，学校必然成为专业发展价值的主体而非青年教师。

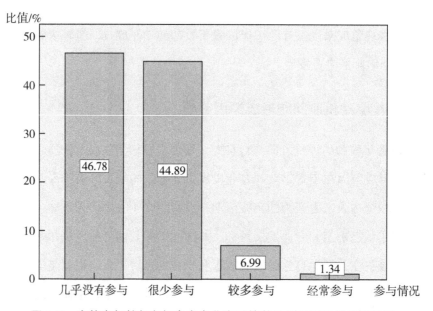

图 4-3　高校青年教师参与自身专业发展培养计划制订决策情况统计

此外，各高校通常把对青年教师的培养看成是维持组织运转的必要人力资源投入，对教师个体需求考虑不足，无法满足青年教师个性化、差异化的发展需求，青年教师发展的主动性和能动性都很难得到充分发挥。这种外控式的专业发展方式通常依靠一系列量化指标的强制性要求来强化其作用和效果。青年教师为了完成任务，达到相应的指标要求，只能机械地、被动地执行外界所设定的标准，其专业发展的主动性和创造性很难充分发挥。这也是导致对教师评价的方向与青年教师自身专业发展目标偏离、物质激励作用不足的根本原因。

在访谈过程中，发现高校青年教师有这样一些心声：

Z 老师：在听课的过程中，"专家"们的关注重点在于你的课堂控制情况，没有深入学科本身，也不会考虑学科与学科之间的差别，只是从整体上去评价。

C 老师：比如画画课，有人来听课就会指出，你为什么不是先画出来，让学生照着画？然后我就会想，为什么要让他们照着画呢？照着画，学生的思维不就被禁锢住了吗？他们（教育督导）会说：之前看别的老师都是这样的。这其实体现了教学理念上的不一致，他们都是经验丰富的教师，很少考虑年轻教师的意见和看法。

D 老师：现在就是学一点教一点的状态，教学要求你必须依据各种各样的程序要求，框定教学流程和教学内容，如果你不按照已经设定好的程序去做，他们就会说你这个模式不对。

高校对青年教师专业发展主体性认识不足，缺乏对青年教师自身发展需求和目标的关注，导致管理体制、政策措施、发展条件不配套，结果就是不能形成系统的合力。现有的管理体制主要从青年教师的工作量或考核指标等外显因素来进行规范，很难照顾到青年教师专业发展的内在需求，而通过奖励、惩罚、评价等手段对青年教师进行约束，最终的结果就是高校青年教师被各种的考核、培训、任务占用了大量精力，无暇发展个人的专业。

第三节　环境驱动机制的优化措施

从高校青年教师的职业特点和专业发展需求来看，专业发展是一个确立目标、增强技能、提高水平、塑造人格的系统性过程。在这个过程中，教师的发展意识、发展策略、发展路径等都需要青年教师自主自觉地对个人发展目标、社会需求、专业理想等方面进行平衡，让专业发展从"自在"走向"自为"。

一、树立"以师为本"的发展理念

一般而言，由学校政策推动的教师专业发展是被动的，由自我实现推动的教师专业发展是主动的，最大限度、可持续的发展肯定是教师主动的发展[①]。高校青年教师是专业发展的主体，获得专业成长和发展是青年教师的一项重要权利，学校对青年教师的培养应该体现出一种服务功能。因此，要想有效激发高校青年教师专业发展动力，必须树立"以师为本"的培养理念，从青年教师的个体特点出发，让青年教师在专业发展过程中能够有选择性地进行能力提升，充分调动起青年教师专业发展的积极性。

在具体落实培养过程中，要充分了解青年教师的发展需求，量身规划培训方案，谋求眼前利益与长远利益、个体利益与组织利益的协调发展，从学校主导的外部发展模式转向青年教师个人主导的内在推进模式。把青年教师自身特点和需求作为根本出发点，让青年教师愿意主动参与其中，使他们在教学、科研、社会服务以及环境适应能力上都取得长足进步。培养方案的设计必须因时、因地、因人而异，根据高校青年教师的学科背景、生活经历、兴趣爱好，有目的地对青年教师的职业发展进行规划和引导，让青年教师能够抓住自身发展的关键期，迅速适应自己的岗位，增强专业发展的自我效能感。另外，要将高校青年教师专业发展融入其职业生涯规划中，使其作为价值主体积极参与职业生活，使专业发展与个人发展相互依存，相互促进；使专业发展培养目标贴近个人真实需求、内容源于职业、方法融入工作。专业发展只有在以青年教师为主体的模式下，才能够真正激发他们的专业发展动力，才能有效促使其快速发展。

---

① 吴庆华，郭丽君. 从培训走向发展：高校青年教师培养的转变[J]. 高等工程教育研究，2013（4）：141-144.

二、提升青年教师在规划制定过程中的话语权

目前，我国很多高校的人事部门和教务部门都为青年教师的专业发展制订了方案，但大多以学校未来的发展目标以及资源条件作为主要依据，忽视了青年教师的真正需求。高校青年教师的专业发展是青年教师的个人发展，须是青年教师亲力亲为的个人实践，因此，高校想要制定出适合青年教师专业发展的规划与路径，最大限度地激发青年教师的发展动力，提高学校的学术水平和整体竞争力，就需要保证和尊重青年教师在培养计划和评价方案制订过程中的话语权，确保高校青年教师的专业发展规划能够切实反映他们的利益需求，与他们的特点相契合。

在制定发展规划的过程中，第一，要遵循计划公开的原则，明确具体的发展细则，确保其中的流程、内容、要求、评价、激励等要素以制度的形式得到高校青年教师的广泛认可。对于关系到青年教师专业发展路径和利益的相关事宜，如校内校外培训、进修、奖金补助、职称评定等具体问题，做到公平公开。第二，要实现校内民主，注重青年教师的话语权，学校的制度改革、教学教研改革、教师招聘等事宜通过各种渠道聆听青年教师的心声，并将青年教师的意见和建议作为校务决策中重要的参考资源，让青年教师能感受到自身的意义和价值，将个体的专业发展目标与学校未来的发展规划相统一。第三，要借助日常会议、校长公开信箱等方式，使青年教师有机会参与到自身职业规划的制定中，使高校青年教师专业发展过程中出现的新情况、遇到的新问题能够及时提出并得到有效解决，对于专业发展方面的新思想、新方案也能够充分接纳和吸收，充分发挥高校青年教师在自身专业发展问题上的主动性和能动性，提升高校青年教师专业发展动力。

三、营造相对宽松的学术环境，提高青年教师专业发展内驱力

当前高校对于师资队伍建设方式的选择更多地取决于各个高校自身发展的需求，是一种管理的视角，将青年教师视为学校资源，将教师培养视为一项投资，通过制度管控或利益诱导等方式来进行。但是对于高校教师这一学术职业来说，自身专业发展的内在需求才是教师进行专业发展的动力源，只有强大的内驱力才能够促

使青年教师以最大的热情投身于自身专业发展中，这种内驱力更多地源于对学术工作的认同和自主支配。所以，在具体的工作中，需要建构组织认同机制，通过精神激励、团队协作等手段让青年教师真正体会到作为一名高校教师的意义和价值，在工作过程中不断给予鼓励和帮助，不断强化成就动机，并通过合理的考评机制让青年教师发现工作中的问题和不足，逐步改进，不断完善自我。让青年教师在自由宽松的学术环境中，增强其发展效能感、组织支持感、专业认同感和自我价值感。

在实践过程中，首先，应当树立学术自由的理念，着眼于青年教师的专业发展和学术进步，营造宽松自由、兼容并包的学术气氛，让青年教师自由表达和交流自己的思想观点，探究自己感兴趣的知识，鼓励其进行质疑、批判和创新，从而使他们能够获取独立的学者人格。其次，在制度层面上，要尽可能地为青年教师的专业发展提供必要的时间和空间，如尝试学术假期制度、鼓励兼职、多维评价等方式。最后，要保证青年教师有充分的时间和空间去探究自己感兴趣并且有价值的课题项目，让青年教师获得一定的专业自主、教学安排选择、课程编制参与等方面的权利。在这种学术自由理念的引导下，提升高校青年教师专业发展的自主性和积极性。

四、实施"发展性"青年教师评价策略，体现青年教师评价主体地位

鉴于当前"自上而下"的考评机制不能很好地促进青年教师专业发展，各高校需要重新拟定青年教师的评价考核方式，以青年教师专业发展为主要目的，运用"发展性"的青年教师评价策略对其进行评价。"发展性"青年教师评价策略主要是遵循人本主义发展理念和思路，借助科学合理的方式、方法和手段，为青年教师专业发展创造条件。"发展性"青年教师评价策略的有效施行需要遵循如下 3 个基本原则：第一，教师的评价应当符合青年教师的职业特点和职业规律，以促进青年教师专业能力的发展为主要目的。第二，充分发挥青年教师在评价过程中的主体作用，帮助他们及时解决专业发展过程中出现的困难和问题，不断优化其成长路径。第三，尊重青年教师的个体差异，充分发掘他们的闪光点，在平等的基础上进行多元引导[1]。

---

① 张渝. 我国高校教师评价机制的困境与策略[J]. 求索，2012(10)：199-200.

在具体实施过程中，"发展性"青年教师评价策略要确保能够有效反映青年教师发展的真实情况，全面分析数据信息，客观反馈评价结果，保证评价过程的顺利实施。这个过程需要满足 4 项基本条件：第一，建立科学公正的评价指标体系，将青年教师作为一个独立群体，根据其现有水平、承担任务的特点、未来发展需求及发展可能性等设置相应的要求，在不同的考核指标下对其进行具体的规范和要求，同时对其专业发展过程和专业发展方向进行激励和指引。第二，采取多层次、多角度的评价方式，将人才培养、科学研究以及社会服务等各项要求综合考虑，围绕青年教师自身状况采取静态指标与动态发展相统一、量化数据与质性分析相结合的评价方式，保证评价结果的科学性和合理性。第三，利用信息交流和反馈平台形成良性互动机制，将评价的结果及时反馈给教师本人，教师也有权利对评价者做出相应的解释，教师之间也可以就评价结果本身进行交流，以解决自己工作中出现的疑难问题，加快自身的专业成长；第四，成立专业督导团队，改变以往由行政管理人员进行督导的方式，聘请教学经验丰富、德高望重的优秀教师组成督导组，对青年教师评价的各个环节进行监督指导，以此来保证评价过程的科学性、合理性。

第五章
高校青年教师专业发展的效能驱动机制及优化策略

第一节 效能驱动机制的形成机理

班杜拉指出："效能预期不只影响活动和场合的选择，也会对努力程度产生影响。被知觉到的效能预期是人们遇到应激情况时选择什么活动、花费多大力气、支持多长时间的努力的主要决定者。"影响自我效能的因素主要有 5 种，分别是成败经验、替代性强化、言语说服、情绪状态、情境条件。所以，在高校青年教师专业发展的过程中，成绩鼓励、榜样树立、有效指导、降低压力以及充足的资源都是增强其专业发展效能感的重要条件。也就是说，行为对个体的价值越高，能够实现的可能性越大，其激励效果也就越好，人们就越有可能会表现出这种行为；反之则相反。对应于高校教师专业发展则意味着：在自己的专业成长过程中，越是相信自己的努力能取得成效，就越会在专业发展过程中倾注更多。

发展效能对于高校青年教师专业发展动力的意义在于，能让青年教师产生对自身能力的自我判断、自我信念和自我感受，影响着青年教师身心健康、专业承诺、工作动机和教育行为等多方面的发展，是青年教师专业发展的重要内在动力，在自主、能力及关系需要的满足与教师教学专长发展之间具有部分中介作用[1][2][3][4][5]。教

---

① 邓芳娇. 自我效能感及其对职前英语教师专业发展的影响[J]. 黑龙江高教研究, 2011 (5)：77–79.

② 庞丽娟, 洪秀敏. 教师自我效能感：教师自主发展的重要内在动力机制[J]. 教师教育研究, 2005 (4)：43–46.

③ 王静, 张铭凯. 论教师专业发展的教学效能感逻辑[J]. 教育理论与实践, 2016, 36 (23)：21–23.

④ 何源. 教师效能感对中小学教师专业发展的影响[J]. 中学政治教学参考, 2013 (36)：86–88.

⑤ 姚瑶. 教学效能感对小学教师专业发展的影响探析[J]. 现代教育科学, 2008 (4)：114–115.

师的自我效能感对教学方式转变的行为自觉性、努力度和坚持性以及情绪适应性，都有重要影响[1]；对保持成人学习者学习兴趣和意志力具有重要意义[2]；对成人学习者的学业水平和发展方向有着重要的影响[3]；对教师的技术知识、学科教学法知识均有直接促进效应[4]；对工作压力和职业倦怠具有调节作用[5]。总之，教学效能感通过影响教师的职业认同、教育教学行为和身心健康等进而影响教师的成长力，自我效能感的增强可以有效地帮助高校青年教师根据自身的知识与技能，更好地发现自我、认识自我、树立自信、提高自我。

第二节　效能驱动机制的现状

一、效能驱动机制的现实样态

专业发展效能是指个体对自身专业发展程度的判断、信念和感受。在高校青年教师的专业发展过程中，专业发展效能是其专业发展的动力源泉。较高的专业发展效能可使青年教师坚定专业发展目标、提升自我期待、保持专业兴趣和意志力、明晰专业发展方向及方式，从而提升专业发展的积极性。相反，较低的专业发展效能感则容易让青年教师滋生悲观失望情绪，对未来的专业发展前景产生怀疑，专业期待降低，从而降低专业发展动力。

根据班杜拉的社会学习理论，人的活动指向总是趋向于获取成功和避免失败，当对行为成功的可能性判断比较高的时候，人们会更加主动地进行实践；当对行为

---

①　王洪席. 教师教学效能感对教师教学方式转变的影响[J]. 黑龙江高教研究, 2012, 30（9）：9–11.

②　孙冠华, 左红武. 试谈自我效能感理论对成人自我导向学习的作用[J]. 中国成人教育, 2014（1）：119–121.

③　张萍, 葛明贵. 中小学教师教学效能感与工作满意度的关系分析[J]. 教学与管理, 2013（10）：22–24.

④　赵磊磊, 兰婷. 欠发达地区教师自我效能感与TPACK的关系及启示[J]. 教育理论与实践, 2017, 37（29）：34–37.

⑤　王华. 高校教师职业倦怠问题及对策探讨：教师自我效能感提升的视角[J]. 理论导刊, 2011（7）：98–100.

成功的可能性判断比较低的时候则会倾向于放弃实践，这也就产生了不同的效能驱动。这种驱动因素更多源自青年教师对实现自己专业发展目标的信心，专业发展信心主要源自个体行为过程中的结果预测和认知。自我效能感、组织支持以及资源条件保障3个方面构成了效能驱动的主要因素。

（一）自我效能感

高校青年教师的自我效能往往代表着自身对于专业水准的一种目标，随着目标的不断变化，专业发展动力也是随之变化的。当青年教师感到自己未来发展面临重重困难，而自身的条件和基础已经无法达到的时候，对自身的期待也会随之降低，这种自信心的消失往往代表着专业发展动力的降低。

在访谈过程中，发现高校青年教师有这样一些心声：

Z老师：自信当然是随着工作时间的增加而不断提升的，毕竟自己经历了几年的教学训练，感觉现在完成教学任务还是比较容易的，现在每天重复上课，感觉自己的课上得越来越好了，也会有进一步提升的想法。

H老师：科研方面是我的一个优势，这个没有什么需要谦虚的，虽然现在写出论文的速度比之前慢一些，但是感觉自己还是比较有信心的，现在希望能够把过去的成果整合一下，形成自己的一个专业领域成果，这个是在刚入职的时候没有想过的。

相应地，如果高校青年教师在职业发展过程中遇到一些比较大的困难或者挫折时，他们会有一种专业发展的无力感。如果这个时候同时缺乏必要的职业未来发展规划路径，青年教师就会对自己的专业发展感到比较茫然。

在访谈过程中，发现高校青年教师有这样一些心声：

J老师：有一些工作上的事情打击到我了，比如评职称。本来我对自己的科研能力还是比较自信的，但是连续几次没评上，确实是让我感到很郁闷，我可能会停下来再想一想吧。

Z老师：对于我们这些评职称比较困难的人，就觉得现在评职称的方式太僵化，太教条了。现在40多岁的讲师有一大批，因为过程太费心思，劳神，还不一定能评上，干脆就不弄了。

总的来说，决定高校青年教师自我效能的因素除了青年教师本身的学科基础、学术资本外，还包括对于未来发展规划的清晰程度，能够在专业发展过程中实现"水到渠成"，那么专业发展动力就会维持在较高的水平。

（二）组织支持

对于高校青年教师来说，进入高校就代表为自己选择了一种新的生活方式。在入职后的一段时间里，他们考虑比较多的是如何能够在这样的环境中，利用周围的各种资源及条件，站稳脚跟，为自己的未来发展打好基础，这就需要一定的组织支持。

在访谈过程中，高校青年教师有这样一些心声：

S老师：我们学院有"老带新"机制，但是并没有起到应有的作用，现在我们开始有一些学术交流活动叫"学术沙龙"，就是青年博士定期分享一些经验、困惑，现在只是开展了两期，而且断断续续的，大家积极性还不错，但是我觉得这种启发的意义并不是特别大，可能也是刚开始吧，需要一个过程。

D老师：学校会举办青年教师讲课大赛等活动，促进青年教师间互相学习，提高教师课堂教学技能。对于我个人来说，比较喜欢这种类型的活动，从观摩中我可以学到很多东西，还蛮好的。

L老师：我们学院对于教师考博还是非常支持的，允许3年脱产，而且还有补助，领导就说，不要考虑家里的事，安心地读。我觉得这一点非常好，动力更大一些。

由于高校场域的特殊性，青年教师的专业发展与团队建设的类型呈现出密切的相关性。合作共享的团队环境、动态开放的团队目标、独立自主的团队模式以及科学合理的竞争与管理机制是增强青年教师组织支持感的必要条件，这也是提升高校青年教师专业发展动力的重要因素。

在访谈过程中，发现高校青年教师有这样一些心声：

D老师：我们教师间交流比较少，平时也不在一起，有时想找人一起做点东西，但是找不到人合作。

Z老师：我个人认为，比较理想的团队环境需要有一个比你强的引导者。团队里有一个层次高的老师带着，自己就没有那么大的压力。

在利于个人成长的环境中，个体的专业发展行为才容易开展，并产生愉悦感，有效的专业指导能够直接提升青年教师专业发展的自信心，激发出更大的专业发展动力。而在缺少组织支持感的专业发展环境中，青年教师的发展效能则会不断降低，青年教师会产生被动情绪。

在访谈过程中，发现高校青年教师有这样一些心声：

C老师：我觉得学校对于教师的培养力度还是挺大的，会找一些专家做讲座。其实我在科研和教学这两方面都有一些进步，自信心也有所提升，之前感觉比较难的事情，现在感觉没有那么难了。

H老师：如果一直自己做研究，不与导师或同事交流，容易产生自我怀疑，不确定是否能成功，但和导师沟通，得到他的认可就会有信心做下去。

专业发展路径主要是通过教师之间的互动以及对于青年教师的培训指导来完成的，通过课题或者工作项目将青年教师联系在一起，形成相应的组织制度，通过利益共同体的形式让不同层次的教师紧密合作，形成伙伴关系，青年教师在相互促进、相互指导的过程中提升专业发展动力。

（三）资源条件

学校提供给青年教师的工作环境与工作条件越优越，越能激发教师积极投入的热情，进而提高其专业发展效能。这是因为工作条件的改善，如办公设备的配置、研究室的提供、教学设施的完善等，能使青年教师更便利地开展教学科研工作，从而使其自信心得到提升。

在访谈过程中，发现高校青年教师有这样一些心声：

Z老师：以前会不停地看很多新的东西，比如听报告或者学很多新的技术，但是现在看文献没有以前多，现在请回来做报告的专家很少，出去学习的机会也很少，经费又比较有限，学得比较少，没啥自信了。

J老师：要做研究需要学校提供条件，比如科研启动资金。没有条件就没有开展的机会，没有机会自然也就没有动力。

Y老师：因为我们在高校走科研这条路，有太多东西要学，这是很现实的事情，比如国家自然基金的申请、教育基金的申请，这些都需要有一定的积累。

H老师：比如说我现在想学核磁，学校条件达不到，只能去医科大学找一个老师，给他做免费助手，我就只能这么艰难地往前走。相比之下，他们想做的话就非常方便，想学就可以学。

高校青年教师专业发展最重要的资源就是自己的时间，很多青年教师都羡慕在校读博的学生，因为他们有更多可以自由支配的时间，青年教师认为自身所拥有可以自由支配时间的多少直接决定了未来专业发展的情况。

在访谈过程中，发现高校青年教师有这样一些心声：

D 老师：我是从事科研岗的，按说科研岗只要完成科研任务就行了，比如做课题、发表文章、写书。但是现在我们系有个传统就是让我们做辅导员，带学生。学生工作的事情很多，会耽误时间，但也不能说这样的事情一点意义都没有。从去年 9 月入职到现在，我的工作状态是这样的：从每天早上 9 点到晚上 10 点多一直都在工作，有时候晚上还要加班，然后从周一到周日基本上没有休息的时间。

F 老师：我现在能做的事儿就是买书，看到比较好的书就先买过来，至于什么时候看就说不准了，现在只能是这样，时间都被占据了。

总的来说，无论是物质资源还是时间资源，只有条件比较充足时，青年教师才会形成一种积极的心态，产生较高的效能感，并将身心投入专业发展中。而在资源相对缺乏的环境中，高校青年教师专业发展的自信心和积极性就会受到打击，从而降低了专业发展的动力。

二、效能驱动机制目前存在的主要问题

（一）青年教师自我期待感偏低和发展信心不足

从整体来看，高校青年教师的自我期待感普遍偏低，这种现象集中体现在职称评定的压力上。高校青年教师往往将全部的专业发展精力放在职称评定上，但每年职称评定的指标数量少，参加职称评定的人数众多，在供小于需的竞争下，职称评定的指标要求"水涨船高"。有老教授曾感慨说："现在很多申请职称的材料放在 20年前都可以评院士了。"通过调查数据同样发现（如图 5-1 所示），在职称评定的激烈竞争下，37.90% 受访的高校青年教师认为自己下一步职称晋级非常困难；51.08%受访的高校青年教师认为自己下一步职称晋级很困难，说明青年教师对于自身专业发展缺乏信心，在一定程度上影响了他们的专业发展动力。

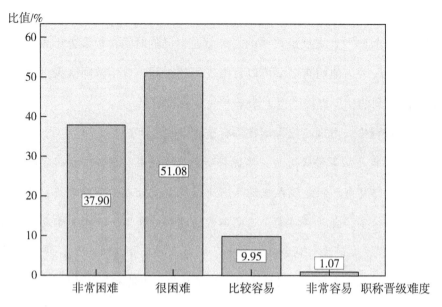

图 5-1 高校青年教师发展职称晋级难度评价情况调查结果统计

青年教师专业发展过程中不可避免会出现一些问题或者失误，发展信心对青年教师的专业发展发挥调适和激励作用，但在青年教师专业发展的真实过程中，青年教师发展信心不足，出现问题时容易自责，而长期的挫败感致使其发展自信不断下降，从而一直处于一种自我否定、自我怀疑的状态之中。

在访谈过程中，发现高校青年教师有这样一些心声：

J 老师：对青年教师给予奖励和鼓励肯定是有的，但是能够获得奖励的只有那么几个人，大多数人还是没有的，但是也不太想去争取，而且即使争取了也可能得不到，积极性挺受打击的。

Y 老师：我觉得自己能有现在的成绩，是因为付出的辛苦太多了，而且感觉已经到达了自我的极限。如果还想要更多一点的成就的话，就必须付出更多的辛苦。但有过几次失败的经历后，确实感觉自己已经无法超越现在的成绩了。

G 老师：我一直想再做一个更好的东西，但是一直没有做出来，便慢慢地发现了自己的局限性，觉得自己应该只能达到这个程度了。

W 老师：我觉得从学习到工作有一个心态转变的过程。以前是有人在帮你改论文，现在是自己帮别人改论文，但是自己还没有准备好，角色就发生了转变，所以信心还是不足的。

　　高校青年教师专业发展效能感不足带来的最大危害是专业发展信念的丧失，不再考虑自身的专业发展，安于现状，止步不前。此外，高校青年教师自我效能感的持续降低会导致他们经常对自己的能力产生怀疑，倾向于选择比较容易的任务，遇到困难容易放弃，常常设想失败带来的后果，从而产生过度的心理压力和不良的情绪反应，影响其专业发展。而这样的结果又会进一步降低高校青年教师的专业发展效能感，陷入恶性循环，这种周而复始的循环过程将高校青年教师的专业发展动力消耗殆尽。

（二）专业发展氛围对青年教师专业发展动力的影响不足

　　高校青年教师专业发展动力的提升需要不同组织、不同部门的协同作用，形成一种积极有序的文化氛围，形成教师专业发展的共同体，让教师能够各得其所，充分发挥协作优势，产生强大的凝聚力。通过数据统计可以发现（如图5-2所示），受访的15.32%高校青年教师认为学校里的发展氛围对于自身的专业发展动力没有任何影响；受访的52.96%高校青年教师认为学校里的发展氛围对于自身专业发展动力的影响不大，说明高校的专业发展氛围对青年教师专业发展动力的影响效果不佳。

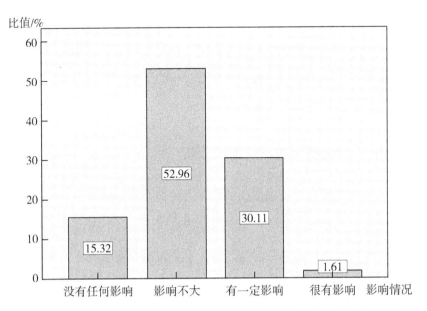

图5-2　发展氛围对高校青年教师专业发展动力影响情况调查结果统计

这种问题产生的主要原因是组织体系隔离以及同事之间缺乏深度交流。在自上而下的垂直管理下，各种量化指标得分最后都以成绩排名的形式来体现，在无形之中加剧了教师之间的竞争倾向，即便是同一院系的教师，在日常教学活动中，他们的课堂活动也往往是相互隔离的，缺乏合作的环境和条件，所以相对于合作探究，青年教师更倾向于单独承担某项课题。

在访谈过程中，发现高校青年教师有这样一些心声：

Z老师：我刚来的时候对工作非常热情，非常想和同事们一起合作、一起交流、一起发展，但是后来发现没有人来找我合作，大家各做各的，那我就也只能自己做自己的。

F老师：学校有的时候也要求老师去听课，但是我们都不愿意去，主要有3个原因：第一，不好意思去听课。第二，别人也不好意思让你去听课。第三，有时候你有什么建议和意见也不好意思提出来。

J老师：感觉（同事间）会有一些排斥，比如说我现在新接了"教育科研方法"这门课，这是院长主导的教学改革课程之一，要求我们年轻教师每人上五周课，把自己擅长的研究方法给研究生讲一讲，我觉得这是蛮好的事。但是，这会威胁到老教师的利益，他们会觉得这门课应该是他们的，却被我们拿走了。和他们接触时，会感觉到一种似有似无的排斥。

高校青年教师被迫在浮躁和急功近利的考核指标和学科评比中努力完成自己的职责，缺少了自由民主的氛围，缺少了互助合作的平台，高校青年教师的组织支持感被不断削弱，专业发展动力也因此而下降。

三、效能驱动机制问题形成原因分析

目前，高校青年教师自我期待感偏低、发展信心不足以及专业发展氛围影响不足的问题主要由于专业发展资源方面组织支持的匮乏。发展资源是高校青年教师对于自身专业发展信心提升的重要支持因素，主要包括专业指导、发展氛围、时间精力保障等方面，对于高校青年教师来说，它们不仅仅影响自己的专业发展进程，更重要的是直接决定着自己的专业发展期待。只有当高校教青年教师获得了足够的发展资源，他们才能够对自己未来的发展产生期待和信心。

从管理政策的角度来看，专业发展资源主要包含于教师培养质量保障及支撑，保障机制是高校青年教师培养中的重要环节，如何投入、如何管理、如何评价、如何选拔都是影响高校青年教师培养结果的重要因素，其结构比例能够反映出发展资源的分配情况。在所统计的关于高校青年教师培养的政策文本当中，关于"保障机制"的信息片段共有396个，分布在"督导考核""物质保障""奖励措施""团队建设"4个方面。其中"督导考核"是对青年教师培养过程中进行评价和考核的规定，共有信息片段267个，主要包含任务要求、考核指标、督导评估等内容；"物质保障"是在培养过程中关于资金投入以及对于青年教师个人生活保障的规定，包含信息片段71个，包括项目经费、日常补助、发展基金等内容；"奖励措施"是在培养过程中为了提升青年教师发展积极性而设立的奖励手段，共有信息片段43个，包括经济奖励、入选人才计划、薪资待遇提升等内容；"团队建设"是营造一种积极向上的集体氛围，通过良性人际互动让青年教师产生归属感和进取心，共有信息片段15个，包括生活沙龙、科研团队、集体备课等内容。其中"督导考核"内容占总数的67.42%，说明高校把对青年教师的培养作为人事管理的一部分，以"自上而下"的考评为主，主要通过工作内容量化考核的方式来推动，将青年教师承担的课时数、发表的论文数量、领导的打分等作为依据；而"物质保障""奖励措施""团队建设"3项内容信息片段数总共所占的比例不足33%，说明各高校对于青年教师的专业发展激励更多地体现在对指标的要求上，对教师发展支持方面的关注较为缺乏。

通过对高校青年教师专业指导方面的调查发现（如图5-3所示），目前高校提供的培养培训措施对于青年教师专业发展的作用并不理想。31.45%受访的高校青年教师认为高校提供的培养培训对青年教师专业发展几乎没有作用；37.10%受访的高校青年教师认为高校提供的培养培训对青年教师专业发展的作用不大；仅有8.33%受访的高校青年教师认为高校提供的培养培训对青年教师的专业发展起到了很好的指导作用。

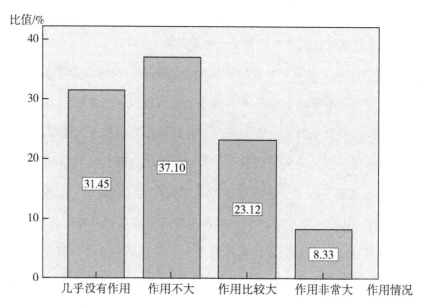

图 5-3　高校青年教师培养培训对青年教师专业发展情况调查结果统计

在专业发展机构作用的认可度上（如图 5-4 所示），31.72% 受访的高校青年教师认为高校的人事部门、教师发展中心等所起的作用几乎没有作用；34.41% 受访的高校青年教师认为高校的人事部门、教师发展中心等所起的作用不大，也就是说绝大多数青年教师对于高校培养培训部门所起的作用是不认可的。

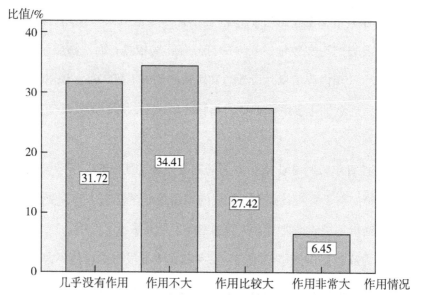

图 5-4　高校青年教师专业发展部门对青年教师专业发展作用情况调查结果统计

从当前高校为青年教师提供的指导内容来看，青年教师入职初期的培训内容大多以师风师德、校规校纪为主，离青年教师急需的专业发展需求较远。此外，这种空泛的观念课程对于青年教师的专业发展可能起不到应有效果，还可能让青年教师对高校的培养培训体制产生怀疑。

在访谈过程中，发现高校青年教师有这样一些心声：

C 老师：所谓的新入职教师培训就是在网上给我们上师德课，但培训内容基本没有涉及教师初入职时具体会遇到的问题和困难，以及怎么解决。培训的形式主要是讲课，讲课也是流于形式的，很多教师都没去。

B 老师：我接受过的培训就是全校范围内的继续教育，每年都有，和专业关系不大，主要有行政方面的、党课方面的，因为是全校范围内的培训，无法针对教师的专业特点和教师的成长阶段特点，没有针对性，培训效果不明显。

H 老师：我们的岗前培训每周上一次课，包括《教育学》《教育心理学》《教育法规》《师德规范》4 本书，学完就去考试，开卷考试。感觉岗前培训的内容离我们挺远的，在之后的工作中基本用不上。

高校对于青年教师缺乏必要的专业发展指导还体现在"老带新"制度方面。目前，高校普遍建立起"老带新"制度，其目的在于通过建立以新教师和老教师为主体的学习型组织和团队来促进青年教师的专业成长。但在实际操作过程中，指导者与被指导者由于年龄差异、经历不同、观念不同等往往角色上融合困难，"老带新"制度难以为青年教师提供专业发展方面的指导。

在访谈过程中，发现高校青年教师有这样一些心声：

W 老师：就像现在我们学校，我们的系主任是中戏研究生毕业的，但是他的本科是别的学校的。前不久，系里来了个新老师由系主任负责指导。新老师本科到研究生都是在中戏，是作为高端人才引进来的，在各个方面都很优秀，你从哪方面进行指导呢？如果说教学经验比他丰富，从这方面进行指导吧，只能说是分享，提出一些建议和意见，并不能算是指导。

B 老师：我们学校有"老带新"这种制度。刚入职的时候，学校也为我指定了一个年龄比较大的指导教师，但是他是做行政工作的，基本上没指导什么，都靠自己琢磨，也就这么过来了。

当高校青年教师缺乏必要的专业发展指导时，就会对具有偶发性和不确定性的未来发展缺乏清晰的判断和规划，对未来的专业发展方向感到迷茫，失去为之奋斗和努力的目标。这种对发展方向的迷茫很容易引起高校青年教师专业发展效能感的不断下降，进而影响其专业发展动力。

组织支持的另一个方面体现在来自领导和同事的支持，但是在当前科层式的组织结构下，高校通过层级式的管理将各个学科专业严格地按照学校—学院—系部进行划分，这种划分方式在提升行政管理效能的同时，也使得学科专业之间形成了层层壁垒。在这种专业隔离的状态下，学科之间、院系之间很难形成交叉。此外，青年教师间的相互竞争又加剧了这种隔离。青年教师长期困守在自己的学科领域，缺少与其他学科教师的有效交流，较难形成专业和学科之间的互补。通过调查结果可以发现（如图5-5所示），14.25%受访的高校青年教师认为同事之间基本上是各忙各的，几乎没有交流；40.59%受访的高校青年教师认为同事间的关系比较松散，很少进行交流。在青年教师间互助方面，通过调查结果可以发现（如图5-6所示），12.90%受访的高校青年教师认为自己几乎没有得到过同事的帮助；48.12%受访的青年教师认为自己得到同事的帮助较少；仅有6.99%受访的青年教师认为自己得到

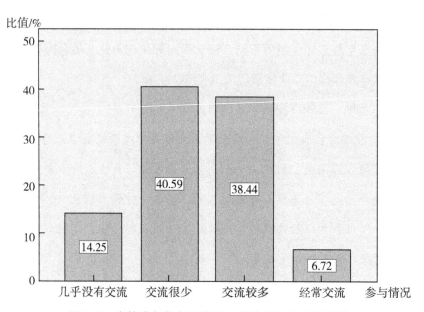

图5-5 高校青年教师同事间交流情况调查结果统计

同事的帮助非常多，在一定程度上促进了自身的专业发展。可见，高校青年教师与同事交流互助的情况不乐观，这与高校缺少相应的平台和机制有很大关系。由于缺少教师间交流、互助的平台和机制，青年教师不能形成专业发展共同体，不能在专业发展上互帮互助，缺乏外部驱动作用的专业发展氛围，这些都对高校青年教师的专业发展动力产生了不利的影响。

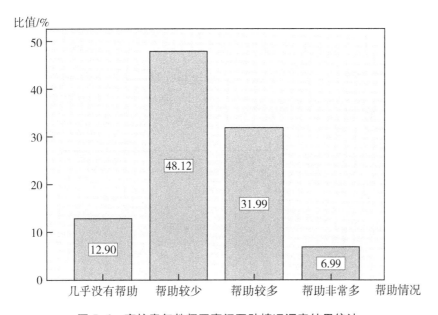

图 5-6　高校青年教师同事间互助情况调查结果统计

在访谈过程中，发现高校青年教师有这样一些心声：

W 老师：年轻教师和年龄较大的教师一起做课题，你觉得是谁干活呢？肯定是年轻教师啊，但是最后你发出去的成果一般不会是把自己名字挂在前边，比如发表论文，年轻教师一般都不会作为第一作者。

S 老师：其实跟专业本身的特色也有关系的，我了解到的课题大部分都是一个人在做，缺少只有通过合作才能完成的课题。

Z 老师：我觉得读书的时候那种师生的氛围是比较好的，大家会用一定的时间坐下来做研讨，就每一个问题做讨论，或者汇报文献。但是，来到这里工作之后，大家各做各的，缺少交流合作的机会或者氛围，因为每个人的研究方向不同，共同的话题也比较少。这样单打独斗的状态，并不利于将来科研的发展，希望能有一个交流合作的氛围，大家一起做点什么事情，发挥集体的力量，这样才能做一个好的项目，做一个好的研究。

在当前这种组织隔离的大环境下，高校青年教师参与跨专业项目的机会是非常少的。通过调查结果可以发现（如图5-7所示），接近90%受访的高校青年教师认为自己参与跨专业项目的机会非常少，其中37.90%受访的高校青年教师认为自己几乎没有参与。这些数据从侧面反映出高校青年教师之间的专业发展更多的是一种单打独斗式的发展，缺乏合作交流的平台和契机。从专业发展本身的特点来说，合作才是专业发展的核心动力，组织隔离的环境氛围容易使青年教师的专业发展动力由于缺乏合作交流而受到不利的影响。

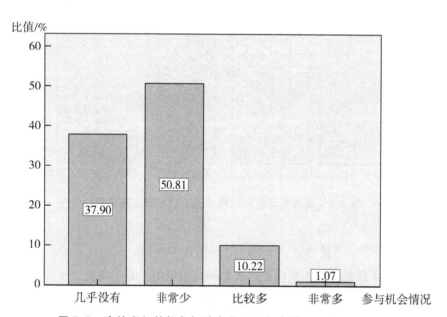

图5-7　高校青年教师参与跨专业项目机会情况调查结果统计

在访谈过程中，发现高校青年教师有这样一些心声：

B老师：现在教师进行专业发展有时更多的是管理上的需要，出现一种管理本位的现象。真正可以实现发展的内容就是以"蜻蜓点水"的方式完成下达的任务。

W老师：青年教师真正要想实现专业发展一定要有自我，学校或者系里不会为每一个教师设身处地地做一个针对个人的发展规划，在这种情况下就必须自己要知道自己该怎么发展。系里的高压管理会让很多人在前两年失去自我，这就要求你有坚定的目标去规划自己的发展。

　　高校教师的专业成长是一种长时间经验累积的过程，所以青年教师是否拥有足够的时间是能否实现自主专业发展的关键。但是，从青年教师每周用于专业发展的时间情况调查结果可以得知（如图 5-8 所示），青年教师专门用于自己专业发展的时间很少，大部分青年教师每天用于专业发展的时间不超过 2 个小时。通过进一步了解，得知导致这种情况的主要原因是事务性工作对青年教师专业发展产生了干扰。从对事务性工作对高校青年专业发展干扰情况调查的结果来看（如图 5-9 所示），37.63% 受访的高校青年教师认为事务性工作对自己的专业发展产生了非常大的干扰；42.20% 受访的高校青年教师认为事务性工作对自己的专业发展产生了比较大的干扰。可见，在高校青年教师的专业发展过程中被行政事务、学生管理方面的事务占用了大量时间，导致高校青年教师做真正有益于专业发展的事情的时间较少，影响了他们的专业发展。

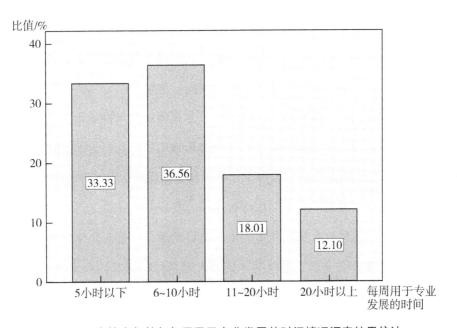

图 5-8　高校青年教师每周用于专业发展的时间情况调查结果统计

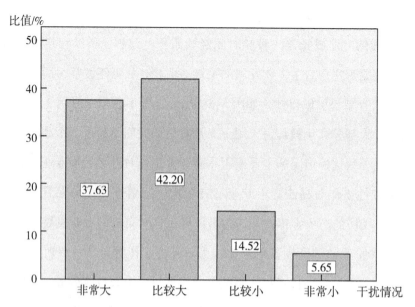

图 5-9　事务性工作对高校青年教师专业发展干扰情况调查结果统计

　　除了占据时间，事务性工作对高校青年教师专业发展的干扰还表现在高校内部管理性事务优先于学术性事务，高校青年教师掌控个人时间的能力不足，科研所需要的时间无法保障等方面。高校青年教师的时间不仅要分配给教学、科研这些传统的核心学术工作，还要分配给与学术关联较弱的"次级工作"，如科研团队的协调、项目经费的筹集、研究进程的控制、参与行政会议等弱学术性工作。这些"次级工作"大多由高校内部行政管理衍生而来，内容繁杂琐碎，且与学术研究之间呈现较低的关联性，成为影响高校青年教师工作热情和专业发展动力的重要因素。

　　在访谈过程中，发现高校青年教师有这样一些心声：

　　F 老师：我们要做的事情太多了，今天让你做这个，明天让你做那个，导致不能很专注地去做某一件事情。学校也不能让老师从他所擅长的领域来做一些事情，形式化的东西太多。

　　S 老师：刚入职的时候如果没课或者周末，我可以去图书馆坐一坐。但是，这一两年，事情越来越多，我一般不会去图书馆这样的地方了，在办公室坐一坐就可以了。因为去图书馆的话，只要一有事就会把你叫回来，所以还不如在办公室里坐着了。

D 老师：我每天要干的事情还是很多的，比如行政上的事务、设备的资产入库、工会的事情、处理学生文件的事情，等等。要是以前的话还会经常开会，几乎没有自己的时间。

Z 老师：我觉得对个人专业发展阻碍比较大的事情是领导安排的临时工作会占用大量时间，这类工作对自己的提升没什么帮助。

J 老师：参加工作之后，你的时间是碎片化的，主要用于做各种教学、行政的事情，现在科研任务都是用工作之外的一些时间去完成的，如何权衡工作和科研以及怎样分配时间的问题是比较费心思的。

从家庭方面对高校青年教师专业发展影响情况的调查结果来看（如图 5-10 所示），12.63% 受访的高校青年教师认为家庭琐事对其专业发展产生了非常大的干扰；49.19% 受访的高校青年教师认为家庭琐事对其专业发展产生了比较大的干扰。过多的家庭琐事会分散高校青年教师用于专业发展的时间和精力，使得高校青年教师难以行使其作为专业发展主体对专业发展时间的支配权，从而导致专业发展信心下降。

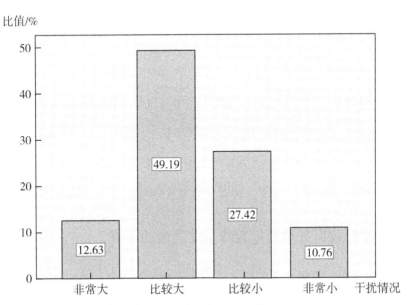

图 5-10　高校青年教师家庭琐对专业发展干扰情况调查结果统计

在访谈过程中，发现高校青年教师有这样一些心声：

M老师：我觉得有了家庭后自己忙了很多，以前只要一心想着科研方面的事情就行了，时间充足时还可以出去放松一下，但是现在除了上班就是在家里，甚至忙得顾不上写论文了。

H老师：我是属于生孩子比较早的，身边很多人都是规划好评上副高之后再要孩子，因为要了孩子之后就会分心。如果像我这种情况在没有评上副高之前就生了孩子的话，要同时兼顾评职称和照顾孩子，所以在这个过程中还是挺累的。

工作时间的碎片化是影响高校青年教师专业发展动力的重要原因，而他们在个人时间安排方面往往是缺乏保护的，面对各种任务要求，他们没有办法拒绝，使得他们的自由时间被分散，长期处于缺乏沉浸式的发展中，高校青年教师专业发展效能感也随之降低。

第三节　效能驱动机制的优化策略

专业发展资源条件是高校青年教师专业发展的基础，同时也是专业发展效能的保障，只有在保障高校青年教师拥有一定时间、精力可用于自身专业发展的基础上，通过外部的鼓励与指导，并提供适合的个人专业发展平台及人文环境，高校青年教师才能够取得较大进步和长足发展，并且对自己未来的专业发展产生希望和信心。基于前面的分析，可从减少行政事务的干扰、完善培养培训制度、强化发展中心作用、完善专业发展共同体等方面为青年教师的专业发展提供必要的资源条件，在外部发展环境上形成良性驱动，促进高校青年教师专业发展动力的提升。

一、减少行政事务对青年教师专业发展的干扰

在高校工作中，青年教师不但需要完成本职工作，承担各种角色下的任务和压力，同时还要承担相当一部分的日常行政工作，包括管理学生、填写表格、处理报销单据、撰写总结报告、盖章，等等。这些行政事务大量耗费着青年教师的时间和精力，致使他们真正用于自我专业发展的时间和精力较少。很多青年教师抱怨说：

"我感觉每天工作都是在填表、盖章、打印、复印中度过的"。尤其对刚入职的青年教师而言，由于不熟悉工作流程，重复返工也比较常见，可用于自身专业发展的时间和精力就更少，行政事务繁重，很多青年教师疲于应付，制约高校青年教师提高时间利用效率，这种繁忙而无序的工作状态不断消耗着青年教师专业发展的效能和动力。

所以在实践过程中，必须保障高校青年教师的专业发展时间，减少行政事务对高校青年教师专业发展的干扰。在学校的管理制度当中，第一，要关注到青年教师的时间成本，做好事务性工作的统筹协调，尽可能地做到专事专管，减少对青年教师行政事务的摊派。第二，要提升行政服务的质量，尽量简化审批程序，在任务流程指引上做到清晰、准确、高效，不占用青年教师过多的时间和精力。第三，要加强学校办公平台的建设，利用新的技术手段提升行政工作效率，尝试施行"无纸化办公""视频会议"等形式，以此来减少青年教师的精力损耗，增加其自由支配的时间。总之，高校行政管理人员应该形成较为科学的时间观念，合理安排时间，使工作更具计划性，与高校青年教师的工作任务更加协调，避免临时性工作带来的时间冲突。此外，还要弱化行政权力对于时间的挤占，教学科研工作与行政事务分离，杜绝出现行政事务高于其他事务的现象。

二、完善青年教师的培养培训制度

良好的培养培训制度是高校青年教师持续发展的前提，只有通过系统性、专门化的培训，高校青年教师才能够更好地胜任所在工作岗位，并规划好自己未来的专业发展方向，从而更快地提升自己的专业水准。高校青年教师的培养是一项长期性的系统工程，不同时期的培养方式和内容都需要有一定的差异性和关联性，从而对青年教师职业生涯形成完整而连贯的影响。从调查情况来看，目前对于青年教师的培养都是通过项目来引领的，针对青年教师的教学、科研等方面的技能进行专门专项培养。这种单一的培养方式不但容易造成内容空洞和过程流于形式，而且割裂了青年教师本身的能力结构，提升效果有限。所以必须改变过去以知识、能力为本位的青年教师培养培训模式，从青年教师的核心素养出发，结合青年教师岗位职责和发展阶段等方面的差异，制定不同的培养策略，形成多点结合、上下贯通的高校青年教师专业发展制度体系。

在具体实施过程中可以形成三级联动的培养培训体系。第一，由政府或教育主管部门以制度化的方式赋予高校青年教师更大的发展自主权，让高校青年教师参与到自身的专业发展培养计划的决策之中，在此基础上组织多样化的培养培训项目，充分调动各方资源和渠道对青年教师进行专业意识、专业技能、专业知识等方面的系统化培养培训。第二，由人力管理机构和教务管理机构有针对性地开展青年教师校本培训，立足岗位要求，兼顾广泛性和个性化特点，在"传、帮、带"的基础上鼓励青年教师间进行业务交流和业务合作，努力形成青年教师专业发展共同体。第三，学校要积极构建与青年教师专业发展阶段相适应的培养培训模式，鼓励青年教师积极参加，增强青年教师专业发展的自主意识、发掘各种资源意识，通过合理规划个体专业发展方案，有计划、有针对性地通过自主学习、参与学术活动、参加社会实践、在职进修、网络学习等方式进行自我发展[①]。以上三个层面要做到相互补充、相互协调，形成学历培养和非学历培养相结合、理论培养和实践培养相结合、短期培训和长期培养相结合的培养网络，满足高校青年教师的专业发展需求。

在实践操作过程中，对于高校青年教师的培养培训不能搞"一刀切"。在高校中，青年教师个体在学科背景、学术精力、专业特点等方面都存在着非常大的差异，所以对于青年教师的培养培训必须以多样化和个性化作为主要原则。同时，对于青年教师的指导不能只从表面上做文章，不能将培养培训作为一项任务来完成，要让青年教师真正感受到培养培训对自身专业发展的意义和价值，实现从"要我培训"到"我要培训"的转变。所以，培养培训内容的选择要突出时间性、创新性和专业性，必须与青年教师在教学科研工作中遇到的主要困难和主要问题相关联，通过帮助解决问题的方式，让青年教师更好地适应当前的工作，让他们能够在培养培训中获得真正的成长。在培养培训方式方面，要突出青年教师的主体性地位，改变传统"育婴式"的培养培训方式，鼓励青年教师独立思考，在接受新知识新观点的

---

① 袁晓杰.地方高校教师专业发展存在的问题及解决对策研究[D].长春：东北师范大学,2012.

同时形成自己的观点和看法。此外，在培养培训效果监控方面，应从青年教师的角度来看待培养培训的效果，青年教师满意的培训才是真正好的培训。

三、强化教师发展中心对促进教师专业发展的作用

高校青年教师专业发展是一项非常复杂的系统性问题，如果单纯地通过院系来推进，在很大程度上会受到资源条件的限制，难以起到非常好的效果，而以学校行政部门作为主体，则会产生指标化、形式化的问题，所以需要提供一个适合对高校青年教师专业发展进行统筹管理的平台。最近几年，很多高校纷纷成立了教师发展中心，以此来统筹高校青年教师专业发展与培养培训等方面的问题。从现实情况来看，由于教师发展中心在我国出现时间较短，缺乏经验，难免会存在一些不足，如在功能定位上存在一定的偏差，有些学校将其视为学校的行政机构，无法发挥其促进教师专业发展的职能；在服务内容上缺少对教师发展、教育教学、课程建设等方面的深入研究；在自身影响力上，由于本身专业化程度不高，教师参与度有限，影响不足[1]。虽然教师发展中心有着自身的不足，但必须深刻地认识到教师发展中心是提高高校青年教师专业发展水平、提升其专业发展积极性的重要平台这一事实。教师发展中心可帮助高校青年教师解决专业发展问题，尤其是在入职后的培训工作、职业规划、科研工作等方面都能够提供一定的指导。此外，高校青年教师也可以通过教师发展中心将自身存在的问题和发展过程中的需求，向上反馈，通过双向交流和互动，激发青年教师的职业积极性。因此，强化教师发展中心对促进青年教师专业发展的作用，弥补教师发展中心目前存在的不足是有效提升青年教师专业发展动力的有效手段。

在具体实施的过程中，教师发展中心作为实现高校青年教师专业发展的重要平台，一方面要积极发挥宣传、指导、服务、科学评价、综合研究等职能，利用互联网、讲座、视频通话等途径，不断宣传教师发展中心的服务宗旨和规章制度，教师发展中心要帮助青年教师制定专业发展道路和能力提升计划，为校内的组织或个人

---

① 杨洁. 我国高校教师教学发展中心：现状、问题与突破[J]. 教育发展研究，2018，38（9）：23-27.

提供身心健康咨询、教学水平培训等服务，并为组织或个人提供心理状态评估、职业能力水平评估等测试，通过对所得数据的研究和分析，帮助青年教师提高业务能力，并将所得的研究成果应用到实践中去。另一方面，教师发展中心在深度把握高校青年教师专业发展需求的前提下，积极主动地为高校青年教师专业发展提供帮助，以此来提升教师发展中心在高校青年教师群体中的影响力。

四、建立和完善教师专业发展共同体

高校教师的学术等级晋升具有强烈的竞争性。从学术活动规律来看，适当的竞争压力对人才能力的保持、提升和潜力的挖掘是必要的，但是持续过大的竞争压力就会导致高校教师效能感降低，专业发展动力不足。因此，应该遵循高校青年教师专业发展动力的内在规律，合理平衡专业发展过程中的合作与竞争，形成互动共进的专业发展共同体。通过建立教师专业发展共同体打破组织内不同部门、不同级别成员之间的界限，并打破与组织外的部门之间的界限，使之成为一个能够顺畅与他人及外界进行沟通和对话的组织，以便于知识和信息的共享和流通，在交往、互动、对话、协商、合作和分享过程中形成联系紧密的有机体。此外，通过教师专业发展共同体为高校青年教师发展提供丰富的学习资源和相互学习交流的平台，促进高校青年教师个人专业发展，为高校青年教师间的合作提供更多的机会，将高校青年教师之间的竞争关系转变为伙伴和朋友的合作共进关系，优化高校青年教师的发展环境，丰富高校青年教师的发展资源。

在实践过程中，高校应鼓励和支持青年教师自主建立专业发展共同体，为他们提供场地、设备、办公条件、活动经费等必要的资源条件，保证在他们的活动时间内不以任何形式实施行政干预，具体需要从以下 3 个方面来进行突破：第一，提倡以学群、学类为基础成立跨学科组织，鼓励青年教师和学员既属于特定的学群、学类，又分别在几个学群、学类教课和学习，打破原有的学科结构，形成不同专业之间的融合与交流；也可以通过网络平台形成学习社区，尽可能地实现教师之间的多维互动交流，相互影响，促进发展，以实现青年教师专业素养的提升。学校部门作为主要组织者和领导者要提供必要的组织、经费、人员、智力等方面的支持，让青年教师之间的沟通与交流保持畅通。第二，在高校教师专业发展共同体的建构和完善过程中，需要打破个体之间的隔阂，转变高校中的个体主义思想，让青年教师能够充分而深入地进行有意义的交流和沟通，形成专业发展共同体文化，这需要评价机制的推动。在建构专业发展共同体时，将学校的发展目标、文化传统与资源条件融入评价机制中，让团队文化与校园文化一脉相承，并与学校发展目标相一致。第三，摒弃以往"分蛋糕"的思想，要形成一种"造蛋糕"的理念，在平等开放的基础上，促进青年教师间的相互信任和共同提升，把封闭、孤立、冷漠、猜忌的圈子文化转向开放、信任、协作的合作文化[①]，从而使青年教师在这种文化氛围中逐渐形成相互信任、相互扶助、相互支持的良好同事关系。这种文化也需要通过学校的引导来实现，学校可以通过组织相应的教师合作项目、学习讨论等，让青年教师之间的交流更加密切，逐步淡化青年教师之间的利益竞争，转而向学术合作方向变革，形成一种积极而有序的合作发展模式。

---

① 邓涛, 鲍传友. 教师文化的重新理解与建构: 哈格里夫斯的教师文化观述评[J]. 外国教育研究, 2005（8）: 6-10.

第六章
高校青年教师专业发展的情感驱动机制及优化策略

第一节　情感驱动机制的形成机理

　　美国社会心理学家罗伯特·艾森伯格研究发现，企业对员工的关心和重视程度会影响其工作积极性。首先，员工感知到组织支持会促使他们对组织产生责任感。其次，组织支持使得他们产生对组织的情感承诺，提升自我发展的自信心。最后，对员工幸福感的关心会提升其工作积极性。积极心理学认为幸福感与个体的个性特征和工作环境相关，那些在相对适应环境下的人具有较强的幸福感，同时具有良好的社会道德和社会适应能力的人，能更轻松地面对压力、逆境和损失，即使面临不利的社会环境，他们也能应付自如；相反，较低的幸福感则会影响生活质量和工作效率。在高校青年教师专业发展过程中，较强的专业认同、较大的专业兴趣会在专业发展过程中使青年教师充满乐观与希望、专注与灵性、创造力与勇气，从而能够更好地使工作中各个层面和各种因素达到和谐与平衡。

　　关于高校教师职业发展学习行为的研究也发现，高校教师在教学、科研等方面的学习投入与其职业情感承诺、职业规范承诺具有高相关性。在专业兴趣的支持下，高校青年教师对于自身主动、持续的专业发展更加热衷，同时快速的专业发展也在不断增强着他们的职业幸福感和专业认同感。职业幸福感包括对教学工作的热爱、对学术责任的担当、对科学研究的执着，这种内在的精神力量促使他们将追求教师专业发展当成一种生命的自觉行为[①]；职业幸福感能够提升高校教师群体的工作满意度，促进高校教师专业发展[②]；能够显著促进高校青年教师创新行为的产生[③]；同时也是提升教学能力的重要因素之一[④]；专业理念、专业情操、专业性向和专业自我是高校教师专业发展的基本动力[⑤]，对其专业发展有着显著的预测作用[⑥]，职业适应存在显著的正相关[⑦]，不仅影响教师的专业自主发展意愿，也影响教师专业自主发展的行为和水平[⑧]。职业幸福感缺失是造成职业倦怠并威胁高校教师职业健康和职业生涯发展的重要因素[⑨]，不仅会对教师身心健康产生严重的损害，还会阻碍教师职业素养的提高以及个人的专业发展[⑩]。

第二节　情感驱动机制的现状

一、情感驱动机制的现实样态

积极的情绪状态是情感驱动的重要内容，是一种促使高校青年教师将追求自我专业发展当成个体自觉行为的内在力量。积极的情绪状态能够增强青年教师自主发展的意愿，增强青年教师专业发展的欲望，促进创新行为的产生，从而有效提升教学、科研、实践指导等能力。而消极的情绪体验则可能造成职业倦怠，对青年教师

---

① 杨海燕，李硕豪. 回顾与前瞻：我国高校教师专业发展问题研究十年：基于2005—2014年国内高校教师专业发展的文献资料[J]. 中国大学教学，2015（4）：81–86.

② 孙彬. 高校教师职业幸福感缺失原因与路径探析[J]. 江苏高教，2018（2）：43–46.

③ 郑楠，周恩毅. 高校青年教师的工作幸福感对其创新行为的影响研究[J]. 国家教育行政学院学报，2017（10）：58–64.

④ 孙东阳. 影响高校专业教师教学能力提高的因素浅析[J]. 美术教育研究，2012（5）：85–86.

⑤ 曲铁华，王希平. 论高校教师专业发展的动力与策略[J]. 现代教育科学，2009（7）：77–80.

⑥ 高振发. 高职教师职业认同与专业发展的相关性分析[J]. 教育与职业，2018（19）：87–93.

⑦ 金明珠，樊富珉. 高校新教师的职业适应与职业认同研究[J]. 清华大学教育研究，2017，38（3）：113–117.

⑧ 李壮成. 职业认同是教师专业自主发展的原动力[J]. 教学与管理，2010（25）：27–29.

⑨ 赖芳. 高校教师工作压力、工作价值观和幸福感的关系研究[J]. 教育与职业，2013（32）：69–70.

⑩ 李莹莹，唐海滨，彭勃. 象牙塔中的隐忍：高校教师职业倦怠审思[J]. 中国高等教育，2014（23）：54–55.

的专业发展意识产生抑制作用，减弱教师提升专业素养的欲望，甚至会对青年教师的身心健康产生损害。青年教师的情绪体验主要来自他们的专业兴趣、成就体验以及职业认同等方面。

（一）专业兴趣

对专业的兴趣往往体现在行为的选择方式和精力、时间的投入程度上，对事情本身的兴趣往往是建立在个人成就感的基础上，与教师专业发展是一个辩证统一的关系，一方面兴趣能促进教师的专业发展；另一方面随着专业发展的不断深入，兴趣也在不断地提升。

在访谈过程中，发现高校青年教师有这样一些心声：

F老师：我觉得自己与学生交流或者上课的时候会特别开心，感觉上课是一件很开心、很舒服的事情，也愿意跟学生一起交流，然后就会一直想着把课上好。

S老师：我认为真正全身心投入做科研是一件很奢侈的事情，也是一种享受，我是真的羡慕能专心搞科研的人，现在就是希望能够得到一个平台，能够自由地做一些自己想做的科研，可以没有那么多限制。

Z老师：我自己是有很多想做的东西，也找到了感兴趣的东西，但是因为处在这样的一个体制里面，会受很多外部东西的影响。现在，我可能想把自己感兴趣的东西转化成别人能资助我的课题，这样对我来说是最好的一个状态。

无论是对教学的兴趣还是对科研的热爱，青年教师对工作的情感投入都能够引起对工作学习的投入，也就成为一种专业发展驱动的因素。

（二）成就体验

研究表明，高校教师的职业效能感和主观幸福感呈正相关[①]。这是因为高校教师的文化素养相对较高，薪酬待遇和社会地位也相对较好，自我实现的需要也更强，所以能够通过不断学习使自己的价值、潜能、个性得到充分而完备的发展和实现，进而取得相应的成就。

在访谈过程中，发现高校青年教师有这样一些心声：

---

① 翟瑞，沈潘艳，顾倩，等.高校教师职业效能感对幸福感的影响：职业倦怠的中介作用[J].四川精神卫生，2014，27（4）：289-292.

F 老师：别人不做的我来做，别人做不成的我能做得差不多。我觉得这也是一种成就感，然后你就会想着不断发展。

H 老师：我是比较喜欢和人打交道的，偶尔在节日学生会送我一些小礼物，比如一小盒糖，自己画的画等，都令我特别有成就感，感觉自己被肯定，从而会获得动力。

Z 老师：如果说令我自豪的事，并不是我发表了很多文章，而在于我今年的学生都顺利毕业了，这就令我对自己的工作有了自信，也想进一步发展了。

W 老师：我感觉自己可能还没达到原先期待的水准，读书的时候为了写作一篇博士论文我会主动去读很多书，工作之后感觉更需要有自己感兴趣的东西，让自己能主动深入地去学习，从而提升自己的能力。

成就体验是高校青年教师的愿望与现实达到平衡时的一种积极情感体验，当青年教师完成一个课题或者一个任务而得到肯定时，就会产生愉快或成功的感觉，而这种积极的情绪体验能够让高校青年教师更积极地去发展自己的专业。

（三）职业适应

科研可以说是高校青年教师自身发展和竞争的生命线，在当前重视科研的环境下，高校青年教师几乎是醉心于科研，希望通过科研成果获得他人的认可，这种对职业认同的追求能够催生出强大的精神动力。

在访谈过程中，发现高校青年教师有这样一些心声：

Z 老师：我们都特别希望别人认同自己的工作，无论是来培训还是来上课的硕士、博士，是真心希望获得他们的认同的。

H 老师：就像×××老师那样，她对自己的专业有一种信仰，把学术当成人生信仰，我觉得这是一种初心吧。有这样的信仰，你的小火苗就不会熄灭，不然的话你就可能会被物质或者科研压力、繁杂事务压得喘不过气来，也就忘了自己的初心是什么，工作热情也会减退。

F 老师：我来这里之前去过北边的××学院，做科研加行政，不用上课，薪资比现在高。但我觉得没啥意思。我在师范大学学了10年，却没有课上，没有学生可教，那就太失败了。

高校青年教师需要被社会认可，而真正能够反映社会认可程度的就是各种荣誉和名声，而且这也是高校青年教师进一步发展的资源。

在访谈过程中，发现高校青年教师有这样一些心声：

D老师：我没去其他物质条件更优厚的学校的原因是学术圈真正承认的名声、荣誉，在这里更容易获得认可，也有发展空间。

职业适应就是在工作过程中能够适应工作环境并将自己的专业特长充分发挥出来且获得组织或他人的认可，从而获得强烈的幸福感和满足感。

二、情感驱动机制目前存在的主要问题

目前，高校青年教师专业发展的情感驱动机制存在的主要问题是发展成就感不足。发展成就感是教师在自身发展过程中因充分发挥自身能力、充分挖掘自身潜能、充分实现自身价值等而获得的愉悦感受与体验以及内心的满足。较高的发展成就感是高校青年教师不断进行专业发展的动力源泉，而发展成就感不足则是导致高校青年教师职业倦怠的重要原因。高校青年教师对于自身工作回报的判断可反映出其发展成就感的高低。从高校青年教师工作回报的调查结果可以发现（如图6-1所示），9.95%的受访的高校青年教师认为自己的工作没有得到应有回报；54.03%受

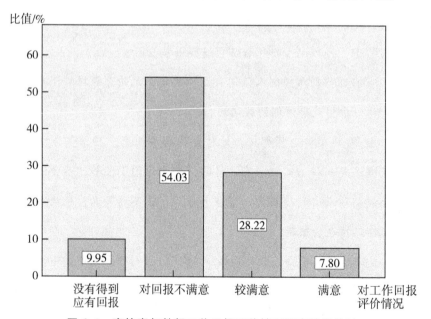

图6-1 高校青年教师工作回报评价情况调查结果统计

访的高校青年教师对自己得到的回报不满意，仅有 7.80% 受访的高校青年教师对自己得到的回报表示满意。可见，高校青年教师专业发展的成就感不足，青年教师较难在工作投入与工作回报的权衡中获得愉悦的感受与体验，一定程度上影响其专业发展的动力。

高校青年教师的发展成就感作为一种个体主观体验，会受到一系列主、客观因素的影响，如自身取得的进步情况、用于发展的时间情况、学生上课时的反应、与学生的关系、外部的评价等都会对高校青年教师的发展成就感产生影响。

在访谈过程中，发现高校青年教师有这样一些心声：

M 老师：一直觉得自己写的东西还是不错的，自己也挺有信心，觉得会很顺利地评上副教授。然后一直按部就班地发表文章，搞科研，但一直没什么自我突破，就是为了发表文章而发表文章。

W 老师：我平时很少参加一些可去可不去的活动，就是为了争取一些可以用于学习和专业发展的时间，但是这些时间很少用于学术上，大多被浪费了。如果都用在学术研究上，可能我现在已经发表了一批高质量的文章，自己进步缓慢可能和这些有关系。

L 老师：我对自己现在的状态不是很满意，感觉自己所学的专业没有完全发挥出来。

Z 老师：我们研究生的课一般是三四十人，本科生一两百人，这种大课还是比较辛苦的，因为我没办法把所有的知识传递给所有人。当然，如果遇到不认真的学生，也会影响我上课的热情。我们学生的素质不是特别高，理论课对他们来说是比较枯燥的。有的时候感觉对他们的期望太高了，就不应该有这么高的期望，天天想这些东西，感觉挺受挫的。

S 老师：我现在挺怀念读书时，虽然身体累一些，但内心是充盈的。现在工作了感觉一天转眼间就过去了，也没什么收获。虽然我上课热情很高，有时学生还会和你互动，课堂上大家都挺开心的。但是课上他学没学，课下消化没消化，你也不知道。而且学生这么多，平时和学生的日常互动也不是特别多，会觉得很没有成就感。

L老师：大家都是成年人了，没夸你其实就已经是在说你不好了，而且除非你出现了重大差错，领导才会说你几句，这个自己要清楚。

W老师：一开始工作的时候遇到困难时，会有前辈会不断地鼓励你，然后自己慢慢成长，也慢慢积累了一定的自信。

高校教师的工作很难在短时间内看到成果，而自身的专业学习也很难取得立竿见影的效果，青年教师在日复一日的写论文、报课题、报奖项的过程中，专业发展热情、发展理想都在不断地被消磨，长期的重复性教学工作，沉重的科研压力和工作焦虑，各种专业评估无时无刻不在削减着高校青年教师的专业发展兴趣，久而久之，高校青年教师不愿进行学科知识学习和学术创新，对教学工作也是应付了事，在日复一日忙碌而低效的状态下，他们的专业发展动力面临着极大挑战。

三、情感驱动机制问题形成原因分析

当前，高校竞争越来越激烈，青年教师的竞争压力大，发展难度高，同时日常工作事务繁杂，任务量大，而且本身的专业指标存在重量而不重质的情况，所以从这个方面来说，适度的成就动机可以给青年教师的教育教学工作注入动力，提高工作效率，促进自身专业发展。

目前，在收集到的关于高校青年教师的培养文件中，关于青年教师专业发展策略的信息片段共有506个，主要可以分为"全员培养"和"择优支持"两个方面。"全员培养"一般在校内进行，以在职学习为主，帮助青年教师掌握基本的工作技能和专业知识，共有信息片段116个，包括岗前培训、导师引领、实践锻炼、观摩学习等内容；"择优支持"共有信息片段390个，包括出国学习、做访问学者、学历进修、骨干教师培养等内容。在所有的信息片段中，"择优支持"的频数为390个，占总数的77.08%，说明各高校更倾向于通过国内访学、出国研修、学历提升等方式为青年教师提供发展支持，然而这些方式都带有一种选拔性，主要针对工作成绩、教学科研水平、基本素质比较突出的青年教师。这说明高校对人才的培养以学校的利益为根本出发点，把青年教师培养作为人才战略的投资，在资源有限的条件下优先对相对优秀的青年教师进行培养，让优者更优，以实现效益最大化，一定程度上缺乏人文关怀。

高校青年教师刚进入职场，有着强烈的发展欲望和证明自己能力的渴求，但是随着工作时间的延长，这种意识逐渐被消磨。结合实地调研情况，一名高校青年教师不但要认真做好基本教学工作，还要承担包括毕业论文指导（设计）、学科建设、日常管理、教学研究、论文发表等在内的多项工作。另外，各种评教、考核、竞争、人际关系等方面的压力又让高校青年教师本就疲惫的身心雪上加霜。在这样超负荷的工作压力下，高校青年教师普遍感觉自己的精力耗竭，身心疲惫，高校教师这个职业带给他们的幸福感日渐消退，导致他们难以把教师当作一个实现自我的职业。

从高校青年教师工作负荷方面的调查结果来看（如图 6-2 所示），13.44% 受访的高校青年教师认为自己的工作量非常大，已是超负荷工作；47.85% 受访的高校青年教师认为自己的工作负荷比较大。可见，大多数高校青年教师工作繁重。在访谈中，很多高校青年教师也谈到自己工作负荷过大的问题。

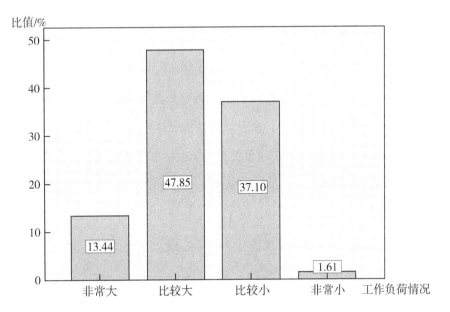

图 6-2　高校青年教师工作负荷情况调查结果统计

在访谈过程中，发现高校青年教师有这样一些心声：

G 老师：我刚去系里的时候就被安排了很多课，兼任了 4 个毕业班的班主任，当时团总支书记外出进修，我还代任了一年的团总支书记。当时每天结束工作后都是一种极其疲劳的感觉，除了休息什么都不想干。

L 老师：一个学期课时量要达到三四百个课时，按时间安排只能是勉强把课上完，学院在这块没有给青年教师提供专业上的定位，没有定位对于青年教师来说，就会是这样一种枯竭式的使用。

M 老师：记得我刚参加工作的时候，每天晚上 10 点半到 11 点半还要干在学校没有干完的活儿，连做饭、吃饭的时间都没有，晚上就煮挂面加点盐，造成我现在看到挂面就恶心。当时学校给了我 7 门课的教学大纲的拟定任务，寒假还要做教学大纲，好几个寒假都是这么过的。

B 老师：我入职的时候也是被排了很多课的，还有一门教育统计与测量，我当时一周 42 节课，确实是上不过来了，就没有上。我当时给导师打电话，导师听完说：太吓人了，这完全就是枯竭式的使用。

对全国 56 所设有研究生院高校的专任教师进行了调查，结果表明，高校教师每周工作时间在 41 小时以上的 35 岁及以下的青年教师数约占该年龄段受访教师数的 60.90%[1]。超负荷的工作给高校青年教师带来过度劳动，影响他们的职业热情，产生如才智疲劳、生理疲劳、精神疲劳、社交疲劳、行为疲劳、价值疲劳等症状，这些生理与心理上的疲劳会影响高校青年教师的专业发展动力，形成职业倦怠。如果缺乏正确的激励机制和缓解措施，就会导致高校青年教师工作满意度下降、工作效率低下或离职等非理性选择[2]。在超负荷、高压力的工作情境中，高校青年教师只能应付眼前的问题，无暇顾及专业方面的发展，激情和意志也在这种超强的工作负荷面前被消磨掉。

从工作难度方面的调查结果来看（如图 6-3 所示），62.90% 受访的高校青年教师认为自己的工作是不太容易完成的，每天都处于一种高强度、高压力的状态下。高压状态往往会使青年教师产生工作焦虑情绪。从高校青年教师的工作焦虑情况的

---

[1]　阎光才, 牛梦虎. 学术活力与高校教师职业生涯发展的阶段性特征[J]. 高等教育研究, 2014, 35 (10): 29-37.

[2]　陈天学, 陈若水. 高校教师过度劳动与工作满意度的影响机理研究：基于职业倦怠为中介变量[J]. 高等教育评论, 2015, 3 (2): 116-127.

调查结果来看（如图 6-4 所示），8.06% 受访的高校青年教师认为自己处于持续焦虑的状态下；52.69% 受访的高校青年教师认为自己处于经常焦虑的状态下，这说明高校青年教师的工作焦虑情况较为普遍，这种焦虑与过高的工作要求、过多的工作量有着非常大的关联。

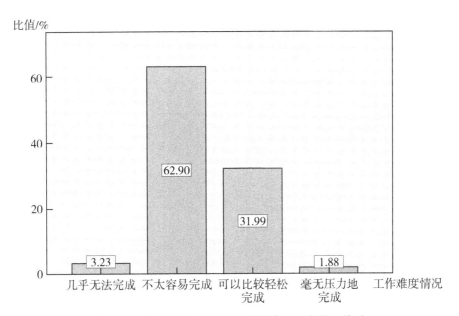

图 6-3　高校青年教师工作难度情况调查结果统计

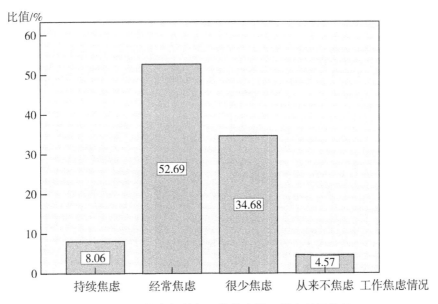

图 6-4　高校青年教师工作焦虑情况调查结果统计

从职业安全方面的调查结果来看（如图 6-5 所示），7.80% 的受访的高校青年教师感觉自己随时可能失去工作；40.32% 受访的高校青年教师认为自己稍不努力就可能有"非升即走"或"末位淘汰"的危险，这说明高校青年教师对于自己的职业普遍存在危机感。近年来，随着高校退出机制的不断推行，青年教师越来越能感受到自己面临着职业危机。此外，高校制定的考核也为青年教师带来了很大的压力。从图 6-6 可以看出，10.75% 受访的高校青年教师认为学校考核带来的压力非常大；

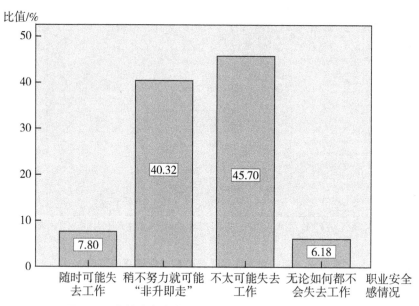

图 6-5　高校青年教师职业安全感情况调查结果统计

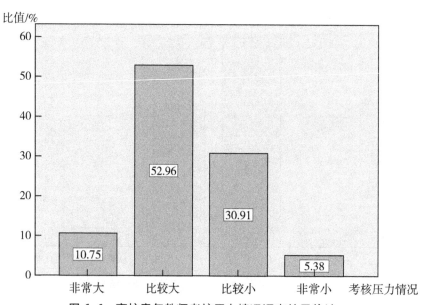

图 6-6　高校青年教师考核压力情况调查结果统计

52.96% 受访的高校青年教师认为学校考核带来的压力比较大。高校青年教师长期处于这种高压的环境中也会对发展信心和发展成就感产生不利影响。

从社会整体职业薪酬情况来看，高校教师并不是一个高薪职业。对于刚入职的青年教师而言，由于工龄短、职称低等，他们的工资收入、工作条件、社会地位远不及同学历在其他行业工作的人。面对巨大的竞争压力和生活压力，青年教师需要付出更多的努力才能追赶上其他行业同龄人的步伐。从校门跨入工作岗位需要较长时间去适应和学习，如果在论文发表或课题申报上没有突破，就很难在工作单位中获得认可，工作上的失败经历直接加大了青年教师的心理压力，专业发展效能感被不断侵蚀，甚至可能出现"学术逃离"倾向。

在访谈过程中，发现高校青年教师有这样一些心声：

D 老师：有压力才会有动力，但我认为现在的考核应该更加注重一个长效机制。有些老师的科研并不是短期内就能完成的，比如说要求我这个课题一个月出一篇文章就不太现实。我研究的领域需要一年时间来收集数据，然后才能写一篇比较好的文章。这样一年一考核的制度对我来说就处于劣势了，那些东拼西凑就能搞出一篇文章的老师的分数就会比我高。所以，我觉得应该建立一个长效机制。对于今年考核分数欠佳的老师要深入了解，有的老师在很认真地做科研，但就是出成果比较慢，这个和研究项目本身的特点有关系，有些学科不像理科那么容易出成果。想办法能够快点出成果的话肯定不会是一个好的成果，像一篇博士论文只用一年的时间是不会有好的成果的，必须两到三年才会写得比较好。目前这种量化的科研考核会给人比较大的压力。

L 老师：以前学校的考核没有给你太大的压力，评讲师要求发表过两篇论文，同时课时够了就行。感觉那个时候写东西完全是出于兴趣，无论能不能发表，都是自己想写的，随着不断的积累自己会慢慢调整，感觉还是充满动力的。但是后来科研压力越来越大，功利性的思想也越来越强，写的东西往往不是自己想要的东西，东拼西凑，反正能发表就行，感觉对个人能力没什么提升作用。

J 老师：为了完成课时任务，根本就没时间备课，照本宣科最容易，但是对个人能力没什么提高。我现在已经讲七八门课了，但没有哪门是讲得比较透的。目前遇到的问题就是自己想要发展，但事实上又不能百分百地投入自身的发展中，我不知道这是不是自我发展动力消退。

由于高校教师角色的复杂性与多样化，使得高校教师职业成为一种强压力的工作，既要完成教学工作、尽到育人的责任、关心学生的成长，又要花大量时间和精力去完成科研课题、发表学术论文，当这些繁重的工作全部压下来的时候，青年教师必然处于一种紧张的状态之中，很难找到专业发展的突破口和主攻方向。调查结果同样发现（如图6-7所示），在巨大的工作压力下，超过半数的高校青年教师认为自己未来专业发展的前景不理想，其中3.76%受访的高校青年教师认为自己的专业发展前景很差，说明高校青年教师对于自身专业发展缺乏信心，在一定程度上影响了他们的专业发展动力（见图6-7）。

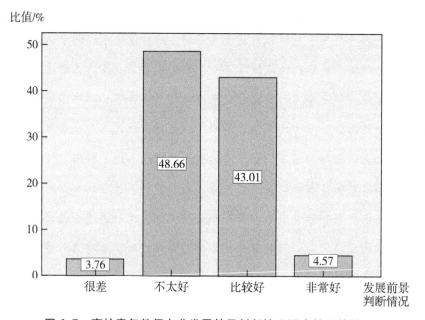

图6-7 高校青年教师专业发展前景判断情况调查结果统计图

在访谈过程中，发现高校青年教师有这样一些心声：

Z老师：我现在就是觉得自己确实是在堕落，虽然已经比较努力，但是总是做不到比较理想的程度，所以慢慢地内心当中的一点激情也就消失了。

促进高校青年教师的专业发展，适度的压力是必要的，但是如果使青年教师一直处于高压力状态的话，并不利于高校青年教师成长，同时也会对高校青年教师专业发展动力起到破坏作用。从教师专业发展的周期来看，高校青年教师的专业发展是一个系统的、长期的学习过程，需要长时间的学习积累，其教学与科研的成果具有延时性。目前高校对于青年教师的任务设定一般以完成短期任务为主，是一种短期的要求，通过对青年教师短期施加压力的方式来激发其专业发展潜能。但从实际效果来看，这种外部压力不但没能有效地促进青年教师的专业发展，而且还会打乱青年教师专业发展的节奏，在其专业发展的道路上增加了很多难以逾越的障碍，严重挫伤其发展的积极性。高校青年教师时刻处于疲惫的状态中，缺乏内在强化动机，自主发展热情减退，专业发展信心受挫，很容易产生职业倦怠情绪。

第三节　情感驱动机制的优化策略

人性假设理论的创始人道格拉斯·麦格雷戈指出，管理的任务在于创造一个使每个职工都能从中获得"内部奖励"的工作环境。这种"内部奖励"指人们在职业活动中的幸福体验，即职业幸福感。对于高校青年教师而言，职业幸福感是指他们工作过程中，因物质需要获得满足、潜能得到发挥、力量得以增长、人生意义和价值等得以实现而获得的持续快乐体验。这种快乐体验能够促使高校青年教师将更大的精力投入自身专业发展的过程中，并以此作为内在发展动力。职业幸福感植根于内心的主观感受，是自身对外界环境的情感反映，因此对外界环境的平衡感和舒适感提出了很高的要求。增强高校青年教师的职业幸福感需要充分尊重青年教师的生命和人格、改善生存条件、提供良好的工作环境、减轻工作压力。

一、充分尊重高校青年教师的生命和人格

在高校工作中，教师不仅要完成本职工作，承担各种角色下的任务和压力，还需要对教育理念、职业操作等进行思考和优化，这些因素的叠加会使高校教师的工作更加难以开展。虽然自 19 世纪开始，世界各国的高校都将学术自由、教学自由、学习自由作为开展工作的基本原则，但是在我国高校行政化的影响下，高校教师管理模式并不尽如人意。另外，高校对于教师的考核层出不穷，考核指标面面俱到，

缺少必要的关心和关怀，致使高校青年教师的职业幸福感下降。

关怀教育理论家诺丁斯表示，关心是一种最能打动人心的相处模式，人们在关心中建立密切的关系。无论一个人如何夸耀自己热爱和关心他人，最主要的是要看他是否建立了一种能够被对方感受到关心的关系。此外，关心的同时也要做到尊重，高校管理者对青年教师的关心与关怀要带着尊重和理解，把尊重青年教师的生命和人格作为管理的第一原则，建立便捷的上下级沟通渠道，深入了解青年教师的内心感受和真实需求，真正为青年教师"办实事、做好事、解难事"，让青年教师切身体会到领导的心意，充分感受到学校"人本管理"的温暖。与此同时，要把促进青年教师的专业发展与他们的个人幸福、自我价值的实现紧密联系在一起，改变单一的考评机制，改变"重科研，轻教学"的考评导向，回归高校教师的工作本质，使青年教师宁静地追求工作的内在价值，有更多的时间和精力去体会"教书育人"的幸福感[1]。只有这样，高校青年教师才会在职业幸福感的不断增强中产生源源不断的专业发展动力。

在具体工作中，首先，要以高校青年教师行为意志的自由性、价值取向的自觉性、主体理想追求的超越性、发展过程的自律性为原则，尊重青年教师在其专业发展过程中的主体地位，尊重其个性特征和需求导向，充分调动高校青年教师的能动性、创造性和自主性，促进青年教师主观能动性的发挥，使青年教师真正成为专业发展的主角。其次，尊重青年教师的差异性和多样性，尊重青年教师的价值观、态度、认知、情感、自我意识等，尊重青年教师的自我选择和个性需要，相信青年教师的自我教育和自我发展能力，给青年教师一个自由成长和自主发展的空间。最后，青年教师的专业发展必须建立在人格平等的基础上，因此，管理部门与青年教师充分互动，使专业发展成为管理者与青年教师的共同目标，在平等互动中解答青年教师在工作和发展中的疑惑，使专业知识和专业技能不断与高校青年教师的自身发展相融合。

---

[1] 孙彬. 高校教师职业幸福感缺失原因与路径探析[J]. 江苏高教，2018（2）：43-46.

二、改善高校青年教师的生活条件

调查发现，高校青年教师专业发展的利益驱动主要表现在两个方面：第一，高校青年教师作为社会和家庭中的主要成员，承担着社会责任和家庭责任，一份稳定的工作和可观的薪酬是其生存和发展的物质基础，为了不丢"饭碗"，就要做好本职工作，因此专业发展成为高校青年教师的必然选择；第二，专业发展也是个人综合素质和综合能力提升的主要方面，只有在实际工作中证明自己的价值才能获得职业尊严，产生职业幸福感。高校青年教师具有较强的生存需求，物质利益是专业发展动力产生的基础，对物质利益的追求、享受精神愉悦、实现自我发展等都是青年教师产生专业发展动力的内在因素。有鉴于此，如果在青年教师专业发展的过程中充分肯定和彰显其个体利益和个体发展，必然会提高个体专业发展的积极性，提升专业成长的动力，最终提高专业发展的实效性和科学性。薪酬、岗位和绩效的管理是教师激励机制中最具有导向性和激励性的因素，因此应重点强化这 3 个因素的激励作用。

从事职业所获得的劳动报酬与职业幸福感密切相关，较高的薪酬不仅能够满足从业者的生活需要，而且还能体现从业者自身的价值，具有物质激励和精神激励的双重作用。高校教师从事着高级脑力劳动，从事着知识密集型工作，应获得较高的劳动报酬，然而其薪酬水平在知识密集型行业中却处于劣势。如一项调查结果表明：40.20% 受访的高校教师认为自己的薪资待遇未能与自身的工作付出相匹配，一半以上的高校教师认为自己的待遇低于社会其他职业中年龄相仿、具有同等教育程度的人[①]。值得强调的是，这种劣势在高校青年教师身上表现得尤为突出。由于资历浅、职称晋升难度大，即使是在高校教师群体内部，青年教师的薪酬水平也同样处于劣势。面对各项高额支出与消费的压力，青年教师不得不最大限度地延长工作时间，忙于应付各种任务，用于自我专业发展的时间被大量压缩，没有时间和精力学习和反思，致使职业幸福感降低，间接影响了专业发展动力。

---

① 蔡玲丽.高校教师职业幸福感的影响因素及增进策略[J].教育理论与实践，2010，30（36）：39-41.

一个人的幸福必须是物质幸福和精神幸福的和谐统一，虽然高校青年教师的职业幸福感更多地来自精神愉悦，但不能因为精神幸福的高尚而贬低青年教师的物质幸福①。因此，要肯定青年教师对物质利益的追求，政府及相关部门可以考虑增加财政投入，提高高校教师的经济收入，提高教师薪酬结构中财政保障性薪酬的标准和所占比例，适当控制市场化驱动机制对高校教师薪酬水平的影响程度，保持高校教师教学与学术产出的边际效益与薪酬定价的一致性，改善目前高校教师薪酬水平落后于其他知识密集型行业薪酬水平的局面，体现人力资本回报，为高校教师潜心做学问、传授知识、科学研究、创新创造等提供稳定良好的生态环境。此外，在增加薪酬的过程中不仅要提高层次人才的科研收入，更要关注普通教师的教学收入。

三、为高校青年教师发展提供良好的工作环境

积极心理学认为，积极的情绪和生理状态可以增强个体的自我效能感，而焦虑、害怕或紧张等情绪，以及疲劳或疼痛等生理体验则会导致个体自我效能感的降低，还会使个体产生挫败感和悲观失望情绪，难以从挫折和压力事件中恢复过来。工作环境作为高校青年教师专业发展外部环境中最重要的一部分，会对青年教师的情绪产生影响。舒适的工作环境，可以使青年教师保持良好的心境，由喜爱工作环境而爱上工作，对组织产生归属感，从而缓解工作压力，提高应对挑战的自信心。因此，在组织情境中，减少压力源、改善工作环境是增加高校青年教师心理资本的有效途径。

目前，我国高校由于办学规模快速扩张，办学经费和学校资源也比较紧张，学校对基础办学条件的投资比较少，教师的工作环境和工作条件未能得到大的改善，如许多教师办公条件简陋、拥挤，教学设备落后，实验室设备陈旧，没有午休室，食堂饭菜质量不尽如人意等，这些都大大影响了教师的工作积极性和工作质量，学校应加以重视并及时提供必要的设施，改善高校青年教师工作环境，以此来提升其专业发展动力。

---

① 孙彬. 高校教师职业幸福感缺失原因与路径探析[J]. 江苏高教, 2018（2）: 43-46.

四、减轻高校青年教师的工作压力

《中国高校青年教师调查报告》显示，在参与调查的高校青年教师中，72.3%受访的高校青年教师感觉"压力大"，其中36.3%受访的高校青年教师认为"压力非常大"，36.0%受访的高校青年教师认为"压力比较大"[①]。可见，高校青年教师不仅仅是一个高知群体，更是一个高压群体。根据本研究的调查情况可知，高校青年教师的工作压力主要来自科研、教学和行政事务。为提升教师的工作效率，实现学校效益的最大化，高校为教师们制定了一系列可以精确量化的任务指标，并辅之以完成时间的硬性要求。在这种完成任务指标紧迫感的压力下，在残酷的激烈竞争中，青年教师工作效率低下、幸福感降低、职业倦怠等一系列问题逐渐显露出来。这一现象的产生主要是由工作安排不合理、资源保障不充分、行政事务干扰多、任务分配不公平等多种因素综合造成的。这种工作压力不仅对青年教师的身心健康和家庭幸福造成了不良影响，还消磨着他们的工作热情，影响他们的专业发展积极性。因此，适度减少青年教师的工作量，保障青年教师用于自由发展的时间，提供充足的发展空间和发展资源是提升高校青年教师专业发展动力的必要条件。

首先，高校管理者和决策者要对高校教师的工作特征和工作性质有一个清晰的认识。青年教师作为知识工作者，其工作过程具有复杂性和长期性，工作成果具有模糊性和延缓性，知识创新具有积累性和偶然性。因此，要形成一个长期的教师评价机制，从学术创新的规律出发，确保学术工作开展所需要的时间和周期。其次，注重工作任务的合理分配。在工作任务的分配过程中，要对青年教师的兴趣、能力及研究领域等进行系统考查，以此为依据进行工作任务的分配。与此同时，将青年教师完成所分配任务需要的时长和精力充分考虑在内，为青年教师的学术交流、学习深造、教育教学、自主发展等预留充裕的时间。再次，加强行政服务的职能，做到行政事务与教学科研事务相分离，尽量做到专事专人，减少事务性工作对青年教师的干扰。最后，保证任务分配的合理均衡，不以资历深浅、职称高低等外在条件

---

① 廉思.工蜂：大学青年教师生存实录[M].北京：中信出版社，2012：248.

作为任务分配的依据，以青年教师的主观意愿作为任务分配的第一参考。总之，高校要减轻青年教师的工作负担和工作压力，让青年教师有更多的时间和精力投入自身的专业发展中，有更多的时间和精力感受高校教师这一职业带来的幸福体验和愉悦的感受，从而通过良好的情绪体验提升他们的专业发展动力。

第七章
高校青年教师专业发展的价值驱动机制及优化策略

第一节　价值驱动机制的形成机理

自我价值感是个体对自身重要性进行肯定和接纳的情感倾向，能增强人们达成目标的决心和面对困难坚持不懈的意志，对个体内在心理活动和外在行为表现都有动力性影响。这种情感倾向大多源自自我实现的需求，通过对自己工作意义和价值感知体验到一种强烈的热情，使得他们愿意在工作中投入大量精力，并从中获得成就感和满足感。对于高校青年教师来说，这种价值驱动可以使其产生提升专业能力的欲望、追求有价值的行为，并使之达到完美状态的动力，是一种以自我社会价值为标准的成就动机，即一种以高标准要求自己力求取得活动成功为目标的价值判断。

高校教师的价值追求是以实现自己对社会的有用性为目的所做的努力，包括献身科学知识的追求、传承科学文化的追求和提升社会道德的追求，是高校青年教师自我认同形成的生发向导、力量源泉和评判尺度[1][2][3]。当高校青年教师认同教师这一职业的价值，并且能够对自身的专业能力时刻有着清晰的认知时，他们往往都会

---

①　陈高山，黄希庭. 大学青年教师自我价值感及其培育方法[J]. 重庆大学学报（社会科学版），1999（2）：65-69.

②　王飞，韩映雄. 大学教师专业发展研究进展[J]. 教师教育研究，2016，28（2）：40-44，58.

③　季卫兵. 论高校青年教师自我认同的价值维度[J]. 教育评论，2016（7）：88-91.

将"实现教师价值"作为发展自身的第一动力，并根据自身智慧及自我价值追求发挥专业特长、追求事业成功、实现自身价值[①②③]。价值感偏低是限制青年教师专业发展的主要因素，由于工具理性的僭越，高校教师教学发展陷入"教学良心与功利风气""教学中心的信念与科研至上的行为""教师评价的量化、发表逻辑与教学的艺术性、实践性特性""积极的教师教学发展举措与稳定的教师教学"四大方面而引起的内部利益冲突（物质利益冲突和认知利益冲突）和外部利益冲突（权利利益冲突和知识利益冲突），现实价值目标与超现实、超道德价值目标之间的矛盾和冲突，实现价值目标过程中入世路径与出世路径之间的矛盾和冲突，造成了高校教师职业倦怠现象严重，内在自我价值感偏低[④⑤⑥]。高校教师与科研人员职业理性与行为，受到科学规范与市场机制的双重作用，表现出学术探讨的科学性与资源竞争、运用的市场性，科学的致思性与知识资本的致利性、教学科研的公益性、自主性与资本运作的功利性、受动性等一系列的价值冲突与困惑。由于外部竞争压力的增大，高校制定的人才发展计划、职称评定及年度考核制度，功利化倾向明显[⑦⑧]，利益权衡而导致的"教育者"核心身份被忽视，直接导致他们作为教师的价值感丧失，进而带来职业倦怠效应，严重影响了高校青年教师的健康成长和专业发展[⑨]。

① 赵宇宏. 高校青年教师专业发展的动力机制及路径研究[J]. 黑龙江教育学院学报, 2018, 37 (8)：27-29.

② 袁月, 方明. 基于自我导向的高校教师专业发展探析[J]. 中国成人教育, 2018 (13)：140-143.

③ 秦平, 宁凯. 论高校教师主体性专业发展的职业生涯管理[J]. 黑龙江高教研究, 2010 (12)：39-41.

④ 孙丽芝. 价值理性回归：大学教师教学发展的必由之路[J]. 黑龙江高教研究, 2018, 36 (4)：96-99.

⑤ 白雅. 利益冲突视野下高校教师专业发展支持体系构建[J]. 中国成人教育, 2018 (13)：132-135.

⑥ 金春寒, 叶勇. 价值感的矛盾与冲突：高校教师职业倦怠心理溯源[J]. 思想教育研究, 2017 (1)：92-96.

⑦ 胡潇, 缪燚晶. 大学教师价值理性的困惑[J]. 伦理学研究, 2015 (5)：117-122.

⑧ 王飞, 韩映雄. 大学教师专业发展研究进展[J]. 教师教育研究, 2016, 28 (2)：40-44, 58.

⑨ 文灵玲, 徐锦芬. 高校教师专业身份概念探析[J]. 教育评论, 2014 (8)：45-48.

第二节 价值驱动机制的现状

一、价值驱动机制的现实样态

价值驱动源自自我实现的需求，通过对自己工作意义和价值感知体验到一种强烈的热情。对于高校青年教师来说，这种价值驱动可以使其产生提升专业能力的较高欲望，追求有价值的行为，是一种使之达到完美状态的动力，也是一种以自我社会价值为标准的成就动机，主要表现为献身教育事业的决心、探索未知领域的渴望。只有对自身专业价值具有较高的认同与期待，高校青年教师才会主动投身于教学、科研、社会服务当中，不断反思、不断探索，从中体验到自己的价值。

（一）自我实现需求

对于高校青年教师来讲，进入高校做一名教师，内心是充满期待和向往的，对于自我未来目标的设定和未来前途的设想成为高校青年教师专业发展动力的源头之一。从访谈的内容来看，高校青年教师更多的是对于自身成就感的追求，追求自我超越。

在访谈过程中，发现高校青年教师有这样一些心声：

C老师：我对自己的期待可能有一定的兴趣因素，但更主要的是我不太甘于做一个平庸的人。

S老师：对生活方式，你可以选择一种非常稳定、非常平淡的生活方式，但是我觉得我不想过那样的生活，我可能需要有一些突破，有更高的体验，就像马斯洛说的那种自我实现的需求，我希望给自己更多内心的体验和满足，而不仅仅是外在的满足。

自我的心理成长是高校青年教师专业发展过程中所要追求的人格完善，体现出对自己的一种期待。而作为一名教师，他们不仅希望自己能够实现理想，同时也希望自己的学生能够在他们的带动下不断进步。与不断完成外在指标要求相比，青年教师更倾向于在"传道授业解惑"的过程中实现自身的价值，体会工作带来的愉悦感和充实感。

在访谈过程中，发现高校青年教师有这样一些心声：

Z 老师：我觉得我现在还不是一个好老师，虽然工作比较忙碌，但是好老师应该是有了自己的一个方向之后带着学生往前走，而不是跟着学生走，所以还需要努力。

总之，高校青年教师的自我实现不但希望自己在教学和科研方面能够达到相应的高度，同时希望自己能够影响和服务其他人，所以高校青年教师专业发展动力与其社会价值是密切相关的。

（二）组织承诺

对于高校青年教师来说，追求那种更纯粹、更加自我的生活方式是专业发展的初始动力，也是一种对于未来的憧憬，这种价值更多地体现在对一名优秀教师特质的认识上，从访谈的内容来看，对于优秀教师的认识更多的是一种奉献。

在访谈过程中，发现高校青年教师有这样一些心声：

W 老师：我现在觉得带了学生之后，自己的出发点首先是为学生着想，其次是要提升自己的专业能力，把学生教好。

Z 老师：我现在做的很多事并不是完全出于自己的兴趣，而是出于学生想做那个方向，然后学生做了报告之后跟他讨论，在他没有什么进展的时候，我就会抽出时间去研究这个方向，跟他探讨这个方向的可行性在哪里，可做的东西有哪些。我内在的驱动力真的不是自己的兴趣了，而是责任感吧。

W 老师：我认为高校老师作为一名老师首先就得在教学方面突出，但现在不是这样一种情况。如果要问我的话，你讲好一节课给学生留下什么了？学生对你的评价。在他的一生当中，你的学术精神和为人师表的德行能对他产生影响，以及你讲的这个课程知识能让他记住，这比我写论文得到学术界认可更重要。

对于高校青年教师来讲，将自己的专业运用在社会服务当中，不仅是提高自己收入的一种途径，更是为了能够更好地实现自己的价值，将自己的理论更加直接地应用于社会服务之中，而这同样构成了教师专业发展动力的一个指向。

在访谈过程中，发现高校青年教师有这样一些心声：

Z 老师：我毕竟是一个年轻的老师嘛，即使自己对某个领域很感兴趣，我也不会像以前一样做一个来得快、难度低的东西，而是想做一个有意思或者有意义的东西，即使不是短时间就能做出来的。

H 老师：动力对我来说，一个是兴趣，一个是责任，且责任大于兴趣。我对教学兴趣没有那么大，但是作为一名老师我得把学生教好。

D 老师：我觉得不应该为了发表论文而发表论文，而是你真的对一些教育现象或者教育问题有所感触，然后去写一篇文章发声，我觉得那个时候更多的源自一种社会责任感或自己内心的追求。

组织承诺是高校青年教师的入职初衷，是他们对高校教师形象的期待和信念，他们认为作为一名高校教师提升自身专业素养是自己的责任，期待自己能够完成教师的使命，这样的一种积极情感促使他们不断地学习和发展。

（三）价值信念

价值信念是专业发展意志行为的基础，是高校青年教师个体动力目标与场域目标的相互统一。没有信念的人不会有意志，更不会产生积极主动的行为。信念一旦确立之后，便会对个体的心理活动产生深远而持久的影响，并决定着个体行为的原则性、持久性及坚韧性[①]。所以说，价值信念是一种使命感，能够促使高校青年教师将自身的潜能和价值最大限度地发挥出来，从而产生一种相对持久的发展动力。

在访谈过程中，发现高校青年教师有这样一些心声：

D 老师：如果让我来定位优秀大学教师的话，首先一定要清楚，我们是一名人民教师。从这个角度讲，我认为优秀的大学老师就是我们传统的"传道授业解惑"，是学生成长过程中一个重要的人。我统计过，一个学生从幼儿园或者从小学开始到大学毕业，要遇到几百名老师，有些老师能给你留下深刻的印象，在你的人生当中扮演过重要的角色，我相信这样的老师并不多。大学是对个人、对职业、对未来学术发展进行引领的重要阵地，一定要从这个角度去理解大学老师的优秀，那他一定体现在课堂上，体现在教学上，体现在和学生的交往上。学术只是评价大学教师优

---

① 李斌. 论教师的职业信念[J]. 江苏教育学院学报（社会科学版），2002（2）：28-31.

秀与否的一个方面，如果说只用学术来评价大学老师的好坏的话，那就与大学教育的意义背道而驰了。所以我还是要坚持把教学做好。

W老师：即使你的论文发表在核心期刊上，又能怎样呢？得不到学界的认可，也就是评职称，为了尽快地拿到这个分数。如果说一定要做有意义的事，我倾向于编写教材。

价值信念往往是促使高校青年教师专业发展的最重要的动力，这种动力源于青年教师内心深处，是其专业自觉行为的激励力量，对青年教师专业发展的思想和行为具有重要的驱动作用。对于高校青年教师而言，价值信念的驱动内容也是很多的，主要表现为对学术、社会地位及理想的追求。

在访谈过程中，发现高校青年教师有这样一些心声：

Y老师：我觉得刚开始的时候是从一种职业的角度来看待这份工作的，但工作几年后，我的心态是有所变化的，我认为我所从事的不仅是一个职业，更像是一个事业。

Z老师：我最看重的还是自己的初心，坚持自我，有的时候环境在改变你，其他人在改变你，但是你要记住自己最开始选择这个的职业的原因是什么。我刚刚来到这里其实很不适应，但会记住自己的初心是什么。我常常问自己，如果做儿童心理研究的话，你是真的促进了儿童的心理发展了吗？

Y老师：我的工作重心还是上课，站稳讲台是基础，对我来说没有太多功利性的东西，只为追求一种自我。但是也不仅是顺其自然，会想做一个更好的自己，有一种理想主义的成分在。所以评职称或者是拿课题不是我的核心目标，我更看重自我提升。

价值信念是高校青年教师对于专业本身社会价值的一种认同，也是高校青年教师对自身劳动价值产生的深信不疑的态度。高校青年教师将专业本身的社会价值作为自己理想信念的一部分，为实现这种社会价值而努力提升自己的专业水平，加快专业发展的步伐，从而获得成就感和满足感。

二、价值驱动机制目前存在的主要问题

高校教师始终是一种社会高阶文化的符号象征，体现出精神层面的价值属性[①]。调查发现，很多人选择高校教师作为自己的职业主要是被这种文化形象所吸引，对于其目标追求的定位也更多地超越了物质层面，将自己的期待定位于借助高校这一平台传承文化、探索未知，追求一种超现实的价值。这样一种心态反映在现实当中，具体体现为教学过程中的成就感和满足感、研究成果转化为社会生产效益的自豪感、发现新科学规律进而形成原创性理论的成就感等。对于社会价值的追求体现了青年教师的理想状态，但面对眼前的重重困境，青年教师不得不将保证自身职业安全和改善生存状态作为重要的考量因素。

对高校工作意义和价值判断方面进行调查，结果显示 25.60% 被访的高校的青年教师认为教师工作其实就是一堆不得不完成的任务；47.90% 被访的高校青年教师将教师工作作为一项谋生的手段；仅有 26.50% 被访的高校青年教师将高校教师这份职业作为发挥自己才能的舞台和实现自己人生价值的渠道，说明高校青年教师大多更加看重自己工作的物质回报，这不仅仅与工作内容有关，更与外界导向有关。高校对于青年教师更多的是使用一种利益驱动的方式促进其发展，身在其中的青年教师必然会受到影响。

在访谈过程中，发现高校青年教师有这样一些心声：

F 老师：当我还是学生的时候，感觉大学老师这个职业既高贵又崇高，现在自己当了大学老师都不好意思和别人说我是学教育学的。我认为，想把教学和科研做好得有个前提，那就是和自己的专业能够联系在一起。我是搞基础学科的，这种学科只有在教科院才会被人重视。说实话，教育史这门课在我来之前是不开的，为了让我有课上才开设的。要说这方面的研究，学校目前还不具备这个条件，没有机会尝试自然就没有动力……所以对于高校老师来说，即使在别人眼里是有一定地位的，但我还是觉得这只是一个以体力为主，脑力为辅的工作。

---

① 胡潇, 缪燚晶. 大学教师价值理性的困惑[J]. 伦理学研究, 2015 (5): 117–122.

D老师：我认为专业发展肯定跟激励机制和高校体制有关，比如说，学校就认你在SSCI或者是SCI上发表的文章，为了满足这种要求，写论文对我来说就变成了一种生产的过程，只不过生产的是论文，不是方便面之类的东西。我们学校的某个团队一年能发40篇SCI论文，我很好奇怎么能发这么多、这么快呢？后来了解到，他们有人专门处理数据，有人专门写前言，有人专门写正文，有人专门去修改，完全就是一条生产线。写完之后先在内部审一下，因为他们内部就有评审专家，审过了基本上就能发表了。但文章发表完，你问研究者文章的出发点是啥，他会说："没啥出发点啊，我觉得写这个能发表就写了。"并不是为了解决某一个问题而搞科研。

W老师：我们还是以科研为导向的，尤其是我们青年老师都把大量精力放在学术研究、写论文、做项目、出版图书等方面，我觉得这种实践类专业，要把教学做好，把学生教好，这种方式可能更适合我们。

青年教师对于自身专业发展的规划始终摇摆于理想和现实之间。在调查中发现，青年教师对于自身专业发展的规划出现了两极分化，要么将自己的专业发展作为纯粹的理想主义，要么将自己的专业发展作为获取物质利益的现实主义。青年教师如无法在二者之间找到平衡点，就会造成其内在价值感的迷失。

三、价值驱动机制问题形成原因分析

与奖惩方式为主的环境驱动相比，价值驱动主要通过树立职业理想、引导自我反思、满足自我实现需求等方式来推动青年教师自我专业发展。高校青年教师的成长和发展从本质上来说应该是自我导向、自我驱动的结果。这种自我导向与自我驱动源于青年教师对自身专业发展的内在需求，并作为一种内生动力，将青年教师发展的目标、需求、动机、行为等整合在一起，形成促进专业发展的合力。而当前的价值导向却把人的发展当成一种外化结果和一种外在价值的实现，根据人的内在心性要求实现自身的存在和发展的需求一直被忽视。近年来，随着高校对排名逐渐看重，很多高校出台了一系列科研考核制度，追求学术研究的指标化、标签化，甚至出现只重数量，不顾质量，只看科研成果的级别，不看成果的实际内容的情况，功利主义思想严重，导致本来以探索规律、追求真理为宗旨的学术研究在一定程度上演变成迎合评价体系、追求评价指标的行为。这种做法虽在一定程度上促进了学校科研成果在数目上的增加，提升了学校的办学质量，但很多青年教师却把大量的时间花在了写学术论文、申报项目上，无形中加剧了青年教师的科研压力，消磨了青年教师的专业发展热情。

在所统计的关于高校青年教师培养的政策文本当中，关于专业发展要求的部分共包含 372 个信息片段，主要包含"发展专业情意""提升专业技能""积累经验资历" 3 个方面内容。其中包含"发展专业情意"的信息片段 52 个，主要包括培养职业道德、端正工作态度、师德师风教育等内容；包含"提升专业技能"的信息片段 128 个，包括教学技能训练、科研训练、专业知识培训、外语、计算机水平培训等；包含"积累经验资历"的信息片段 192 个，数量最多，占总数的 52%。说明各高校对于青年教师的专业发展要求重形式而轻内容，缺乏对能力本身的关注。从文本中可以看出，教师参与相关项目要么可以换算工作量、要么可以破格评职称、要么为了完成考核、要么为了提升资历；而国内访学、出国进修或者学历提升往往是教师职称晋级或者职业生涯的必要条件。参与相关培养项目成为教师的一种工作任务或变相奖励，这种异化了的专业发展要求不能同青年教师的岗位职责、实际知识结构、自身素质和高校的长远战略规划有效结合，部分培养项目流于形式，内容匮乏，不能反映高校青年教师的内在价值。

另外，目前对于高校青年教师的鼓励和引导方式主要是通过量化指标和物质奖励来进行的，用外部利益的牵动和诱导促使其提升自身专业水平，在高校青年教师的个人专业发展中，缺乏团队建设、校园文化激励或者职业生涯指导等内容，高校青年教师对于专业发展的兴趣在于奖励结果而不于在专业发展本身，难以调动起其专业发展的积极性。

职称评定中各项要求的评定标准大多是表现性的，比如承担了主干课程、教学比赛获奖、参与重大课题、论文发表数量等。这样的指标并不能直接反映出青年教师专业发展的能力和水平，而学生和领导打分也受到各种主客观因素影响。同时专业成长指标与晋级考核标准的混淆所造成的结果就是青年教师将参与发展项目作为职称晋级的敲门砖,忽略项目本身与自己专业发展的合适度。所以,青年教师对于培养项目的积极参与是建立在工作量互认的基础上,而不是将培养内容、形式的适切性作为选择培养项目的参照。

从青年教师评价标准中所涉及的指标分布情况可以看出,青年教师在其专业发展过程中处于一种被支配的地位,他们的发展内容、发展方式都是由制度体系来提供的。可以说,这种评价标准对他们专业发展行为的调节是一种被动的方式。

在访谈过程中,发现高校青年教师有这样一些心声:

F老师:我觉得制度环境很重要,近几年来的一些博士都感觉压力比较大,比如他们自身的压力,因为考核就在这里,感觉学校对他们的期待也比较高,都是点名要求35岁以下的博士必须报个课题,不报都不行,你说这样有用吗?我觉得好像是浪费了很多时间,每年都是在做这样的事情。

D老师:我们有一些老师也是这样,每天只坐在那儿堆时间堆字,你说能有多好?科研做不好我认为有两个原因,第一是自由支配的时间不足,我感觉科研这件事没有一个自由支配时间是不行的;第二个就是学术氛围不够自由,领导来看你能不能写出论文,他要审一下,然后再问你一些问题。

T老师:在领导眼里,每个人都是一样的,你们都是博士,你们都是高学历,你们都可以做很多事,但是具体来说他不会考虑特别细,虽然说这是很正常的,但是他确实关注得比较少,还看不全面。

从高校青年教师的工作重心来看,从高校的教育教学实践和教师个人的在职实践上都反映出重科研、轻教学的一面,特别是研究型高校,重科研、轻教学的倾向更为明显。高校在聘用教师时往往不太看重教学方面,更注重科研能力,导致高校对高学历人才的盲目追求。从调查结果情况来看(如图7-1所示),有63.17%受访的高校青年教师认为在高校中最能获利的能力就是科研能力,因为对青年教师来说,科研能力与其个人利益的关系最大。但从对青年教师的内心世界的调查结果进行分析(如图7-2所示),他们大多将高校教师最有意义的工作定位于人才培养、文化传承与创新,仅有12.37%受访的高校青年教师认为作为一个高校教师最有意义的工作是科学研究。可见,在功利化发展导向下,高校对于青年教师的外部要求与青年教师的自身价值选择间产生了明显冲突。

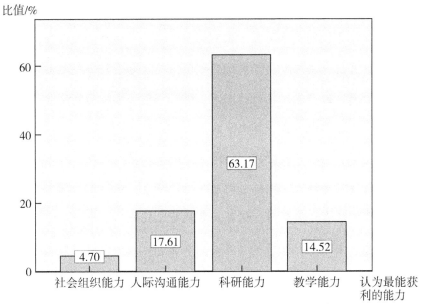

图 7-1　高校青年教师能力价值取向调查结果统计

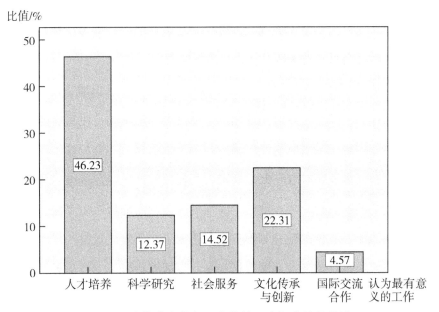

图 7-2　高校青年教师工作价值取向调查结果统计

当前高校对于青年教师的激励机制偏向于物质方面的奖励，这种"重赏之下必有勇夫"的发展方式往往不能成为长效的动力手段，由此造成的结果就是追求结果而忽略过程，科研功利化倾向严重。

在访谈过程中，发现高校青年教师有这样一些心声：

Z老师：有些科研项目并不是短期内就能完成的，比如说像我们要对儿童的心理做一个追踪研究，研究这个孩子三岁时怎么样？一年之后又会怎么样？如果说我这个课题一个月出一篇文章，根本就不可能！我只能等到一年之后才能把这个数据收集起来，才能写出一篇比较好的文章，所以一年一考核的制度对我来说就比较不利。那些东拼西凑就能搞出一篇文章的老师的分数就会比我好，但是我花费的精力要比他们多得多。所以，我觉得应该建立一个长效考核机制，有比较长的缓冲时间。对于今年考核没有评上（职称）的老师，要深入了解他们为什么没有评上。有的老师真的是在很认真地做科研，但是产量就是比较低，这个和研究项目本身就有关系。另外，有些学科没有理科那么容易出成果，比较慢一些，如果没法快点出成果的话，肯定不会有好成果，就像一篇博士论文至少需要两到三年的时间，量化的科研考核只能令你应付了事，东拼西凑地去写文章。

W老师：我作为一名公共课老师，毕业以后一直在做科研工作。但是，现在我就觉得学校所认为科研的重要程度是远远要超过教学的。比如评职称，主要看科研成果。对于教学的要求只是看课时量，够课时量即可。

无论是在理论层面上，还是在实践层面上，自主发展意识都是高校青年教师专业发展的重要动力。随着工作时间的增加，高校青年教师的自主发展意识呈现出淡化趋势，主要原因就是功利化思想的蔓延。由于生活压力，高校青年教师的职业理想、信念和最初的敬业精神在不断地衰退，高校教师这一职业逐渐演变成谋生的手段，自我价值感的缺失让青年教师的专业发展动力不断降低。大多数青年教师将自身专业发展与职称、职位的晋升等同起来，形成了专业发展就是为了获取名利、增加收入的认知，将自己的专业发展目标和专业发展路径置于专业以外。此外，高校青年教师专业发展的独立性正在丧失，他们更多地依附于任务职责、人事关系，往往将不能直接产生实际价值的专业知识、技能、情感意志等放在次要位置。

从对高校青年教师生活压力的调查结果来看（如图7-3所示），5.11%被访的高校青年教师认为自己的生活压力非常大；62.37%被访的高校青年教师认为自己的生活压力比较大。可见，刚刚进入工作岗位的青年教师正处于"资金周转期"，但由于没有较高的职称，无法拿到较多的工资，不得不面临很大的生活压力。为了缓解这些压力，青年教师必须不断地完成更多的任务以获得更多的经济回报，从而不得不放弃那些对于专业发展更有意义的、需要长期积累和沉淀的项目，把奋斗的目标定位于短期的升职加薪和职称评定。

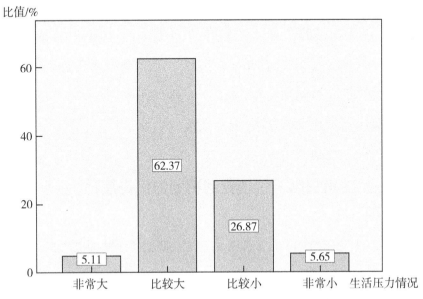

图 7-3 高校青年教师生活压力调查结果情况统计

在访谈过程中，发现高校青年教师有这样一些心声：

H 老师：说实话，我是一个目的性挺强的人，我想快速评职称，评职称需要什么我就去做什么。到一个更高的台阶后你会发现各方面资源都不一样，这时才会有一个规划，再去想我要偏重哪一块，怎么去弄。

S 老师：对于我们青年教师来说，单靠着一点工资根本就不足以过日子。就像我刚开始工作的时候，太太生小孩，全家 6 口人挤在一个 40 平方米的房子里，不出去兼职就没办法生活。

H 老师：人都是要回归生活的，因为有了小孩，家庭负担就会变重，就一直想着可能评一个副教授，生活就会相对宽松、稳定一点。所以，就将评副教授作为自己的目标，也不用追求那么远了。

从个人生活压力方面来看，高校青年教师的工资收入并不高，与同等学历的其他行业从业人员相比有着较大差距。此外，高校青年教师的薪酬水平与本行业中功成名就的教授相比同样差别巨大。青年教师正处于成家立业、急需资金的阶段，面对巨大的生存压力，职业理想与期待被物质需求所遏止，对自己专业发展的目标及价值定位必然会向现实倾斜，陷入现实价值目标与超现实、超道德价值目标之间的矛盾和冲突，内在自我价值感减弱[①]。这种科学研究的致思性与知识资本的致利性、工作性质的公益性与文化导向的功利性之间的价值冲突直接导致高校青年教师对于过去所尊崇的专业理想、学术追求、职业价值、道德观念甚至生命意义等产生怀疑，对于高校教师职业的认知更多地趋向于牟利的手段，专业热情和发展激情在外界压力下逐渐减退，专业发展动力也随之降低。

第三节　价值驱动机制的优化策略

高校被认为是追求学问、探究真理的地方，高校青年教师也大多是怀揣这样的理想进入工作岗位，但是社会环境的影响以及自身处境的问题，让大多数高校青年教师对于自身专业发展的规划始终摇摆于"理想主义"和"功利主义"之间，高校教师的职业使命感和神圣感不断受到冲击，从而导致高校青年教师专业发展的价值感不断下降，所以提升高校青年教师的专业发展动力必须将个体利益和价值诉求进行整合。

一、完善考核表彰机制

在高校的管理中，考核表彰是常用的激励手段，良性的和正面的考核能够让教师获得工作动力，能够使得到表彰的教师从物质上到精神上都获得成就感，并最终形成工作动力。此外，这种表彰所产生的荣誉感还具有扩散和辐射功能，激励那些没有得到表彰的教师，促使他们对工作产生积极的心态，在外部环境的熏陶和感染中提升青年教师的工作积极性。所以，高校应该合理利用这种考核表彰的方式，科学设计各项考核指标，让青年教师能够有提升教育教学能力的积极性和创造力，导

---

① 金春寒, 叶勇. 价值感的矛盾与冲突: 高校教师职业倦怠心理溯源[J]. 思想教育研究, 2017(1): 92-96.

正未来的职业发展规划，改善当前的重视科学研究成果、轻视教育教学的工作现象。在对青年教师进行评价时，课堂教学能力和教学成果也要作为考核的重要部分，对各类考核内容进行细化，以激发青年教师的教育教学热情。

在具体实施过程中，首先，保证对教师的考核标准要贴合高校的发展目标，充分考虑学校的具体情况，用科学有效的标准引导青年教师的职业发展路径，使青年教师的职业规划与高校的发展目标一致。其次，要建立健全的表彰制度，通过鼓励和表彰，让青年教师获得认可，增强青年教师的荣誉感和自豪感，提升其专业发展的内在动力。在表彰制度的具体设计中，要注意以下三点：第一，表彰要具有发展性，使青年教师在获得表彰的同时，向往获得更高层次的表彰，并将这种向往转化为专业发展动力，激励其不断向上发展。第二，表彰要具有覆盖性，要尽可能地将各种类型的青年教师都囊括到表彰范围中来，保证每个岗位上的青年教师都拥有积极上进的动力。第三，表彰要有连续性，通过周期性、持久性的表彰及时激励青年教师向更高的层次发展。

二、积极引导青年教师的学术价值观

学术价值观是指学术行为主体对学术活动、主体自身与学术活动关系的认识、理解和判断，是调节学术行为主体间价值关系的观念集合。学术价值观是青年教师从事学术研究的精神支点，也是青年教师进行学术创新的强大内驱力。学术价值观能够促使青年教师在挫折与失败中依然坚定学术研究的初心，坚持奋勇向前；能够使青年教师在急躁、功利的外部环境中依然保持定力，真正潜心学术研究，提升专业发展自信，获得发展成就感，从而提升其专业发展动力。所以，高校要关注青年教师学术价值观的形成与发展。

促进青年教师认同学术价值，首先要发挥青年教师的主观能动性。学术活动从本质上来说是人类的社会实践活动，其最高价值目标指向是推动人类社会的进步，离开了人就无所谓学术。青年教师作为学术活动的主要承担者，既是学术价值的创造者，又是学术价值的实践者和传递者，必须积极主动地参与到学术价值的培育中来。其次，可配备和采取一系列积极措施充分调动青年教师从事学术研究的积极性、主动性和创造性。再次，可建立学术共同体。学术价值不可能凭借一个人的力量而产生，需要代际间的薪火相传，因此建立以"老带新"为特色的学术共同体，有利于青年教师形成良好的学术价值观。最后，要保证学术活动的自由，即学术自由，高校切勿滥用行政手段对学术活动进行过度干预，应多鼓励和支持青年教师在学术领域敢于探索、有所突破。

三、将学术利益诉求与学术价值追求相统一

从劳动形式来看，学术活动是一种创造价值的智力劳动，必然会使主客体间形成各种错综复杂的利益关系，所以，高校要妥善处理并规范当前学术活动中的价值关系，在妥善协调不同主体间利益关系的过程中保障学术活动的实效性。此外，高校还应充分尊重青年教师作为"自然人"和"经济人"的本性，尊重青年教师对物质利益的本质诉求，重视学术背后的利益逻辑，从青年教师的实际需求出发，从制度层面提供学术运行的根本保障，使青年教师在外部资源便利的环境下增强专业发展的效能感和成就感，增强专业发展的信心。

在学术价值体系中，联结学术和价值的关键性因素是利益和管理[①]。因此，高校在统一青年教师学术利益诉求和学术价值追求的过程中必须做好学术利益分配和学术管理。第一，要从青年教师广泛关注的切身利益出发，协调学术利益关系，满足青年教师对生存的最基本需要，尤其是在当前青年教师职业压力过大的境遇下，更要保障青年教师能够获取足够的报酬。第二，在对青年教师进行评价时，要强调学术的内在要求，突出教师的文化教育地位，转变以往行政风气较为浓厚的评价模式，改善以往只注重学术科研数量而忽视学术科研质量的教师评价现状，将教师评价标准重新回归到教师的学术能力。第三，积极营造学术氛围，通过开展学术沙龙、跨专业合作项目等形式让青年教师能够在和谐的学术氛围中意识到专业发展的价值和意义。此外，高校还可在科研态度和专业精神等方面对青年教师进行鼓励，逐渐形成一种学术精神的感召力，使青年教师的自身发展需求与学术价值实现真正的统一。

---

① 程孝良.高校青年教师学术价值观培育研究[D].成都：西南交通大学，2017.

四、有效协调行政管理与学术管理的关系

长期以来，高校管理应该以行政管理为主还是以学术管理为主的争论始终存在。支持高校加强行政管理的人认为，科层管理体系更加强调制度的规范性和严密性，有利于学校更加合理地统筹规划，提高管理效率，也有利于学校有效地利用资源、更加快速地执行国家的大政方针，为此更有利于教师专业发展的导向性和公平性。支持加强学术管理的人认为，高校行政化过于强调功利性的发展方式，注重控制与规范，强调效益与指标达成，这种硬性的管理方式与教师专业发展的自主性相冲突，造成高校青年教师专业发展的孤立与封闭 ①。高校如果缺乏教师间互动共进氛围的营造，教师对于活动本身缺乏一种参与感和自主性，将不利于青年教师自身的专业成长。

在我国现行的学术体制下，不可能以学术管理模式来取代行政管理模式，由于学术体系本身与高校社会职能的实现之间存在较大的差距，所以高校的办学方向、资源的管理与分配、人员调配等方面的问题仍然需要以行政管理的方式进行指导和掌控。此外，人事纠纷、学术壁垒等方面的问题也是学术管理无能为力的事情。但就现实情况来看，学术管理领域一直处于弱势地区，现在我国高校管理体制的改革方向是在保证高校协调发展的前提下，在一定程度上回归学术管理模式。这个过程并不是一蹴而就的，而是一个长时间探索的过程。具体的内容就是要加强校一级学术管理委员会的建设，将主要的权力和标准下放到各个学科、各个专业，由主管院长或者系主任对各个专业的发展前景、专业设置以及教师考核等内容进行上报，然后由学术管理委员会来商讨处理，保证每条政策都符合专业特点，再将学术管理委员会的意见上报给学校的行政部门协商处理，在平衡各个院系资源分配的同时进行沟通协调。在这个过程中，学术管理委员会要有足够的权力来承担自己的职责，实现学术的良序发展。

---

① 魏海苓, 孙远雷. 专业学习共同体视角下的高校教师专业发展[J]. 高教发展与评估, 2013, 29 (5): 70–75, 103.

参 考 文 献

著作类

[1] 布迪厄,华康德.实践与反思:反思社会学导引[M].李猛,李康,译.北京:中央编译出版社,1998.

[2] 陈时见,周琴.综合大学教师教育的国际比较:侧重综合大学教师教育发展的案例分析[M].重庆:西南大学出版社,2011.

[3] 陈伟.西方大学教师专业化[M].北京:北京大学出版社,2008.

[4] 单中惠.教师专业发展的国际比较[M].北京:教育科学出版社,2010.

[5] 丁志同.高校教师绩效提升的动力机制研究[M].苏州:苏州大学出版社,2013.

[6] 樊文芳.教育信息化环境下的教师专业发展与培训[M].北京:科学出版社,2015.

[7] 教育部师范司.教师专业化的理论与实践[M].北京:人民教育出版社,2003.

[8] 金美福.教师自主发展论:教学研同期互动的教职生涯研究[M].北京:教育科学出版社,2005.

[9] 卡麦兹.建构扎根理论:质性研究实践指南[M].边国英,译.重庆:重庆大学出版社,2009.

[10] 科宾.质性研究的基础:形成扎根理论的程序与方法[M].朱光明,译.重庆:重庆大学出版社,2015.

[11] 克兰迪宁.叙事研究:原理、技术与实例[M].鞠玉翠,译.北京:北京师范大学出版社,2012.

[12] 勒温.人格的动力理论[M].王思明,叶鸣铉,译.北京:北京理工大学出版社,2014.

[13] 勒温.社会科学中的场论[M].北京:中国传媒大学出版社,2016.

[14] 李华.地方高校青年教师专业发展研究[M].成都:西南交通大学出版社,2014.

[15] 李森.教学动力论[M].重庆:西南师范大学出版社,1998.

[16] 连榕.教师专业发展[M].北京:高等教育出版社,2007.

[17] 廉思.工蜂:大学青年教师生存实录[M].北京:中信出版社,2012.

[18] 刘怡君,周涛,等.社会动力学[M].北京:科学出版社,2012.

[19] 罗杰斯.论人的成长[M].石孟磊,等译.北京:世界图书出版公司,2015.

[20] 马斯洛.动机与人格[M].许金声,等译.北京:中国人民大学出版社,2012.

[21] 潘懋元.多学科观点的高等教育研究[M].上海:上海教育出版社,2001.

[22] 平克.驱动力[M].龚怡屏,译.北京:中国人民大学出版社,2012.

[23] 王长纯.教师发展学校研究[M].北京:北京师范大学出版社,2009.

[24] 夏甄陶.人是什么[M].北京:商务印书馆,2000.

[25] 熊华军.高校青年教师教学能力发展研究:基于西北民族地区17所高校的调查[M].北京:教育科学出版社,2016.

[26] 徐冰.人之动力论[M].沈阳:辽宁人民出版社,1999.

[27] 徐延宇.高校教师发展:基于美国高等教育的经验[M].北京:教育科学出版社,2009.

[28] 杨钋,林小英,陈向明.聆听与倾诉:质的研究方法应用论文集[M].北京:教育科学出版社,2001.

[29] 叶澜,白益民,教师角色与教师发展新探[M].北京:教育科学出版社,2001.

[30] 有本章.大学学术职业与教师发展:美日两国透视[M].丁妍,译.上海:复旦大学出版社,2012.

[31] 展素贤.高校教师职业学习共同体的建立、维系与评估[M].天津:南开大学出版社,2015.

[32] 张俊超.大学场域的游离部落:大学青年教师发展现状及应对策略[M].北京:中国社会科学出版社,2009.

[33] 章凯.目标动力学:动机与人格的自组织原理[M].北京:社会科学文献出版社,2014.

[34] 赵昌木.教师专业发展[M].济南:山东人民出版社,2011.

[35] 赵红霞.大学危机管理[M].北京:中国轻工业出版社,2010.

[36] 朱旭东.教师专业发展理论研究[M].北京:北京师范大学出版社,2011.

学位论文

[1] 董薇.高校青年教师的职业生涯持续学习:测量、特征及相关研究[D].重庆:西南大学,2016.

[2] 高光.教师专业发展:外部驱动与自主发展之间的关系[D].上海:上海师范大学,2015.

[3] 郭敏.基于教师专业发展视域的高校体育教师职后教育研究[D].武汉:华中师范大学, 2012.

[4] 黄祯玉.突围与自强[D].武汉:华中师范大学,2008.

[5] 蒋立杰.高校教师心理资本管理研究[D].武汉:武汉大学,2013.

[6] 李从欣.高校教师职业成长驱动因素及关联效应研究[D].天津:天津大学,2013.

[7] 李力.高校教师职业心理资本的测量及对工作绩效的影响研究[D].南昌:南昌大学,2013.

[8] 李俐.英国高校教师发展研究[D].重庆:西南大学,2013.

[9] 刘立志.高校教师队伍建设政策发展的理论研究[D].上海:华东师范大学,2003.

[10] 陆晓红.教师专业发展叙事研究[D].上海:华东师范大学,2012.

[11] 蒙诗茜.以自身为资源的外语教师专业发展研究[D].上海:上海外国语大学,2014.

[12] 倪海东.高校青年教师成才动力研究[D].北京:中央财经大学,2015.

[13] 聂作坤.基于动力效能理论的基层公安队伍动力机制研究[D].天津:天津大学,2012.

[14] 孙敬霞.工科类地方本科高校教师发展研究[D].上海:华中科技大学,2016.

[15] 团云庆.越南高校教师激励机制研究[D].长春:吉林大学,2014.

[16] 王凡.青少年网络人格培育中的动力结构分析[D] . 长沙:中南大学,2013.

[17] 王勇明.中国高校教师激励机制实证研究[D].南京:南京农业大学,2007.

[18] 吴美华.技术本科院校教师专业发展研究[D].上海:华东师范大学,2013.

[19] 吴庆华.地方高校青年教师发展研究[D].上海:华中科技大学,2013.

[20] 吴振利.美国大学教师教学发展研究[D].长春:东北师范大学,2010.

[21] 许楠.论教师专业发展的组织维度[D].重庆:西南大学,2012.

[22] 叶小明.高等职业院校教师专业发展研究[D].武汉:华中科技大学,2008.

[23] 岳娟娟.高校教师专业发展生态模型的研究[D].重庆:第三军医大学,2013.

[24] 岳英.大学教师学术活力的过程性特征及其影响机制研究[D].上海:华东师范大学,2017.

[25] 曾昭皓.德育动力机制研究[D].西安:陕西师范大学,2012.

[26] 张俊超.大学场域的游离部落[D].武汉:华中科技大学,2008.

[27] 张志泉.论教师专业发展的反思性道路[D].上海:华东师范大学,2007.

[28] 朱德友.高校教师激励机制研究[D].武汉:武汉大学,2010.

[29] 朱晓红.高校教师持续性专业发展研究[D].天津:天津大学,2011.

期刊类

[1] 白雅.利益冲突视野下高校教师专业发展支持体系构建[J].中国成人教育,2018 (13):132–135.

[2] 柏杨.基于过程管理的高校青年教师培养体系研究[J].中国成人教育,2016(4):148–150.

[3] 蔡玲丽.高校教师职业幸福感的影响因素及增进策略[J].教育理论与实践,2010,30(36):39–41.

[4] 蔡淑兰.教师职业发展核心动力的演变与发展[J].教育理论与实践,2012,32(17):30–32.

[5] 蔡永红,申晓月,李燕丽.基本心理需要满足、自我效能感与教师教学专长发展[J].教育研究,2018,39(2):103–111.

[6] 陈安福.多角度深入理解教师专业发展动力[J].教育科学论坛,2012(6):77-78.

[7] 陈林元,张玉梅.高校青年教师队伍建设的探索[J].教育理论与实践,2011,31 (12):48-50.

[8] 陈平.论学习动力[J].课程. 教材. 教法,2001(7):24-28.

[9] 陈时见,李英.高校教师发展的机构建设与实施途径[J].教育研究,2013,34(6):72-77+100.

[10] 陈先哲,刘晶.学术生涯:赌博还是游戏?[J].复旦教育论坛,2013,11(4):38-42.

[11] 陈贤. 自我决定理论在高校教师自主发展中的作用[J].中国成人教育,2014(11):98-100.

[12] 崔友兴,李森.论教师专业发展动力生成机制及其实践表征[J].当代教育科学,2015 (1):19-22+26.

[13] 党志平.生态学视野下的应用型本科高校教师专业发展[J].教育与职业,2016 (9):22-25.

[14] 邓齐飞,丁道群.高校思想政治理论课教师教学效能感影响因素路径分析[J].中国成人教育,2011(9):112-114.

[15] 杜海平.教师继续教育动力机制新论[J].中国成人教育,2001(3):43-45.

[16] 方方.教师继续教育动力机制问题研究[J].教育发展研究,2001(4):17-20.

[17] 高振发.高职教师职业认同与专业发展的相关性分析[J].教育与职业,2018(19):87-93.

[18] 葛永庆,王京华.谈高校教师持续发展的有效途径[J].教育探索,2008(5):95-96.

[19] 郭永玉.行为的动力:心理学家的解释[J].教育理论与实践,1997(4):54-57.

[20] 韩淑萍.我国教师专业发展影响因素研究述评[J].现代教育科学,2009(9):76-79.

[21] 何根海.高校教师工作满意度问题的实证研究[J].国家教育行政学院学报,2013 (4):3.

[22] 何沐蓉,黎莉.高校教师激励机制探讨[J].中国高等教育,2010(22):58-60.

[23] 洪志忠.教师绩效工资政策的复杂性和动力结构分析[J].全球教育展望,2014,43 (4):68-74.

[24] 胡高喜,佟哲,陈少英.薪酬福利满意度对高校教师主观幸福感的影响:组织承诺的中介和自我实现取向的调节效应[J].广州大学学报(社会科学版),2016,15(2):64-70.

[25] 胡潇,缪燚晶.大学教师价值理性的困惑[J].伦理学研究,2015(5):117-122.

[26] 胡晓榕.地方高校青年英语教师职业倦怠现状及对策分析[J].中国成人教育,2014 (19):115-117.

[27] 季卫兵.论高校青年教师自我认同的价值维度[J].教育评论,2016(7):88-91.

[28] 蒋冬英. 高校教师专业自主发展的内涵、模式与推进策略[J].现代教育管理,2016 (10):81-85.

[29] 蒋琳.高校教师专业发展的个案研究:以Z大学为例[J].教育探索,2010(2):110-111.

[30] 焦峰.自我效能感与教师本体的自我升华[J].中国成人教育,2006(9):5-6.

[31] 金明珠,樊富珉.高校新教师的职业适应与职业认同研究 [J].清华大学教育研究,2017,38(3):113-117.

[32] 柯登地.论教师发展的智能系统与动力系统[J].教育发展研究,2009,28(Z2):49-54.

[33] 孔凡胜.高校青年教师群体特征的多维解读[J].中国青年研究,2011(8):84-86.

[34] 赖芳.高校教师工作压力、工作价值观和幸福感的关系研究[J].教育与职业,2013(32):69-70.

[35] 李春阁,张艳芳.高校教师激励策略研究:以职业发展阶段理论为视角[J].教育理论与实践,2010,30(30):49-51.

[36] 李春梅,黄新雨.高校教师专业发展动力探析:认知评价论的视角[J].现代教育科学,2012(3):145-147.

[37] 李春梅.我国高校教师专业发展:问题与对策[J].黑龙江教育(高教研究与评估),2010(7):13-15.

[38] 李翠霞,吴玲.高校教师行为选择的动力机制研究[J].黑龙江高教研究,2005(7):45-46.

[39] 李广平,于杨,宫勋.自我导向性学习与教师专业发展[J].外国教育研究,2005(6):42-46.

[40] 李继秀.教师学习方式转变:动力结构分析及其建构[J].教师教育研究,2014,26(2):78-82.

[41] 李杰.动力机制与平衡机制的协调运行[J].求实,2008(4):61-63.

[42] 李娜.高校教师专业发展过程中组织支持的缺失与应对[J].现代教育管理,2016(8):79-83.

[43] 李清雁.大学教师发展的人本诉求[J].黑龙江高教研究,2013,31(1):28-31.

[44] 李琼,吴丹丹.如何保持教师持续专业发展的热情与动力:国外教师心理韧性研究[J].比较教育研究,2013,35(12):23-27.

[45] 李蓉.高校教师职业认同现状分析及对策研究[J].中国成人教育,2015(4):107-108.

[46] 李森,崔友兴.论教师专业发展动力的系统构建和机制探析:基于勒温场动力理论的视角[J].教育理论与实践,2013,33(4):33-36.

[47] 李巍.论高校教师学习型组织及其构建[J].中国高教研究,2008(4):84-85.

[48] 李先军.论我国当代高校教师的责任:费希特职责伦理学思想的当代价值[J].湖南师范大学教育科学学报,2012,11(4):28-31.

[49] 李亚云.心理资本在高校教师职业幸福感与工作绩效间的中介作用[J].西北师大学报(社会科学版),2018,55(4):125-129.

[50] 李宜江.教师专业发展的内在限度与实践突破[J].教育发展研究,2010,30(Z2):117-121.

[51] 李莹莹,唐海滨,彭勃.象牙塔中的隐忍:高校教师职业倦怠审思[J].中国高等教育,2014(23):54-55.

[52] 李运福,傅钢善.网络环境下学习者动力性特征群体差异研究[J].中国远程教育,2014(7):31-37+95.

[53] 李志峰,高慧.高校教师发展:本体论反思与实践逻辑[J].大学教育科学,2013(4):66-71.

[54] 李志峰,李菁华.我国高校教师薪酬激励制度价值取向的变迁[J].黑龙江高教研究,2007(12):10–12.

[55] 林杰,李玲.美国大学教师发展的三种理论模型[J].现代大学教育,2007(1):62–66.

[56] 刘晖,钟斌.论高校青年教师专业发展动力:基于需求理论的系统分析[J].中国高等教育评论,2016,6(0):131–139.

[57] 刘继荣,杨潮.试论高校青年教师培养体系的构建[J].教育发展研究,2008(Z4):115–118.

[58] 刘剑群,郭丽君.论高校教师发展系统的生态平衡[J].继续教育研究,2017(5):69–72.

[59] 刘洋.高校教师专业自主发展探析[J].中国成人教育,2011(23):107–110.

[60] 卢保娣.场域与惯习:大学生学习的生成性动力机制分析[J].高教探索,2014(5):137–141.

[61] 卢晓中,张玥.高等教育大众化背景下大学教师专业发展一体化简论[J].现代大学教育,2007(4):1–5.

[62] 罗云,黄艳.高校高层次人才队伍建设动力机制探析[J].中国高教研究,2007 (9):89–90.

[63] 吕挥.论新时期的高校教师激励机制[J].教育科学,2012,28(6):58–61.

[64] 吕林海.大学教学学术的机制及其教师发展意蕴[J].高等教育研究,2009,30(8):83–88.

[65] 孟旭.论教师专业发展的动力机制[J].教育理论与实践,2015,35(22):34–37.

[66] 倪国栋,王文顺,刘志强.高校青年教师工作幸福感形成机理与改善策略[J].教育评论,2018(7):112–116.

[67] 倪海东.高校青年教师成才动力及激励机制构建[J].国家教育行政学院学报,2014(5):10–13.

[68] 潘懋元,罗丹.高校教师发展简论[J].中国大学教学,2007(1):5–8.

[69] 潘懋元.大学教师发展论纲:理念、内涵、方式、组织、动力[J].高等教育研究,2017,38(1):62–65.

[70] 庞海芍.大学教师发展中心的功能与运行机制研究[J].国家教育行政学院学报,2012(8):60–65.

[71] 庞海芍.高校教师职业特点及激励机制研究[J].北京理工大学学报(社会科学版),2006(3):108–111.

[72] 乔雪峰.夹缝生存:高校青年教师学术困境与出路[J].现代教育管理,2013(10):92–96.

[73] 秦初生,邬玫.教师专业发展的动力源探析[J].湖南师范大学教育科学学报,2008(3):88–90.

[74] 秦平,宁凯.论高校教师主体性专业发展的职业生涯管理[J].黑龙江高教研究,2010(12):39–41.

[75] 曲倩劼.当前高校青年教师队伍建设存在的问题及对策[J].教育探索,2007(8):95–96.

[76] 曲铁华,王希海.论高校教师专业发展的动力与策略[J].现代教育科学,2009(7):77-80.

[77] 申荷永.论勒温心理学中的动力[J].心理学报,1991(3):306-312.

[78] 生云龙,田静.高校教师发展政策的实证分析:以清华大学"学术新人奖"的实施为例[J].大学教育科学,2008(2):72-75.

[79] 时念秋,张秀荣,冯波.高校教师激励机制的透视及完善策略[J].中国成人教育,2017(1):42-45.

[80] 石小军,日本高校教师培养发展制度和实践的考察[J].现代大学教育,2017(02):48-61.

[81] 史丽晶,金宝城.高校初任教师成长关注的个案研究[J].教育科学,2010,26(1):80-84.

[82] 宋孝忠.试论终身学习动力机制的构建[J].成人教育,2010,30(6):31-32.

[83] 孙彬.高校教师职业幸福感缺失原因与路径探析[J].江苏高教,2018(2):43-46.

[84] 孙冠华,左红武.试谈自我效能感理论对成人自我导向学习的作用[J].中国成人教育,2014(1):119-121.

[85] 孙丽芝.价值理性回归:大学教师教学发展的必由之路[J].黑龙江高教研究,2018,36(4):96-99.

[86] 王飞,韩映雄.大学教师专业发展研究进展[J].教师教育研究,2016,28(2):40-44.

[87] 王洪席.教师教学效能感对教师教学方式转变的影响[J].黑龙江高教研究,2012,30(9):9-11.

[88] 王静,张铭凯.论教师专业发展的教学效能感逻辑[J].教育理论与实践,2016,36(23):21-23.

[89] 王坤庆.浅谈大学教师专业发展[J].中国高等教育,2011(20):51-52.

[90] 王良辉,周跃良.基于群体动力的教师专业发展支持系统设计[J].电化教育研究,2010(5):64-67.

[91] 魏海苓,孙远雷.专业学习共同体视角下的高校教师专业发展[J].高教发展与评估,2013,29(5):70-75+103.

[92] 魏薇,陈旭远,高亚杰.论我国高校教师专业发展"自为"的缺失与建立[J].国家教育行政学院学报,2011(2):17-20.

[93] 文灵玲,徐锦芬.高校教师专业身份概念探析[J].教育评论,2014(8):45-48.

[94] 文跃然,欧阳杰.高校教师职业特点及其收入分配改革研究[J].中国高教研究,2004(S1):12-20.

[95] 翁光聪.关于高校教师激励机制的研究[J].科技管理研究,2010,30(14):119-122.

[96] 吴康宁.教师应成为自身专业发展的主人[J].南京师大学报(社会科学版),2015(5):80-86.

[97] 吴庆华,郭丽君.从培训走向发展:高校青年教师培养的转变[J].高等工程教育研

究,2013(4):141–144.

[98] 肖丽萍.国内外教师专业发展研究述评[J].中国教育学刊,2002(5):56–57.

[99] 谢安邦,周巧玲.提升大学教师的专业化发展水平:构建终身的学习型体系[J].中国高教研究,2007(5):72–73.

[100] 邢琦.地方高校教师能力培养体系构建[J].中国成人教育,2017(15):138–140.

[101] 熊德明,董泽芳.高校教师专业发展的目标追求[J].现代教育管理,2010(8):99–101.

[102] 闫建璋,余三.公共知识分子:大学教师的终极价值追求[J].教育评论,2015(11):110–113.

[103] 闫守轩,朱宁波.教师专业发展现实问题与范式转型[J].中国教育学刊,2013(12):67–71.

[104] 阎光才.高校学术失范现象的动因与防范机制分析[J].高等教育研究,2009,30(2):10–16+65.

[105] 杨海燕,李硕豪.回顾与前瞻:我国高校教师专业发展问题研究十年:基于2005—2014年国内高校教师专业发展的文献资料[J].中国大学教学,2015(4):81–86.

[106] 杨海燕,李硕豪.实然与应然:我国高校教师专业发展实证研究:基于全国31个省市区高校理工类教师的调查分析[J].国家教育行政学院学报,2015(12):74–82.

[107] 杨燕绥,沈群红,刘婉华,袁汝海.构建适合高校教师职业劳动特点的薪酬制度研究[J].中国高教研究,2004(S1):20–27.

[108] 姚秀群,叶厚顺.关于高校教师专业发展制度的思考[J].现代教育科学,2009 (11):94–96.

[109] 叶澜.新世纪教师专业素养初探[J].教育研究与实验,1998(1):41–46.

[110] 于家杰.关于高职教师自我效能感和主观幸福感关系的调查:基于金华高职英语教师的研究[J].职教论坛,2010(32):90–91.

[111] 袁曦.学习行为激励动力体系构建问题[J].求索,2006(11):121–123.

[112] 袁月,方明.基于自我导向的高校教师专业发展探析[J].中国成人教育,2018(13):140–143.

[113] 詹泽慧,李晓华.美国高校教师学习共同体的构建:对话美国迈阿密大学教学促进中心主任米尔顿·克斯教授[J].中国电化教育,2009(10):1–6.

[114] 张德良.组织结构特征视角下的教学型大学教师专业发展[J].黑龙江高教研究,2008(11):104–107.

[115] 张典兵.高校教师专业自主发展:结构与路径[J].现代教育科学,2012(7):62–64.

[116] 张浩.高校教师评价机制的创新[J].教育评论,2014(9):45–47.

[117] 张慧洁.从价值取向看美、英、日三国高校教师工资制度改革[J].教师教育研究,2009,21(4):76–80.

[118] 张立昌.自我实践反思是教师成长的重要途径[J].教育实践与研究,2001(7):2–5.

[119] 张民选.专业知识显性化与教师专业发展[J].教育研究,2002(1):14–18.

[120] 张宁俊,朱伏平,张斌.高校教师职业认同与组织认同关系及影响因素研究[J].教育发展研究,2013,33(21):53–59.

[121] 张婷,王其和.高校青年教师专业发展面临的制度性障碍及对策[J].中国成人教育,2012(21):69–71.

[122] 张伟杰,姜宇.高校教师流动的影响因素与现实反思:布迪厄场域论视角[J].中国成人教育,2017(16):146–149.

[123] 张玉柱,金盛华.高校教师职业幸福感调查与影响因素分析[J].教育科学,2013,29(5):51–57.

[124] 赵珂,吴昊.高校教师多元化培训培养体系探究[J].中国成人教育,2016(21):133–137.

[125] 赵晓冬,赵悦.高校教师专业发展的理论基础与发展策略[J].河北学刊,2009,29(3):231–234.

[126] 郑赤建,苏斌,周荃.我国高校教师激励机制创新研究[J].中国人力资源开发,2007(2):100–103.

[127] 郑楠,周恩毅.高校青年教师的工作幸福感对其创新行为的影响研究[J].国家教育行政学院学报,2017(10):58–64.

[128] 钟启泉.教师"专业化":理念、制度、课题[J].教育研究,2001(12):12–16.

[129] 周国华.高校青年教师专业发展的问题与对策研究[J].江苏高教,2015(6):85–87.

[130] 周海涛,李虔.大学教师发展:内涵和外延[J].大学教育科学,2012(6):64–70.

[131] 周亚东.论教师现场学习的动力机制[J].教育理论与实践,2017,37(11):27–29.

[132] 朱飞,李荣,徐延宇,等.以专门机构推进我国高校教师发展探析[J].中国高教研究,2013(8):79–84.

[133] 朱敏,高湘萍.教师专业发展的自我心理结构模型研究[J].教师教育研究,2017,29(1):56–62.

[134] 朱宁波,曹茂甲.我国高校青年教师培养政策的文本分析[J].教育科学,2017,33(4):62–68.

[135] 朱宁波,崔慧丽.新时代背景下教师品质提升的要素和路径选择[J].教育科学,2018,34(6):49–54.

[136] 朱宁波,崔慧丽,孙晓女.我国高校青年教师岗前培训政策的文本分析—基于125所高校的调查[J].辽宁师范大学学报(社会科学版),2020,43(3):68–75.

[137] 朱新秤,卓义周.高校青年教师职业满意度调查:分析与对策[J].高等教育研究,2005(5):56–61.